安丸良夫集　5

安丸良夫集

5

戦後知と
歴史学

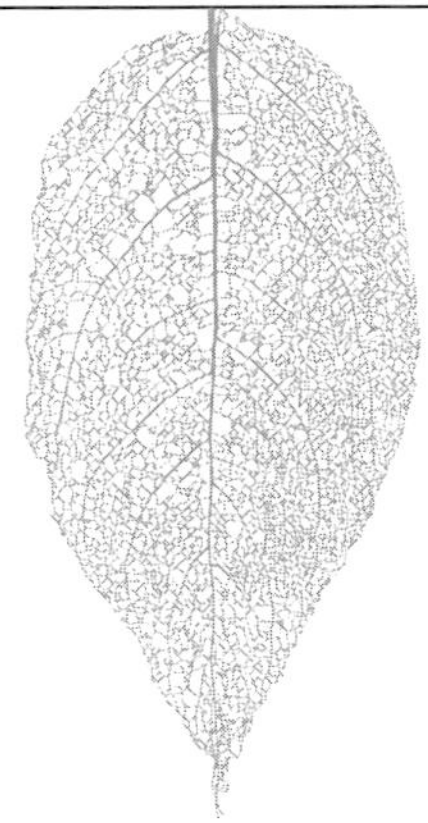

岩波書店

［編集］
島薗 進
成田龍一
岩崎 稔
若尾政希

目　次

目　次

目次

Ⅳ　現代歴史学の課題を求めて

凡例

・収録した文章は、原則として底本のままとした。ただし、誤記・誤植などを中心に、断りなく字句を改めた箇所がわずかにあるほか、振り仮名や句読点の追加、または削除を行った場合がある。
・各論考の末尾に、著者による解題(◈印)を付し、初出情報および成稿の背景などを示した。
・『安丸良夫集』に収録された文章を指す際には「安丸集」と略記し、左のように示した。

例 「安丸集」第1巻―三 → 『安丸良夫集』第1巻の三「近代社会への志向とその特質」を指す。

・第6巻巻末に「安丸良夫著作目録」を収めた。
・本巻への収録にあたり、左記に収録された版を底本として用いた。

六・八・九・一〇・一一=『〈方法〉としての思想史』校倉書房、一九九六年

一・二・三・四・七・一二・一三・一四・一五・一六・一七・一八・一九=初出に同じ(各論考末尾の◈を参照のこと)

五=未発表原稿

I

戦後知としての歴史学

一　戦後知の変貌

はじめに

戦後日本の学問的な知は、戦争・敗戦体験を土壌とし、そこで醸成された新しい理念を掲げる批判知として出発した。アジア・太平洋戦争末期ともなれば、なにほどか冷静に知的たろうとする人たちにとって、日本の敗戦はすでに必至であり、国体論的な怒号の背面に空疎な空威張りを読み取ることは、もはや難しくはなかった。欧米文化に親しんできた知識層、またその影響を受けていた大学や高等学校の学生たちは、多くの場合、高踏的な教養派で、近代西欧の哲学・文学・音楽・美術などに広い関心をもっており、若者たちは、遠くない未来の死について心定めようともがきながら、近代的な学問・思想・芸術をむさぼるように吸収することで生き急いでいた。こうした人たちにとって、敗戦と戦後改革とは、突然、外から一挙にもたらされたものではあったが、しかしまた自分たちの体験と内面に引照して、大きな回心体験として受容しうるものだった。戦後日本の学知は、基本的にはこのような過程での産物であり、そこには体験に基づく切実さと未来への希望があった。

このような知が、どの分野を取り上げてもどこかで必ず近代日本の批判的分析に焦点を結ぶ批判知として構成されたのは、この知の由来からして当然のことだった。大正期のリベラリズムや教養主義は、国体論や空疎な精神主義を嫌悪していたとしても、戦時体制へと雪崩を打つ時代状況に対しては、明確な抵抗線を設定していなかったし、戦時体制に加担する道を選んだ知識人も少なくなかった。だから、戦争体験を経過した批判知は、もっと原理的な批判性をもった全体知でなければならなかった。こうした事情のためにこの新しい知は、専門分野を越えて、近代日本社会への批判知として、基本的な特徴を共有しており、学問分野を区分けする壁は、かなりの期間、あまり高くなかった。それは、もっとも粗雑に概括すれば、二項対立的に明快な啓蒙的批判知だったということであり、日本の現実に対してさまざまな内実での〝近代〟を対置しようとするものだった。社会科学の理論問題としては、日本資本主義の半封建的軍事的性格、天皇制と共同体、文学や哲学では、主体性・理性・自我の確立などが主題化された。

だが、こうした戦後日本の啓蒙知は、大学に活動の拠点をもつ知識人やジャーナリスト、また学生などを主要な担い手とするものであり、戦中から戦後にかけての広範な民衆の生活経験を必ずしもリアルに取り上げたものではなかった。敗戦直後から一九五〇年代初めにかけて、労働運動や農民運動のめざましい高揚があり、広範な人びとの新しい経験と精神的覚醒があって、今日では忘れられがちの新しい社会運動や文化活動も展開していた。それはたしかにひとつの変革の時代であり、啓蒙的覚醒は大きな時代動向だった。しかしそれでも、戦後啓蒙はやがて啓蒙の限界を思い知らされたのであり、知の軌跡の再検討・再構成を迫られることとなった。

本書（安丸良夫・喜安朗編『戦後知の可能性』）は、戦後啓蒙をひとまず私たちの学問知の出発点として位置づけながらも、それがおよそ一九五〇年代半ばを境としてどのように変貌したか、なぜ、またなにを主題化することで転換していったかを、若干の事例に即して論じようとするものである。この序章では、そうした変貌の概略を、今日から振り返って大まかにスケッチすることによって、本書の主題を示唆するように努めたい。

最近、さまざまな学問領域で研究史への関心が高まっているが、それは不可避的に問題意識や方法論の再検討を伴うものであり、むしろ、そうした再検討への問題関心が研究史へ立ち返るように促しているとしてよかろう。本書もそうした試みのひとつだが、その場合私たちは、現代日本における研究状況を立論の場としながらも、より一般的に戦後日本の思想状況に注意を払い、また欧米をはじめとする諸外国の知的状況にもなにほどかの関心をもちつづけてきた。さらにそこには、学知というものが当該社会のなかでどのような位置や意味をもち、どのような役割を担いうるものか、敢えて進んで贅言を用いれば、どんな役割を担うべきかについての私たちなりの立場性も、なにほどか含意されているつもりである。

だが、私たちは、右のような課題を戦後日本の学知に即して具体的に展開したいと考えており、本書所収の各章は、戦後日本で重要な役割を果たし、私たちに大きな影響を与えた先学の業績についての内在的分析となることを目指している。この序章では、丸山眞男とその学派の変貌を中心におき、歴史学の動向もそれに付随的に扱うこととするが、こうした対象の限定は、主として、この序章の執筆者安丸の限界によるものである。しかしこうした事例選択には、戦後知を俯瞰するうえでの若干の便宜があるとも考えている。

丸山については、本書(『戦後知の可能性』)には、その古代・中世仏教史研究を批判的に論評した島薗進論文が収められているが(第2章)、島薗の丸山批判の要点は、丸山の仏教史研究では抽象度の高い宗教思想の次元の探求に重点がおかれすぎていて、宗教団体としての僧伽についても、民衆の宗教経験の多様性についても説き及んでいないこと、換言すれば、宗教をそれに独自の実践系として捉える視点をほとんど欠如しているとするものである。島薗論文のこうした視点は、丸山の立場におそらくは自明の前提のように刷り込まれている近代主義的な宗教概念を批判して、宗教研究の理論的枠組の揺らぎのなかで丸山思想史を再検討しようとする模索であるとともに、古代や中世の宗教史についての実証研究の成果を取り込んで、それを宗教史研究の論理構成の拠りどころにしようとするものである。

このような島薗論文の狙いは、それぞれの対象に応じた変異を伴いながらも、大きな方向性としては、本書（『戦後知の可能性』）の執筆者たちに共有されているはずである。本書には、「歴史・宗教・民衆」という副題が付されているが、そこには啓蒙的な戦後知を相対化して、さまざまな問題を歴史と社会のなかでの広範な人びととの実践系としてできるだけリアルに捉えなおすことで、新しい知の回路を構築したいとする、私たちの問題関心が表現されているつもりである。

1　知識人の敗戦体験

丸山は、宇品の陸軍船舶司令部参謀部情報班で敗戦を迎えた。東京帝国大学法学部助教授の丸山は、軍隊では一等兵だった。しかし、情報班にいた丸山は、すでにポツダム宣言の全文を見ており、その基本的人権の項に強い感銘を受けていた。丸山の所属していた部隊には徹底抗戦派もいて、決起の動きもあったが、丸山たちは説得のための密議をしていた。そんな雰囲気のなかで、のちに社会主義経済学の研究者となった副島種典が、敗戦の報について、並んで洗濯をしながら、「丸山さん、悲しそうな顔をしなければならないのは辛いね」とささやき、丸山は、「よく言ってくれた」と小声で答えた(1)。敗戦直後の丸山が、満洲事変後の日本政治史について参謀に講義をして、君主制と民主制は必ずしも抵触しないと説明したというエピソードは、よく知られている。大塚久雄の前期資本の概念を念頭において、生産者が資本主義の中核にならなければならないとも述べたという。「敗戦というのは、ぼくは踊りあがるほどうれしかった」とも、述懐している。

だが、このような姿勢で敗戦を迎えた丸山は、君主制と民主制についての右の説明にも表現されているように、明治憲法体制と天皇制そのものを批判する立場ではなく、この時点では立憲主義的天皇制を支持していた。一九三〇年代以降の状況のなかで、丸山の脳裏には、軍部ファシズム対重臣リベラリズムという対立の構図がこびりついていて、天皇裕仁も本心では天皇機関説を支持するリベラル派だと考えていた。大正リベラリズムの流れを汲む父とそのもたらす情報、丸山の師南原繁や敬愛する長谷川如是閑の思想などは、丸山のこうした考え方に大きな影響を与えていた。法学部の学生として憲法を学んだ丸山は、「憲法にはなかなかいい事が書いてあるなあ」という感想をもっていた(2)。一九四六年二月、丸山は帝国大学憲法研究会委員となり、書記役を務めたが、この会議は、憲法改正の手続きの審議から始めて、明治憲法の改正について審議するはずのものだったらしい。ところが、同年三月六日にGHQの憲法草案の骨格が「憲法改正草案要綱」として発表されて、国民主権の方針が明示されると、丸山の思想にも大きな転換が生まれ、そうした状況のなかで「超国家主義の論理と心理」が書かれた(3)。

この論文を書く少し前に、丸山は「近代的思惟」という短い文章を発表しているが、そこでは、「私はこれまでも私の学問的関心の最も切実な対象であったところの、日本に於ける近代的思惟の成熟過程の究明に愈々《いよいよ》腰をすえて取り組んで行きたいと考える。従って客観的情勢の激変にも拘わらず私の問題意識にはなんら変化がないと言っていい」と述べている。のちに『日本政治思想史研究』にまとめられた諸論文で切り拓いた展望を延長するとこのようなことになるはずだが、それと「超国家主義の論理と心理」では、ほとんど対照的といってもよいほどに異なった問題設定となっている。よく知られているように、「超国家主義の論理と心理」では、わが国の国家主義は「超《ウルトラ》」とか「極端《エクストリーム》」などとされるもので、近代国家に共通するナショナリズムとは質的に異なったものだとされている。ヨーロッパの近代国家が、真理とか道徳とかの内容的価値に対して中立的立場をとる「中性国家」を理念としているのに対して、日本では、真善美の「内容的価値」が「国体」に独占されており、私という次元が存在しない。個人の倫理性の次元が欠如しているがゆえに、現実の社会生活ではかえって、私的利害が国家的なものの内部へ無制約的に浸透してしまう。この論文は、西洋と日本、近代と（極限的な）前近代という二項対立の論理によって書かれており、歯切れのよい断定と論旨の一貫性・徹底性が大きな特徴となっている。

この論文は、丸山自身によって、「私自身の裕仁天皇および近代天皇制への、中学生以来の「思い入れ」にピリオドを打った」画期的なものだったと回顧され、「敗戦後、半年も思い悩んだ挙句《あげく》、私は天皇制が日本人の自由な人格形成にとって致命的な障害をなしている、という帰結にようやく到達したのである」（傍点は原著）、とされている。(4) この論文は天皇や皇族に敬語を用いなくてもいいのだと自分に言い聞かせながら書いたものだとされ、天皇制の「呪力からの解放」が丸山にとってもいかに困難な課題だったかが力説されている。しかし、書きはじめると「四、五日で書いてしまった。……ちっとも苦労していない」とも語っている。(5) 長いあいだ曖昧なままに考えあぐねてきた問題に突破口が見つかると、一気に確信的な表現があふれ出てきたことをうかがわせる回想である。この論文は津田左右吉の批判を受け、津田・安倍能成・和辻哲郎ら『世界』の顧問となっていたオールド・リベラリストグループと丸山たちとの思想的分岐点が明瞭になった。

『日本政治思想史研究』の丸山は、儒学、国学の思想的達成に内在して近代に連なる思想系譜を析出しようとするアカデミズムの学者である。しかし、「超国家主義の論理と心理」は、日本人の精神形態をその全体性において批判したものであり、それは戦争・敗戦体験なしにはありえない、厳しい批判精神の自立だった。そのさい、ＧＨＱが作製した「憲法改正草案要綱」発表を見たことが大きな機縁だったとしても、この論文の論理構成の全体は、丸山のこれまでの思想的模索に内在して、そこから噴出したものの見方のエッセンスであり、戦争・敗戦体験が、西洋と日本についてのゆたかな思想史的知識と現実体験を結びつけて、独自の論理構成をもった丸山思想史の構成を可能にしたのであった。丸山自身が社会的にもっともめざましく活動したのは、四〇年代末から五〇年代初めにかけての比較的に限られた期間のことだったが、この時期に丸山は戦後日本を代表する批判的知識人として知られるようになり、「超国家主義の論理と心理」以下の丸山論文は、戦後日本の社会科学を代表する作品となった。丸山学派と通称されるような知識人集団が形成されるとともに、丸山や丸山に近い立場をとる人たちは、ジャーナリズムを通して大きな知的影響力を発揮することとなった。

加藤周一は、敗戦を、信州上田の結核療養所に「疎開」した、東京帝国大学医学部の内科教室で迎えた。その療養所では、事務長が先頭に立って防空演習がおこなわれていたが、加藤と院長は別格で、周囲の人たちに反戦的な気分の持ち主と見られていた。加藤と院長は、八月十日ころを境に、新聞論調が「決戦・玉砕・焦土戦術」から「国体護持」の強調へと転換し始めたことを見逃さなかった。加藤にとって、敗戦は長く待ち望んでいた時がついに来たことを意味していた。加藤の父は優れた医学者であり、母の実家は、外国生活の経験もゆたかな資産家だった。医学部の学生だった時代から、加藤は文学部のフランス文学研究室に顔を出していたが、辰野隆・渡辺一夫などを中心に、その雰囲気はリベラルで才気に満ちたものだった。加藤は、「「日本的なもの」にうんざりし、「西洋的なもの」を理想化するようになった」(6)。洗練された義太夫のような伝統芸能への愛着も深かったが、真珠湾奇襲攻撃の成功に歓喜するような雰囲気からは程遠いところに加藤はいた。一高時代の加藤は、空疎な日本主義者になっていた横光利一に講演を依頼したことがあったが、多くの一高生を集めたこの集会は、横光に対する無慈悲な糾弾集会のようなものとなり、横光はこの事件の衝撃のために胃潰瘍となって、戦後間もなく死去したのだという。

敗戦によって加藤は、戦争の成り行きについての自分の予想が的中した、そのことに「みずからおどろいていた」。東京の焼け跡は、「東京のすべての嘘とごまかし、時代錯誤と誇大妄想が、焼き払われたあとでもあった」。占領軍による声明や改革指令は、「私たちの考えていたことにあまりに近いということにおどろく」ような内容だった。「私はすべての「後れ」を日本社会によって代表させ、「進み」を想像上の西洋と一体化して考える傾向を、どうしても避けることができなかった」。「しかしアジア諸国は、ほとんど私の念頭にうかぶことさえもなかった！」[7]。

2　希望と「悔恨共同体」

戦争末期にはすでに戦後日本を代表する知識人としての視野と思考力を身に付けていた丸山や加藤にとって、敗戦と戦後改革は、心から待ち望んでいた新しい時代の到来、希望の実現だった。そしてこの解放感と展望は、広範な民衆の希望や喜びにどこかで連なっていたし、この時代の彼らの視野には入りにくかった第三世界の人びとの希望とも、どこかでかすかに連動していた。しかし彼らは、進歩と後進、西洋と日本、近代と前近代、理性や科学と非合理や狂信というような二項対立的な捉え方を自明のように前提して思考しており、そうした立場からの理想主義的啓蒙派であるみずからを相対化することは、この時代の渦中では難しかった。しかしこのような立場は、加藤も反省的に記しているように、事態の全体についていえば単純化だった[8]。

『続羊の歌』を読むと、焼け跡の東京に庶民の「不屈の生活力」を見たり、病院に住み込んでいた医師として、てきぱき働く心やさしい看護婦たちに感心する記述も散見されるが、しかしそうした観察を前景化した思索は、この時代の加藤には見られない。

のちにすぐれた中国史研究者となった田中正俊も、一高生・東大生としては、典型的な教養派だった。後年の著書『戦中戦後』には、古今東西のさまざまな書物への読書遍歴が記されているが、その関心の広がりと憑かれたような読書意欲に感嘆するほかない。他方で田中は、端艇部でボートを漕ぎ、一高短歌会で土屋文明・片山敏彦の指導を受けた。絵画や映画・音楽にも親しみ、いよいよ外地へ出征と決まったときにも、『万葉秀歌』や『歎異抄』などとともに、スケッチブックと水彩絵具も持参した(9)。

田中は、一九四三年十二月に陸軍に徴集されて、フィリピンへ送られた。その戦争体験はきわめて過酷なもので、身長一八〇センチの田中は、体重四〇キロにまで病み衰え、手をついてやっと階段を登ることができた。文字通りに九死に一生を得た体験で、戦争体制とその指導者たちへの憎しみは骨髄に徹したものだった。田中は、まだ内地にいたころの訓練で隊長みずからが、いま練習に使っている四一式山砲はもう使いものにならない旧式のものだと述べたことを記憶していたが、戦後に中国経済史の研究者となった田中は、山田盛太郎『日本資本主義分析』のなかに四一式山砲についての記述を見つけて驚いた。『日本資本主義分析』によれば、四一式山砲はその起源を一八八八年に遡り、その後若干の修正を経て日清・日露戦争で用いられたものだった。四一式という名称は、明治四十一年に最終的改良がおこなわれたという由来による。もはや生産されることのない旧式兵器で訓練させるなんて、科学技術の進歩改良を犠牲にした日本資本主義の構造そのものではないか、というわけである。

こうした体験の切実さを踏まえて形成された田中の中国史研究が、講座派理論を積極的に受け入れ、それを戦後の時代状況を踏まえていっそう発展させようとする方向のものとなったのは、ほとんど不可避のことだった。大塚久雄の比較経済史とそれを中国史のなかで受け止めようとする西嶋定生の研究をさしあたってのモデルとしながら、原史料を発掘して中国史における内在的経済発展を析出することが、田中の課題となった。卒業論文作成のために疲れて居眠りした田中の夢に、十六・十七世紀の中国農民があらわれて、「頼りにするのはお前だけだ」といって、心配そうに田中の原稿を覗き込むというような体験のなかで、田中の学問は形成された。

山田『日本資本主義分析』、石母田正『中世的世界の形成』、丸山「超国家主義の論理と心理」を、戦後日本の学知の出発点を刻する代表作としてみよう。すでに早くからマルクス主義者だった山田と石母田は、敗戦に先立って日本社会の全体性に対する構造的批判の立場を確立しており、丸山は敗戦体験を踏まえて山田・石母田とは別の視点から、近代日本社会の全体性に対する構造的批判を展開した。石母田には、山田たちの研究が型・範疇の析出に傾きすぎて、歴史発展の動態を捉えていないという『日本資本主義発達史講座』グループへの批判があったが、しかし『中世的世界の形成』は、黒田荘というひとつの荘園の歴史的動態から始まって、そこから中世社会の全体を包括的に捉えなおす「全体史」だった(同書「初版序」)。丸山の場合、「超国家主義の思想構造乃至心理的基盤」が対象だから、それはやはりひとつの構造的全体性であろう。右の三つの作品は、具体的な対象から見ればまったく異なっており、方法的にはむしろ対立を内包しながらも、より内在的に見れば、じつはかなりよく似ていたことになるのではなかろうか。

すでに述べたように、旧制高校や帝国大学の教師たちは、たいがいリベラルな西洋派で、戦時体制に対しては批判的な気持ちをもっていた。彼らは一九四三年の学生徴兵猶予停止に批判的であり、たとえば辰野隆が、出征する学生たちに向かって、「諸君、生きて帰れ、戦争の帰結は問うまい。ただ生きて帰れ」と述べたとき、それは気骨ある戦時体制批判だった。[10] しかしこうしたリベラル派は、日頃は職掌外のことには沈黙しようとする書斎の人であり、一見辛辣な批評精神も、親しい人間関係のなかでの諧謔の範囲を大きく外れたものではなかった。彼らの存在は、戦争と軍国主義を押しとどめるにはあまりに無力だったのであり、過酷な戦時体制を経過してみれば、日本リベラリズムの限界は自明だった。個人の良心や主観を超えた構造的な次元が問われなければならないのであり、それはとりわけ現実の日本社会に焦点を結ぶようなかたちで問われなければならない。現実というものは、個々人の生活の集積ではあるが、しかしまたそれは個々人の願望や意思を超えて客観的な構造を形づくっており、それがこの世界の本当のリアリティである。そのように考えるとき、個々人の願望や意思を超える超越性の論理次元が構成されたのであり、それはこの時代には社会科学ないし社会理論のことにほかならなかった。そうした次元に支えをもたない思想は、現実を捉えることができず、もっと厳しくいえば、現実に目をつぶるマヤカシだ。理念的なもののこうした自立性は、変革期に特有の現象であり、その意味で戦争直後の日本は、「理想の時代」(見田宗介)だった。それは、学知が社会を変革し、より理想的な方向へと社会を領導してゆかなければならないと考えられ、その可能性が信じられる特別の時代だった。

すこしのちのことだが、竹内好は、敗戦を迎えたさいの丸山との感覚の違いについて述べている。竹内も、敗戦を予想していたけれども、「あのような国内統一のままの敗戦は予想しなかった」、開戦も敗戦も「抵抗精神」なしにやすやすと受け入れる日本民族に、竹内は落胆していた。[11] 敗戦を受け入れるにしても、丸山や加藤とはずいぶんと異なる精神の位相である。治安維持法の廃止や政治犯の釈放は、四五年十月四日のGHQ覚書があってはじめて実現されたものであり、そのころから急速に展開する戦後改革は、日本人の予測をはるかに超えた急進的な内容で、それは占領軍による「上からの革命」、「強制による自由」だった。[12] しかし、ジョン・ダワーが適切に述べたように、たいがいの日本人はこの「敗北を抱きしめて」、そこに出現した可能性をそれぞれの想像力と活動性において受け止めた。「アメリカ流の処方箋によって、かつてなかったほどの個人の自由と、予期できなかったほどのいろいろな民衆的表現が花開き、古い日本社会の権威主義的構造が壊れて、ぱっくりと新しい出口が開かれたのであった」、とダワーは評している。[13]

新しい憲法に進歩的な人権規定や平和主義が盛り込まれたのは、こうした「上からの革命」のゆえであり、誇り高いニューディール派が短い期間に精力的に活動した。そして日本政府は、天皇制護持のために、不本意ながらGHQから指示された憲法草案を受け入れた。日本国憲法を今日の時点で虚心に読むとき、私たちは、前文および第九条以下の普遍主義的規定と、憲法本文が明治憲法の構成を踏襲して天皇についての規定から始まることとのあいだに、収まりの悪いちぐはぐな印象をもたざるをえないが、そのことは基本的にはこうした制定過程の特質に由来するのであろう。

『敗北を抱きしめて』は、こうした憲法の制定過程に多くのページを割いてその画期的な意義を強調しているが、多くの人たちにおいて、「何年もかかって教え込まれた超国家主義的な観念のことごとくが、敗戦とともに急速に脱ぎ捨てられてしまった」ことに注目し、そのことの具体的側面として、パンパン、闇市、「カストリ文化」という三つのサブカルチャーを取り上げている。[14] また、坂口安吾、田村泰次郎、太宰治という無頼派の文学を積極的に評価し、坂口の「堕落論」を評して、「この評論が衝撃的であったのは、一見してあまりに単純、正常だったからである」と述べている。このダワーの批評は、丸山のエッセイ「肉体文学から肉体政治まで」への批判として述べられたものであり、ダワーは、「その功績の大きさは、彼らを批判した批評家たちにはまず出来ないほどのものであった」としている。[15] 丸山・大塚などの戦後啓蒙の視圏から逸れている問題について、坂口たちは、みずからの人生そのものを焼尽させることによって見据えようとした、という高い評価である。

藤田省三は、徳田球一が肉声の街頭演説で、「我々日本共産党はあの駅前に佇んでいるパンパンガール諸君の断固たる味方であるゥ」と、爪先立ちで顔面を紅潮させながら「怒鳴り散らす」様子を書きとめているが、[16] ダワーも、「最も新しく、民主的なものは?」と尋ねられた辰野隆が、「パンパンの女たち」と答えたことを記している。辰野によれば、「なぜなら、彼らは人種的、国際的な偏見を超越している」からである。[17] 藤田も辰野も、幾分かの諧謔を交えることで、単純な理想主義や規範主義を拒否して、別の真実を伝えようとしているわけである。柳田國男、宮本常一、きだみのるなども、戦後日本を戦後啓蒙とは別の可能性において捉えてみせた。少し時間をおいて、戦後啓蒙の欠落部分を自覚化しようとした知識人は、柳田、宮本、きだなどによる独自な探求のリアリティに引きつけられることとなる。『人間失格』などを読むと、作品のなかで小さな点景におかれている庶民たちに、太宰治は好意的で、彼らの生活者としての生き方に未来の可能性を見ようとしているようにも読める。しかし、こうした庶民たちの善意を踏みにじるような方向で、太宰の作品の主人公たちは頽廃し、「人間失格」してゆく。人間の生のそうした深淵を、無頼派の作家たちが生身の自分の生命を削ることで望見しようとしたことも、戦後日本に特有の精神の可能性だったと考えておきたい。

3　批判知の再構成

石母田『歴史と民族の発見』(一九五二年)「序」には、近所の人たちが集まって話をすると、「結局は生活が苦しい話」になる、石母田が住む小市民中心の郊外の住宅地では、以前には見栄をはってそんな話はしなかったのに、「それほど没落がひどく、貧乏がかくせなくなっているのです」[18]、と記されている。この文章が書かれた一九五二年ころには、そのような生活実感が存在していたのであろう。財政均衡を求めるドッジ・ラインが制定され、すぐ続いてシャウプ税制改革が実施された。世田谷区民主商工会の常任書記となった色川大吉が、税金闘争の先頭に立って猛然と活動した時代である(色川『カチューシャの青春』、また本巻—三、参照)。そして石母田は、そうした自分の実感を背景にして、「私は昨年あたりから歴史というものの意味がはじめてわかりかけてきたような気がいたしております。それは同時に今まで歴史について私が書いたものの欠点もわかりかけてきたということでもあります」と述べ、その文脈でパチンコを真剣にやっている人たちに対する「親近感」についても述べている[19]。「頽廃」をキイワードにして、鬱勃たるひとつの時代の全体像を描いた『中世的世界の形成』の歴史像についての、石母田自身による反省である。本書(『戦後知の可能性』)には、国民的歴史学運動時代の石母田について論じた磯前順一論文があるので、ここでは簡略化して右の指摘にとどめるが、そこに見られるような人民幻想が国民的歴史学運動を指導する石母田を動機づけていたのであろう。のちになって石母田は、「五二・五三年に私が書いた文章がバクロしているように、私は農村をよく知らない」と述べているし[20]、「歴史科学と唯物論」(一九五六年)では、国民的歴史学運動時代の歴史観についてのいっそう原理的な自己批判が展開されているが、今日の視点からすれば、そうした自己批判を不可避とするような記述を、この時代の石母田の作品のなかに容易に見出すことができるだろう。

最近、花森重行は、紙芝居『祇園祭』の複数の脚本を丹念に検討して、そこに色濃い「政治の痕跡」を跡づけているが、この論文を読むと、『祇園祭』はフィクションであるがゆえに素朴な政治的願望によってつくりかえられてゆく様子がよくわかる。[21] 花森論文は、『祇園祭』が単純にその時代の政治イデオロギーを反映しているとすべきでなく、「より複雑な関係性の狭間で生み出されてきた」とし、史学史の実証的研究の必要性を訴えることをもって結論としているのだが、しかし花森論文を読むと、そこで花森が取り上げている若い研究者たちが、間もなくこうした活動を放棄して、実証的な研究者として自立する方向へと転換した理由がよくわかるというべきではなかろうか。国民的歴史学運動には、歴史研究を深めてゆく方法的用意が欠如していて、そのことが言葉のうえだけでの安易な政治的急進化と結びつきやすかったのである。国民的歴史学運動がもっとも活発だった時期に、東西でその活動を代表していた若手の活動家は、網野善彦と黒田俊雄だが、この二人が一九五三年を境として運動を離れ、この運動経験を否定的に総括して、それぞれにきわめてユニークな歴史像を形成する道を選んだことのほうを重く受け止めておきたい（黒田と網野については、本書（『戦後知の可能性』）の専論参照）。

マルクス主義歴史学には、階級闘争を重視して研究者みずからもなにほどか実践化してゆくという側面と、比較経済史的な発展段階論を軸にして客観性・科学性を強調する側面とがあり、二つの側面が結びつくことで大きな影響力を発揮できたのであった。しかし、未熟なかたちで実践化を求めると、運動はどこかで行きづまって、運動論的な反省がおこなわれ、実証と科学の側面が前景化する。六全協とスターリン批判を転機として、国民的歴史学運動は一挙に終焉したが、しかしそのことは必ずしもマルクス主義歴史学の衰退をもたらさず、かえって社会経済史的研究を活性化した。政治から距離をとることで、実証と理論の領域がむしろ活発になる。安良城盛昭はこの転換を象徴するような人物で、史料についての鋭い読みと独自の論理構成で、ひとつの時代の歴史学界を席捲した。安良城説を踏まえて、それに運動史を結合させたものが佐々木潤之介の人民闘争史で、佐々木の豪農・半プロ論、世直し状況論には、右に述べたマルクス主義歴史学の二つの側面を結合しなおしたという特徴があり、佐々木説は、地域における史料発掘とも結びついて、一九六〇年代後半から七〇年代にかけてもっとも影響力の大きい歴史学の学説となった。しかしこうしたマルクス主義歴史学の新しい動向も、『日本民衆の歴史』全一一巻（三省堂、一九七四―七六年）と『大系日本国家史』全五巻（東京大学出版会、一九七五―七六年）あたりを最後にまとまりを失い、戦後歴史学は、一方では社会史に席を譲り、他方では地域資史料の発掘を自治体史の編纂や文書館・資料館の開設に結びつけるという形態で、時代状況に適応していったといえようか。

こうして、マルクス主義歴史学は、国民的歴史学運動としては完全に解体し、地域に根ざした社会経済史的研究と政治史研究として再構築されていった。一九五二年と五三年の総選挙で、共産党は惨敗し、すぐ続いて六全協とスターリン批判・ハンガリー動乱などがあり、正統派マルクス主義の社会的影響力は大きく後退したが、共産党系の活動家は、実務面で有能な人が多く、各種の運動と制度の実際的な担い手として生き残った。総評・日教組を中心に、この時代の労働運動や平和運動は大きな影響力を発揮し、五八年総選挙で、社会党は一六六議席、三二・九パーセントを獲得して、これが社会党の党勢がもっとも拡大した選挙となった。警職法反対闘争と安保闘争がこれにすぐ続いた。正統派マルクス主義の影響力後退に伴って、市民運動や平和運動に連なるさまざまの思想動向が生まれ、学生運動も大きな高揚期を迎えた。マルクス主義と理論的に距離をとってきた丸山とその学派は、こうした社会状況を背景として、その影響力を拡大した。

丸山自身が現実政治に深くコミットしようとしたのは、敗戦直後から「三たび平和について」を書いた五〇年までのごく短い期間で、五〇年の丸山は、レッド・パージ対象者のリストに入っていた。「三たび平和について」は、戦後日本の平和主義と平和運動にその論理枠組を提供した重要な作品だが、この論文執筆直後の丸山に肺結核が判明し、手術や入院生活がそれに続いて、丸山は社会的活動の第一線からは退くようになった。しかし、五〇年代半ばから六〇年代初めにかけて、石田雄『明治政治思想史研究』(一九五四年)、藤田省三『天皇制国家の支配原理』(一九六六年、書名と同題の原論文は五六年)、神島二郎『近代日本の精神構造』(一九六一年、その原型は五七―六〇年)、橋川文三『日本浪曼派批判序説』(一九六〇年、主要な内容は五七―六〇年)などがあいついで発表され、丸山自身も『現代政治の思想と行動』(一九五六―五七年)と「日本の思想」(一九五七年、同題の新書版は六一年)を刊行した。これらの作品では、詳細な史料探索の成果を踏まえて、同時代のマルクス主義歴史学とは異なった論理構成の歴史像がつくりだされ、マルクス主義歴史学にあきたらない思いを抱いていた人たちの関心に応えることとなった。

戦争末期にフィリピン戦線で死地をさまよう体験をした神島二郎は、敗戦直後の日本社会に容易になじむことができなかった。四六年五月十二日のことだったと神島は述べているが、「天皇は死ぬ!」、多くの国民の血を流してのこの敗戦、天皇は自決するに違いないと神島は直覚したのだという。しかしなにごとも起こらなかった。新憲法が施行されたころになって、神島は「天皇の無倫理性をはっきりと見た」。だがそれは天皇個人の問題ではなく、「天皇制体制そのものの無倫理性」の問題であり[22]、日本社会の底流に深く根拠をもった問題だと、神島は考えるほかなかった。「超国家主義の論理と心理」以下の丸山の研究にぴったり照応する問題意識だが、深刻な戦争体験を媒介にしていて、いっそう抜き差しならぬ重さで再構築されなければならない主題だったことが理解できる。

こうして神島は、丸山の主題を受け継ぎながらも、丸山の研究は、「社会的現実の底辺に迫りその分析の的確さを保障する配慮がたらず、ややもすれば形態的把握の明快さにとどまりやすく、かならずしも歴史的現実に迫りえなかったうらみがある」、と批判する。これに対して、民衆の「心意現象」にまで迫り幾多の情報を組織化したのが柳田國男だが、しかしまた柳田の場合には、「折角おし進めてきた民俗変遷の追及をコンテクチュアルな現実把握にまで高めえなかったうらみがある」とする。[23] こうして、民俗学的素材に依拠しながら近代天皇制国家を民衆意識に内在して論理化するという、『近代日本の精神構造』の主題が成立する。「第一のムラ」と「第二のムラ」とか、きわめてユニークな概念を工夫しながら、独自な捉え方が、ゆたかな引用史料を通して活き活きとした叙述を実現する。民俗資料といっても、むしろ私たちの通念にある民俗学の成果は、近代化過程における変容の次元で捉えなおされていて、長大な註記には、神島に独自な探求の成果が豊富に盛り込まれている。

橋川文三は、日本ファシズム成立の根拠を、神島に従って、「自然村的秩序の自覚的追及過程」に求めており、[24] その意味では一九五〇年代における丸山学派の基調に従っているのだが、しかしそれだけでは一般的な状況論にすぎず、ファシズムへ向けて急進化する精神動向の内在的説明にはなっていないとした。この問題を説明するためには、中間層の挫折感・無力感・焦燥感に由来する過激ロマン主義に注目する必要があり、その立場を代表するのが日本ロマン派、とりわけ保田与重郎だというわけである。そのような意味で保田の思想は、マルクス主義的革命思想の非政治化された倒錯的表現である。「私たち何も知らなかった少年たちが「革命」以外のものに関心をひかれ、魅惑されたということは不自然ではないか」、と橋川は敢えて言い切っている。[25]『日本浪曼派批判序説』はきわめて晦渋な文体で書かれているが、その言わんとするところはむしろ明晰で、橋川自身の思想体験を踏まえて成立した同書を、丸山学派の内側から提示された丸山批判の嚆矢としておいてよかろう。

その後の橋川は、日本政治思想史の専門研究者らしいもっとわかりやすい文体と論理で、超国家主義とファシズムについて論じた。橋川は、丸山の「超国家主義の論理と心理」から出発するのだが、そこでは、近代日本の天皇制的国家原理と超国家主義＝ファシズムとが区別されておらず、後者を国体という伝統的価値に還元して捉え、日本ファシズムのイデオロギーをファシズム一般と区別することに分析の焦点がおかれているという。「しかし、それはいわば日本超国家主義をファシズム一般から区別する特質の分析であって、日本の超国家主義を日本の国家主義一般から区別する視点ではないといえよう」[26]（傍点は原著）。安田善次郎を暗殺した朝日平吾から始めて、井上日召と血盟団、また北一輝へとたどられる橋川の分析は、近代化のなかで不可避となった疎外感のなかでさまよう自我の問題を中核に据えて、そうした状況を一挙に突破しようとする「革命思想」として、超国家主義を捉えなおしたものである。超国家主義は、橋川にとっては、日本社会の前近代性の問題ではなく、まさに近代の矛盾から生まれた、「現状のトータルな変革をめざす革命運動」（傍点は原著）の思想であり、「決定的に、伝統化した明治国家からの断絶をめざしたもの」だった[27]。比較史的発展段階論をとるにしろ、文化類型論をとるにしろ、両者を重ね合わせるにしろ、日本社会の後進性や特殊性を強調する説明から脱却して、近代に内在する矛盾として超国家主義を説明する立場への転換である。この転換を丸山学派から出発して徹底させ、新しい現代的全体主義について論じたのは、次に取り上げるように藤田省三だが、日本ロマン派に注目した橋川の場合、問題設定の出発点がすでに近代に内在する矛盾から生み出される全体主義の問題だったことが注目されよう。

4　構造と隠れた次元

『天皇制国家の支配原理』の藤田省三は、一九五〇年代の丸山学派の体系のなかで書いている。しかし、「対象それ自身の論理にくぐり込んで、対象をして自らの論理的帰結の前に立たしめ、それによって批判しようとする」(傍点は原著。同書「あとがき」)という藤田の方法は、木戸・大久保など、明治初年に国家建設を担った「ステーツメン」の思想の内在分析においてもっともよく発揮されている。ずっとのちに書かれた『全体主義の時代経験』「序」に、「「天皇制国家」と「天皇制社会」は違うものであり、国家を担う者の方が、しばしば公正で寛容な判断力を示したものだった――つまり熱狂主義から遠かった」[28]とあるのは、『天皇制国家の支配原理』の分析成果に依拠しての記述にほかならない。こうして、『天皇制国家の支配原理』は、その後の藤田に継承されているのではあるが、しかしそれでも、一九七〇年代後半の藤田に決定的な転換があったことは確かで、私たちは藤田の新しい思索の成果を『精神史的考察　いくつかの断面に即して』(一九八二年)のなかに確認することができる。

『精神史的考察』の巻頭には、「或る喪失の経験――隠れん坊の精神史」がおかれているが、そこでは、子供の遊びとしての隠れん坊を見掛けなくなったという一つの現象を取り上げて、そこに「生活組織と生活様式の独立性」の崩壊を読み取ってみせている。[29]藤田によれば、隠れん坊は、「急激な孤独の訪れ」などの「一連の深刻な経験」を、「はしゃぎ廻っている陽気な活動の底でぼんやりとしかし確実に感じ取るように出来ている遊戯」である。藤田は、その背景に成人式の通過儀礼、死と再生の儀礼、象徴的には王権の即位儀礼をも読み込んでゆく。このようにして遊びのなかで儀式的な型が経験されるのであり、子供たちは世界を経験する訓練をしてゆくのだという。隠れん坊は、「絶対的な軽さ」をもった遊びではあるが、しかしそれは目に見えない世界の存在様式の経験であり、そうした経験が失われれば、私たちは人間の生き方についての精神的骨格を失い、社会は「十分な意味ではもはや社会とは言い難い」ものとなってしまうだろう。「生活組織と生活様式の独立性はここでは崩れ去る他ない」。そのような意味で隠れん坊が路上から消えうせたことは、「今日の喪失経験の小さな一例なのである」、と藤田はいう。(30)

形式論理的な記述の平板さを拒否して、「もっと飛躍を含んだ端的な断片で言い得て短く走り切る(31)」ように書かねばならないとする藤田の文章を、適切に要約することはできない。しかし、文体の問題は別としても、発展段階論的な後進性論も文化類型的な日本社会特殊性論も『精神史的考察』では拒否されており、それに代わる普遍的概念を同書のなかにもし探るとすれば、「経験」ということになるのであろう。「戦後の思考の前提は経験であった。どこまでも経験であった(32)」。戦争体験も戦後体験もいつしかその核心を失って高度成長のなかで「物化」してしまった。「経験が疎外態となって「利用の素材」となっている時、その時に「太古の化石」としての疎外態の中から太古の姿を再形成するのが認識に課された光栄ある任務なのである」。そしてアドルノを引いて次のように述べている。

曰く「直接的な生活についての真実を知ろうとするものは、それの疎外された姿をこそ追及しなければならない。個人的実存をその隠された奥底まで規定しているところの客観的な諸力をである」と。そして続けて言う。「直接的なるものについて直接的に(無媒介に)語ろうとすれば」それは三文小説の虚偽に満ちた主人公の如きものを作り出すのが落ちであり、在りもしない「主体」のまがい物を生み出して虚偽意識の生産に手を貸すことに成り果てるのだ、と。かくて彼の記述は一貫して媒介的となる。(33)

『精神史的考察』に収められた「或る喪失の経験」「史劇の誕生」「松陰の精神史的意味に関する一考察」などは、右の引用のような方法意識に基づく藤田自身の新しい探求の成果にほかならない。たとえば、吉田松陰は、忠義という伝統的観念で日本中を埋めつくそうとしたのだが、忠義の実践が実践的に突き詰められると、忠義という君臣社会の現世的倫理が、「殆ど宗教的なまでに超越化」しようとする。忠義は、「個人的内面」へ「収斂」するとともに、愚直なまでの批判精神となる。[34] 忌諱に触れることを恐れぬ「異議申し立て」「横議・横行」が実践されるとともに、駕籠かき人夫や佐渡の鉱夫や「漂流民の供述書」からも学ぶ経験的態度が成立する。藤田は松陰の獄中生活での記録のリアリティにとくに注目しているが、既成的なものが崩壊して「裸の「事実」に対する注目が出現」するとともに、「他方では、「感情」や「心指し」や「気」への特別の関心が立ち現われる」。そこには、すべての問題を一身に引き受けてしまう者に不可避の孤独と悲喜劇が避けられなかったが、このようにして松陰が切り拓いたものは深くて痛烈な内実をもつこととなった。

『全体主義の時代経験』(一九九五年)の藤田は、高度経済成長を達成してひたすら「安楽」を求める日本社会を、「安楽」への全体主義と名づけ、そこでは不愉快な社会や事柄と向き合って「それと相互的交渉を行なう」態度と能力が失われてしまっているという。[35] 藤田の場合、アドルノやフランクフルト学派に学ぶところが大きいが、現象学、構造主義人類学、また文学理論や演劇理論なども参照されているのであろう。学界の権威的秩序を強く拒絶し病気の苦痛に耐えなければならなかった晩年の「泣き笑い」のなかで、藤田が達成しかけていたものは、丸山学派のなかで、藤田ほどに大きな射程距離と根源性をもっては継承されなかったように見える。丸山たちの研究の根底にある精神に触れようとすれば、現代社会に生きる知識人としての思想性の深度が問われてしまう。社会人類学や社会史と響き合う新しいスタイルの研究の可能性は、丸山学派の系譜では、渡辺浩

『東アジアの王権と思想』(一九九七年)、関口すみ子『御一新とジェンダー』(二〇〇五年)に、権力分析の精緻化や多様化の方向でかすかに継承されたといえようか。

一九六六年に発表された山口昌男の論文「文化の中の知識人像」は、知識人という概念について人類学は、「「知識人」をその原像において捉え」ることで知識人の概念に「本質的な寄与をすることが出来る」、と述べている。(36) 人類学的にいえば「知識人」の原像は「文化英雄」で、それを社会のなかで分節化すると、聖職者と呪術師とトリックスターとなる。聖職者は制度化された知の担い手で、どのような社会においても顕在的であり、その系譜の歴史を書くことは難しくない。呪術師は、現存の象徴体系に自由に接近することができるが、司祭と違ってこの体系に責任を負っていない。聖職者と同じ集合的信仰から出発するが、それを自己流に用いて「個人的探求」を出現させる。こうして呪術師は、サタンの原像を提供するとともに、他方では科学への道を拓くことになる。これに対してトリックスターは民俗の世界に存在するもので、「智力を用いて現実の世界を一時的にもせよひっくりかえしてみせる」という可能性をもった「道化」である。民俗の世界では、「「道化」的なものはすぐれて「知識人」であり、「知識人」はすぐれて「道化」的であった」。古代ギリシアで、ソクラテスがソフィストとともに「道化」とされたのは、こうした事情によっている。このような「道化」は、どのような時代・文化にあっても動脈硬化に陥った「聖」なる象徴体系を無意識のうちにも解体させる作用を果たしている。「道化」が「聖」なる体系の分類と一貫性をつきくずし、呪術師がそれを分類しなおし、聖職者がそれを継承して制度として定着させる。

聖職者、呪術師、トリックスターという「知識人」の三形態は、人類学が対象とする未開社会から抽出されたものではあるが、しかしまた人類史を貫くものでもある。そして、未開社会を考察することで、「何か人間にとって本質的な存在形態」を見て、「我々の社会において第二義的な要素によって蔽われているものの本来の姿を提示する」ことが人類学の役割であり、[37]このような普遍の眼で再発見された人類社会の存在様式に引照してそれぞれの社会の特徴も論じられなければならない。こうした普遍的な存在様式こそが人間の「うちなる自然」であり、こうした「根源的な世界」から切断されたところに私たちの現在があり、「二〇世紀とは或る意味で、「失われた時」の回復への死闘であった[38]」、と山口は述べている。

周知のように山口は、日本中世史研究から出発して人類学へ移った人だが、その移行はその当時のマルクス主義歴史学の方法では天皇制とそれを支える日本人の精神構造を明らかにすることができないと考えられたからであった。天皇制を支えているのは、日本人の生活を支えている無意識の行動様式・思考形態であり、それはまた日本に固有のものではなく、神話論・宇宙論として普遍化できるもので、そのゆえにまた「天皇制の分析を人間科学の展開の軸にする」こともできるのである。[39]古代から中世・近世へとたどられる通時態を共時態の構造におきかえて、村落をめぐって定着的な農民集団と移動する芸能民集団とを捉え、二つの集団の交錯する境界にダイナミックな文化が形成される。定着農民集団からすれば、芸能民は祝福とともに潜在的には災厄をもたらす恐るべき存在で、畏怖と蔑視、敬意と敵意の入り混じった両義性をもっている。神話、演劇、祭式などには、こうした両義的な世界が表現されているから、こうした文化の構造論的分析から、天皇制もアフリカの王権もシェークスピア劇なども統一的に捉えることができる。「こうして公的な世界を代表する天皇制の宇宙にも民俗的論理が貫かれることになる。天皇制の両義的な性格は何よりも先ず記紀神話に表現されている[40]」、と山口は記しているが、ここにいう記紀神話とは、スサノオやヤマトタケルを柱にして読み込まれたダイナミックな王権神話のことにほかならない。

こうした王権分析の論理をいっそう普遍化すると、意味と無意味、秩序と混沌、文化と自然というようなことになり、文化とは、「様々の記号を介して、「混沌」をみずからのシステムの内側にとり入れようとする」ものだ、「一方では(混沌を)排除しつつも、それを文化の全体性の不可欠の部分として、人は混沌を片隅に追いやりながらも保持しておかなければならない」、と山口は論を進める(『文化と両義性』)[41]。そして、このように考えてみれば、天皇制や日本の民俗のなかにはこうしたダイナミズムを論ずるにふさわしい素材が充満しているのに、「これまで、民俗学の分野においては、分類の基準が機能論に傾いていたため、民俗的事実を混沌と秩序の弁証法的相関関係において捉える試みが殆んどなされていない」[42]と、山口の批判は厳しい。しかし山口はまた、柳田國男、五来重、三橋修、宮田登、広末保などの作品をそうした視点から読み込んで見せている。宮田の生き神信仰論、日和見論、都市民俗と妖怪論などは、おそらく山口との交流のなかで構想されたものであろう。本書(『戦後知の可能性』)所収の林淳の宮田論では、宮田の活動を介して民俗学がアカデミズムの世界に地歩を確保してゆく様相が捉えられているが、こうした宮田民俗学の展開は、山口人類学の大議論を踏まえたものだったのではなかろうか。

『文化と両義性』が、レヴィ＝ストロースやみずからのジュクン族調査などの人類学的知見に基づいていることは当然として、『ヨーロッパ諸学の危機と超越論的現象学』のフッサールやA・シュッツの現象学的社会学への言及にも大きくページが割かれており、P・バーガーとT・ルックマンの『日常世界の構成』、V・ターナー『儀礼の過程』、M・バフチンなども重要視されている。現代思想のさまざまな動向を視野に入れながら、新しい全体性把握のための論理構築を目指していること、そのさい、既成的な知が暗黙のうちに排除したり平板な通念で蔽ってしまったりしている次元を前景化して、現実的なものの全体性をそうした「構造論的アプローチ」によって捉えなおそうとしていることが重要なのであろう。フッサールやハイデガーの哲学的な思索も、人類学も、演劇や文学についての理論なども、深いところで結びついており、人間と社会についての深層的次元を照らし出している可能性がある。その場合、天皇制のような、日本に独特なものとされやすい存在が、共時的なコスモロジーを介して人類史的な普遍の次元で捉えなおされることは、きわめて興味深いことで、山口王権論に教えられるところが大きいが、しかしまたこうした方法では天皇制が近代日本に特有の構築物であるという側面はほとんど見えなくなるのではなかろうか。天皇制を論ずるさいに、人類学的なコスモロジー論に示唆されながらも、そのコスモロジー自体が近代に特有の構築物であることを前景化した分析が不可欠で、この点については安丸良夫『近代天皇像の形成』(一九九二年)を参照してほしい。

日本社会における異端的・逸脱的存在への関心から出発して人類学へ転じた山口は、構造主義人類学を方法的拠りどころにして、一九六〇年代後半から七〇年代にかけて、戦後日本の知的世界に挑戦したトリックスターだったといえよう。宮田登たちの民俗学以外にも、一九七〇年代後半以降に構造主義人類学の影響は一挙に拡大した。その典型的な事例は社会史で、網野善彦と阿部謹也の社会史は、人類学的なコスモロジー論に依拠することで論理化されたとしてよかろう。二宮宏之の社会史は、アナール派を背景としていて、その分、より歴史学化した捉え方が重んじられているが、アナール派と人類学との結びつきに長い由来があることはよく知られている。また、おとぎ話と隠れん坊の世界に成年式と即位儀礼を読み込み、「首長の即位儀礼が社会そのものの更新を典型的に象徴する」などとする『精神史的考察』の藤田は、人類学的な普遍の視点で、人間の経験というものの深淵について考えなおそうとしていたのであろう。そして、フッサールやジンメルの方法の生産性を高く評価しながら、「家族制度」「同族社会」「ムラ社会」などを挙げて、「これら社会生活の中に埋め込まれている社会制度こそが、人間を逸脱から守っている保護要因なのではないだろうか[43]」などとする藤田は、かつての丸山学派とはほとんど対蹠的な位置を選びとったことになるのであろう。

5　モダニティと近代批判

戦後日本における支配のためのイデオロギーが、一九六〇年の安保闘争とそれにすぐ続く池田内閣の登場を画期として大きく変容し、復古調の権力イデオロギーから近代化論を軸として新たな統合原理の構築を目指すものへと転換したことはよく知られている[44]。この転換がW・W・ロストウなど、冷戦下のアメリカで鍛えられた戦略性の強いイデオロギーによってもたらされたことにも注意しなければならないが、しかしまた日本経済の高度成長という現実が注目されるようになった五〇年代半ば以降、まず桑原武夫、梅棹忠夫、上山春平などによる日本の伝統の再評価の流れとしてすでに準備されていたことや、経済学・経営学・政治学などの研究者たちにかなり広く見られた戦後進歩主義への違和感が、近代化論を歓迎する時代思潮の背景となっていたことにも留意しておく必要があろう。一九五〇・六〇年代の日本では、表面的には丸山や清水幾太郎など、戦後進歩主義が論壇主流のように見えて、そうした動向に、反発を覚えたり違和感をもったりする知識人も少なくなかったのである。一九六一年の『風流夢譚』事件と『思想の科学』天皇制特集号発売中止事件を画期として、中央公論社を中心に論壇に「現実主義」の風潮が強くなったこと、それが嶋中鵬二・粕谷一希によるきわめて意図的な戦略性をもった対応で、保守派知識人の論壇人脈形成の試みにほかならなかったことを、最近、根津朝彦が具体的に検証している[45]。

一九七三年に為替相場が変動相場制へ移行し、すぐ続いて石油危機があって、物価と地価の高騰が国民生活を脅かしていたが、七三年の危機を乗り越えて成長を続ける日本経済は、経済発展のモデルとして、広範な関心を集めていた。いわゆる日本的経営が高く評価されるとともに、消費社会化に対応した新たな社会理論が求められ、日本文化論・日本社会論が流行した。こうした時代思潮に棹差す知識人も少なくなかったが、本章で主題としている戦後日本の批判知の系譜も、こうした時代状況のなかで再編成を迫られることとなった。ボードリヤールの消費社会論、フーコーの権力論、アナール派の社会史やイギリス社会運動史研究などは、こうした新しい知の形成に大きな刺戟となった。だがその場合、構造主義人類学などを媒介として全体知を目指すことには、反構造的なもののダイナミズムを組み込んで全体性に迫るという点では大きな効果があったとしても、構造主義人類学の方法では、さまざまの具体的事例を引きながらも、同じ叙述類型の反復に陥りがちだという傾向を免れなかった。山口昌男自身、「構造論的アプローチは、ともすれば、二元論のパラダイム表の提出に終って平板にとどまる可能性を含んでいる[46]」とも述べていて、いち早くそうした問題点を自覚していたようにも思われる。これはささやかな付言として述べられているにすぎないが、そうした小さな言葉のなかに、私たちは、後半生の山口が、ほとんどマニア的に詳細な文献資料の探索者へと転換してゆく方向性を、読み取ることができるのかもしれない(『「挫折」の昭和史』、『「敗者」の精神史』、ともに一九九五年)。

平板な反復に陥ることを回避するためには、まず具体的な資料に即《つ》かなければならないが、論理的には、構造主義人類学の理論枠組とは別の、理論上の補助線を引く必要があるということではなかろうか。それはおそらく通時態をもう一度組み入れることであり、とりわけ近代とはなにかとその時代性をあらためて問い、そこで生きるほかなかった人びとの生活経験をリアルに見る方法を獲得することであろう。人類学も民俗学も、近代の外に特権的に観察の場と対象をもっているわけではない。色川大吉が、柳田の『明治大正史 世相篇』を高く評価しながらも、近代日本という歴史性の場で民俗を捉える必要性を強調して、民俗学批判を続けたことには（本巻—三、参照）、重要な意味があったというべきであろう。また、そのように考えてみると、都市論、家族論とジェンダー論、身体論、またカルチュラル・スタディーズなどは、こうした課題へのそれぞれに独自の応答だったということになるだろう。

　私たちが文学作品を読む場合、普通は作中人物の心理や行動、またプロットの展開に私たちの関心は集中している。「しかし、〈図〉として志向されている中心部分の意味を限定し、鮮明な像として浮きあがらせているのは、無意識の領域でサブ・ストラクチャーとして構造化されている〈地〉の部分、つまりはテクストの「内空間」なのである[47]」と前田愛は述べている。位相幾何学などの用語を援用して展開される前田の文学理論は、一見きわめて難解に見えるが、それは要するに、「すぐれた作品の場合には、このようにして生きられたテクストの「内空間」の集積が、最終的にある形態《ゲシュタルト》をもった空間構造として把握される[48]」ということなのであろう。前田は、フッサールやハイデガー、最新の文学理論などとともに、柳田國男、山口昌男、網野善彦などを引用しながら論を進めており、現象学的社会学、構造主義人類学などを援用した文学テクストの読解として、その論を展開している。そのさい、文学テクストが提示する「象徴的宇宙」には、遊廓、私娼窟、スラム街など、「日常的な生活感覚ではいかがわしいとされる「無縁」の場所」が重要なトポスとして含まれており、「もともと文学作品は、ある特定な時代に支配的なイデオロギーや文化の体系が排除した欠落部分を、虚構のテクストをかりて読者に伝達する」ものである。「こうした文学の意味作用は、都市の周縁部に非日常的ないかがわしい場所を隔離しておく空間管理の方式とある深いアナロジーをもっている。エロスやタナトスにまつわる禁忌が隠蔽され、排除される日常的な世界は、それ自体では象徴的宇宙として完全ではない。文学のテクストは、日常的な世界からしめだされたこのマージナルな状況、深層的な部分を虚構のトポスをかりて解き放つ[49]」。『都市空間のなかの文学』所収の論稿は、いずれもそうした理論を踏まえての、近代日本文学読解の実践例にほかならない。

周縁性、非日常性、深層性、虚構などに注目し、そこから私たちが生きる世界の全体性を捉え返す。そのさい、宗教、大衆文化、芸術、性、また犯罪や精神障害などが重要な手がかりとなるだろう。都市の街路と歓楽街、行楽地や旅行や特殊な宗教施設、競輪・競馬の競技場などのトポスも、恰好の対象となろう。こうしたさまざまの分析対象を設定しながら、それを犯罪組織やテロや外国人労働者や社会的格差の拡大などとも重ね合わせることもできよう。こうした分析方法は、構造主義人類学が切り拓いた分析方法を継承しながらも、近代というものがグローバルな規模でもたらしたものを見据えようとする点で、私たちの「今」に深く根ざした内実をもたらしうるに違いない。

本章のはじめに述べたように、戦後啓蒙は、西洋対日本（あるいは東洋）、近代対前近代という二項対立を自明の論理枠組とする傾向が強く、日本に〝近代〟をもたらそうと意欲する強い啓蒙的情熱をもっていた。この二項対立の図式は、明治初年の啓蒙主義以来の思考枠組を受け継ぎながら、それを国民国家単位の比較史的構図へと整えなおしたもので、戦争と敗戦の経験を経過することでいっそう論理の輪郭を際立ったものにしていた。戦後啓蒙は、敗戦による社会構造の転換という稀有のチャンスを生かして形成された、批判知の自立であった。そうした精神の自立性と批判性を、私個人としては首肯し、なんとかそれを継承したいと思っているのだが、しかしまたそのためには、戦後知の暗黙の諸前提が再検討されなければならないとも考えている。社会的現実、つまりはそこで生きている人たちの世界は、戦後啓蒙が措定したよりももっと錯綜した存在として捉え返すべきものであり、戦後日本のさまざまな学知はそのことに向き合おうとするさまざまの試みだったのだと考える。

近代世界とはなにかという大問題を、ここで論ずるつもりはないが、それが市場経済と利潤追求を存在原理とする、複雑に交錯した複合体だということを強調しておきたい。それは、私たちの生活に根ざしたものなのだが、しかしまた私たちの生活を超えた客観的な構造体であり、私たちはそれに規定されそのなかで生きるほかない。そこで私たちは、この構造体をできるだけリアルに見る必要があるのだが、しかしそれが通り一遍の表面的な多様性とならないようにするためには、生活の細部に根ざした切実さと、全体を構造的に見据える構想力・想像力が必要となろう。こうした世界の捉え方をさまざまに工夫してきた知の軌跡として、戦後日本の学知を受け止めておきたい。

地球温暖化、テロ、一国的にもグローバルにも深刻化する経済的・社会的格差、さまざまなかたちをとった人権抑圧などの大問題は、私たちの生活と未来を脅かしているが、私たちは、現在、解決のための適切な処方箋をもっているとはいえそうもない。私たちの学知は、いまのところ、そうした大問題を回避することで営まれているともいえそうだ。学知の範囲は広がり、研究の素材や研究技術は大いに拡充されたが、そのことが学知の制度化と結びつくと、学知に不可欠の批判性の喪失に結果しやすい。そのように考えるとき、戦後啓蒙に始まる戦後日本の批判的な学知の流れは、私たちの現在の学知に対して、新しい可能性と方向性とを示唆しているのだと考える。

（1）松沢弘陽・植手通有編『丸山眞男回顧談』上、岩波書店、二〇〇六年、一〇頁。以下の記述も、同書一三・一六頁。

（2）丸山眞男「昭和天皇をめぐるきれぎれの回想」『丸山眞男集 15』岩波書店、一九九六年、二六頁。
（3）米谷匡史「丸山眞男と戦後日本――戦後民主主義の〈始まり〉をめぐって」情況出版編集部編『丸山眞男を読む』情況出版、一九九七年。
（4）丸山「昭和天皇をめぐるきれぎれの回想」前掲註（2）、三五頁。
（5）『丸山眞男回顧談』上、前掲註（1）、二八一頁。
（6）加藤周一『羊の歌――わが回想』（岩波新書）岩波書店、一九六八年、一六四頁。
（7）同、二二一頁。加藤周一『続羊の歌――わが回想』（岩波新書）岩波書店、一九六八年、八頁。
（8）加藤『続羊の歌』同右、三三一―三四頁参照。
（9）田中正俊『戦中戦後』（増訂版）名著刊行会、二〇〇一年、一一四頁。田中については同書に拠った。
（10）同、一二六頁。
（11）孫歌『竹内好という問い』岩波書店、二〇〇五年、一三五・一五八頁。
（12）宮村治雄『戦後精神の政治学 丸山眞男・藤田省三・萩原延壽』岩波書店、二〇〇九年、三頁。
（13）ジョン・ダワー、三浦陽一・高杉忠明訳『敗北を抱きしめて――第二次大戦後の日本人』上、岩波書店、二〇〇一年、九四頁。
（14）同、一四五頁。
（15）同、一九九頁。
（16）藤田省三『精神史的考察　いくつかの断面に即して』（平凡社選書）平凡社、一九八二年、二四二―二四三頁（平凡社ライブラリー、二〇〇三年）。
（17）ダワー『敗北を抱きしめて』上、前掲註（13）、一五九頁。
（18）石母田正『歴史と民族の発見 歴史学の課題と方法』（平凡社ライブラリー）平凡社、二〇〇三年、二一一頁（元版は東京大学出版会、一九五二年）。
（19）同、二九頁。

(20) 石母田正「国民のための歴史学」おぼえがき」『戦後歴史学の思想』法政大学出版局、一九七七年、二八〇頁。
(21) 花森重行「国民的歴史学運動期における政治の多様性——民科京都支部歴史部会の紙芝居『祇園祭』に即して」『新しい歴史学のために』二七五号、二〇〇九年。
(22) 神島二郎『近代日本の精神構造』岩波書店、一九六一年、三六四頁。
(23) 同、二一頁。
(24) 橋川文三『増補 日本浪曼派批判序説』未来社、一九六五年、一九頁(元版は一九六〇年)。
(25) 同、三二頁。
(26) 橋川文三『昭和ナショナリズムの諸相』名古屋大学出版会、一九九四年、五頁。
(27) 同、二三・二四頁。
(28) 藤田省三『全体主義の時代経験』みすず書房、一九九四年、iv頁。
(29) 藤田『精神史的考察』前掲註(16)、一〇頁。
(30) 同右。
(31) 同、二三頁。
(32) 同、二二七頁。
(33) 同、二七四頁。
(34) 以下の記述は、『精神史的考察』所収の吉田松陰論による。
(35) 藤田『全体主義の時代経験』前掲註(28)、五頁。
(36) 山口昌男「文化の中の知識人像——人類学的考察」『山口昌男著作集 1 知』筑摩書房、二〇〇二年、以下は同論文による。とくに二二二—二二四頁。
(37) 同、二一三頁。
(38) 同、二二六頁。
(39) 山口昌男「天皇制の象徴的空間」『天皇制の文化人類学』立風書房、一九八九年、二一八頁。

(40) 山口昌男「天皇制の深層構造」同右書、一八五頁。
(41) 山口昌男『文化と両義性』岩波書店、一九七五年、九六頁。
(42) 同、六六頁。
(43) 藤田『全体主義の時代経験』前掲註(28)、三三頁。
(44) 安丸良夫「日本の近代化についての帝国主義的歴史観」(『安丸集』本巻―六)ほか。
(45) 根津朝彦「編集者粕谷一希と『中央公論』――「現実主義」論調の潮流をめぐって 一」『総研大 文化科学研究』四号、二〇〇八年。
(46) 山口『文化と両義性』前掲註(41)、一七五頁。
(47) 前田愛『都市空間のなかの文学』(ちくま学芸文庫) 筑摩書房、一九九二年、一二頁。
(48) 同、四六頁。
(49) 同、七二頁。

◈安丸良夫・喜安朗編『戦後知の可能性』山川出版社、二〇一〇年、所収。

歴史・宗教・民衆研究会という名称の小さな研究会が一〇年間続けられ、そこが晩年の私の研究会活動の重要な場となった。この研究会は、東京大学の宗教学関係の島薗進・林淳・磯前順一の三氏によって始められ、のちに喜安朗氏と私が加わり、また臼杵陽氏も参加した。この研究会は、はじめ東京大学宗教学研究室で開催され、磯前氏が日本女子大学に赴任してからは同大学を会場とするようになった。会を主催したのは林・磯前両氏で、右記以外にもかなりの数の研究者が参加し、日本女子大学磯前ゼミの学生たちも傍聴していて感想や意見を述べた。磯前氏の国際日本文化研究センターへの転任を機に、研究会は解散したが、研究会に最後まで残ったメンバーの研究会での発表をもとにして研究会の成果をまとめることとし、『戦後知の可能性』が企画された。序章として書かれた本論文と磯前「終章　変貌する知識人」が、研究会を経ない新稿である。

この研究会は、日本宗教史研究のこれまでの成果をできるだけ広い視野から再検討し、日本の宗教を社会と歴史のなかで捉えなおすことを目ざしてはじめられた。宗教概念のゆらぎや再検討といわれたように、宗教とはなにかという問いを改めて問い、諸外国での研究動向も参照しながら、今後の研究方向を模索しようとするものだった。宗教を含めたコスモロジー的なものの歴史のなかでの位置と役割、宗教と政治権力やイデオロギー支配とのかかわり、民衆運動における宗教的契機、儀礼や習俗などへの関心は、さまざまな偏差を伴いながらも参加者に共有されていた。私は、この研究会で黒田俊雄論と色川大吉論を発表したが、その内容は、本巻にそのまま掲載されている(本巻—二・三)。私にとっては、若い頃から大きな影響を受けてきた二人の先輩について考えてみることが、晩年の自己点検に相応しいと思われたのである。

これに対して本論文は、論文集のとりまとめにさいして急いで書かれたものである。それまでの研究活動においても、私には戦後日本の学問史や思想史のなかで自分の課題や方法を見つめ位置づけようとする志向性が強かったから、その意味では本論文の内容には唐突なところはないと思う。しかし、本論文ではそうした傾向が前景化しすぎていて、かなり断定的な戦後日本学問史整理となっており、そのことに違和感を持つ人も少なくないはずである。だが、こうした論理的整理に、あまり固定的な評価の定点を求めない方がよいともいえよう。本論文の執筆時点からはすでに若干の時間が経過して、観察の対象や思考の条件も変容し、新しい研究動向・知的動向が出現してきているともいえよう。本論文が一九八〇年代までで検討を打ち切っていて、その後の展望を示していないことも、限定・限界である。しかし、本論文も含めた本巻の「I 戦後知としての歴史学」所収の諸論文では、先学への論評という形を借りて、私自身の自己省察がひとまずひとつの結末に達したともいえそうだ。

二　黒田俊雄の中世宗教史研究——顕密体制論と親鸞

はじめに

戦後日本の知の歴史において、マルクス主義、とりわけ講座派マルクス主義の影響は、圧倒的な重みをもっていた。学問・思想に対する権力の弾圧が厳しかった戦時体制下には、マルクス主義はきわめて少数の人びとによって守り抜かれた小さな灯火だったが、戦争体験をくぐり抜けたすぐあとに、それはもっとも権威ある知の様式となった。このことは、戦後日本の学問・思想のさまざまの領域に共通する特徴だが、とりわけ日本史研究に顕著な現象であり、この学問分野では現在もなおマルクス主義歴史学が正統学説の位置を保持しつづけているかのようにさえ見える。

マルクス主義は私たちが生きる世界の全体性についての包括的な知であり、したがってそれは、私たちの人生についての根源的な問いへの回答を内包している。しかし、この知の様式の包括性は、安易な概括や教条化に傾きやすく、そうした傾向が性急な政治性・イデオロギー性と結びついて、知を支えるリアリティへの感受性を衰弱させる傾向があった。一九七〇年代以降、とりわけいわゆる「社会主義」体制の崩壊以降におけるマルクス主義の影響力の喪失を、マルクス主義そのものの限界によるとするのは、愚かな知的欺瞞だが、しかしまたそうした知的欺瞞に導きやすい要因がマルクス主義の側にも根強く存在していた。戦後日本における自由で批判的な知の衰退は、マルクス主義に対する安易な批判と結びつきやすく、マルクス主義者たちもまたその主観的意図とはうらはらに、そうした動向を後押ししてしまう傾向があった。

近代世界の構造への原理的批判を核心におくマルクスの思想を通らなければ、私たちの知の営みは、私たちの生きる世界の重みを受け止めることができないのだが、しかしまたそうした立場が安易な思考様式に陥らないようにするためには、私たちは歴史と社会への鋭敏で柔軟な感受性をもつように努力し、マルクス主義以外の諸思想との出会いを大切にしなければならない。また、マルクス主義と一口にはいえないほどにマルクス主義のなかに多様な流れがあり、そうした多様性のなかでの自己点検も不可避となる。こうして、マルクス主義を経過しながらも、さまざまな思想・理論との出会いや交錯の経験が重要なのであり、戦後日本における重要な知的営みの多くには、そうした特徴が顕著に見られる。

黒田俊雄は、戦後日本のマルクス主義歴史学を代表する研究者の一人であり、多くの独創的業績を残した。しかし黒田は、戦後日本のマルクス主義歴史学者としてはもっとも異端的な人の一人であり、マルクス主義歴史学に対する厳しい批判を数多く書き残している。黒田はおそらくその最後の日まで日本共産党党員であり、政治イデオロギー的に戦闘的な人だった。しかし黒田からすれば、自分のそのような政治的立場性と戦後歴史学への厳しい批判とは不可分なものだった。黒田の歴史学では、宗教や文化の領域が大きな比重を占めていたが、黒田はまたそうした領域に戦後日本のマルクス主義歴史学の根本的な弱点がある、と考えており、そのことがマルクス主義歴史学への黒田の批判を手厳しいものとした。本章では、黒田の中世宗教史研究の軌跡をたどることで、黒田の歴史研究がどのように戦後歴史学を批判してどんな成果を挙げたかを考えてみたい。

1　戦後歴史学と方法的保守主義

黒田は、一九二六年、富山県東砺波郡の真宗篤信の農家に生まれた。黒田家では毎朝父君が「正信偈《しょうしんげ》」『阿弥陀経』『御文《おふみ》』などを仏壇の前で読誦したが、ときにはそのなかに「教育勅語」も含まれていて、黒田は小学校入学前に「教育勅語」を暗記していたのだという。真宗大谷派末寺の生まれである母堂は、典型的な真宗篤信者で、卒業証書や黒田の著書など、「よいものはなんでも仏壇に供える」というような人だった(「歴史上の真宗」一九八七年(1))。黒田自身は浄土真宗の信仰者ではなかったが、卒業論文は真宗教団史のなかで真宗思想の変容を論じたものだったし、大阪大学定年退職後は真宗大谷派の宗門大学にあたる大谷大学教授となり、その関わりもあってか、晩年には親鸞や浄土真宗信仰にかかわる講演などの機会が少なくなかった。研究者としての黒田の活動の背景には、こうした生活史的背景と黒田自身における親鸞への思い入れがあった。

地元の砺波中学を経て第四高等学校へ入学した黒田は、平泉澄のいる東京大学を避けて、西田直二郎のもとで国史学を学ぶこととし、京都大学へ進学した。四高で「わずかながら自由な雰囲気」を経験した黒田は、軍国主義青年ではなく、おそらくは旧制高校風の教養派で、近代西欧の哲学や思想を咀嚼した西田直二郎の文化史のほうが自分にふさわしいと考えた。兵役は、陸軍の特別幹部候補生を志願し、立派な体格の黒田は甲種合格だった。一九四五年十月に入隊と決まっていたが、敗戦のため、兵役には就かなかった。しかし、黒田たち、この時代の青年は、自分の間近な死を不可避なものと考えるほかなかったし、こうした状態から一転しての敗戦後の激動も、彼らに大きな衝撃を与えた。敗戦後の歴史学にはマルクス主義の影響が大きかったが、黒田はただちにマルクス主義を受け入れたわけではないらしく、「まさに「青春彷徨」の悩みに陥り、その後ながいあいだ確信ももてず、繰り返し自信喪失に襲われるようになりました」、と記している〔「歴史学入門のころを回想する」一九八九年〕。もとより黒田だけのことではないが、いわゆる戦後歴史学がこうした根源的な否定性と苦悩の経験のなかでの模索を通して形成されたものであったことは、この学問の性格を考えるうえで重要なことである。その主著の「はしがき」でも黒田は、この書物が、生い立ちや青年期の戦争体験以来の「宿命ともおもえるほど自己に根ざした関心」から生まれた「試行錯誤の模索」の結果にほかならなかった、と回顧している〔『日本中世の国家と宗教』一九七五年〕。

一九四八年、京都大学史学科を卒業した黒田は、引き続いて大学院に在学するとともに、大阪で高等学校教員となった。五一年には教職を辞して大学院の特別研究生となり、五〇年には民科(民主主義科学者協会)京都支部歴史部会の責任者となって、国民的歴史学運動の渦中に立つこととなった。五一年から五三年までがこの運動がもっとも活発におこなわれていた時期にあたり、『新しい歴史学のために』が刊行され、紙芝居『山城国一揆』と『祇園祭』がつくられて、いわゆる啓蒙活動がおこなわれた。この時期の歴史学界では、民族文化の問題が実践的課題と結びつけて論じられていたが、民科京都支部歴史部会の活動はそうした状況の典型で、黒田はそのなかで指導的な立場にあった。しかし、こうした活動や当時の研究状況についての後年の黒田の総括は、きわめて否定的な手厳しいもので、「事実の認識についてもひどく粗末な次元で問題が立てられていた。これは文化の問題についてはとくにそうで、当時の学界の水準に照らしてもいかにも急ごしらえな印象を与えた」〔「民族文化論」一九七一年〕、などという言葉を連ねている。東京で国民的歴史学運動の若手活動家としてもっともめざましかったのは網野善彦だが、黒田と網野という同世代の活動家がともにこの運動を否定的に総括して、それぞれに独自な全体史の構想へと向かったということは、この二人のすぐ下の世代に属する私には、とりわけ印象深い光景に見える。

黒田は、清水三男『日本中世の村落』に示唆を得てどうにか卒業論文をまとめることができたと述べているが、また石母田正の領主制理論を〝導きの糸〟としたとも述べている〔前掲「歴史学入門のころを回想する」〕。本書（『戦後知の可能性』）所収の磯前順一論文でも論じられていることだが、戦後歴史学の出発にさいして、石母田の歴史学、とりわけ『中世的世界の形成』の影響力は圧倒的で、黒田もまたその影響圏で研究者としての自己形成の初期を生きた。『中世的世界の形成』は、「一つの荘園の歴史をたどりながら……日本の歴史の大きな流れをその全体性において把握し叙述(2)」したもので、ヨーロッパ近代の思想や哲学にも親炙した、石母田ならではの彫りの深い記述がその歴史像を支えていた。石母田をはじめとするマルクス主義歴史学の潮流に接触することで、黒田は、西田直二郎の観念論的文化史からはすぐ離脱したが、しかし他方で清水三男、赤松俊秀、林屋辰三郎など、石母田とはかなり異なった学風の京大国史学の流れからの影響も大きかった。それに、のちの黒田が繰り返して批判したように、マルクス主義歴史学は生産様式論と社会構成体論か、その単純な反映論の範囲にとどまっており、文化、思想、宗教などの領域では評価に値するほどの成果を挙げていなかった。実際問題としても、研究会や刊行物の企画などでは、こうした領域はその分野の数少ない研究者である黒田に報告や執筆などが割り振られる場合が多く、黒田は社会構成史と仏教史や文化史という〝二足のわらじ〟を履くユニークな研究者となっていった。

ここで、黒田の日本の歴史学界のなかでの位置とそのなかでの黒田自身の選択を推し計るために、「歴史科学運動における進歩の立場」という論文を取り上げてみよう。この論文は、大阪歴史科学協議会での科学運動に関する討論での発言をもとにして、『歴史評論』三三四号（一九七八年二月号）に発表されたものである。この論文で黒田は、「建国記念日」反対運動や教科書検定問題など、歴史科学運動が直面している諸問題を取り上げながら、そうした諸問題への批判的な論及が表面的なイデオロギー批判にとどまっているとし、「それよりもっと広くかつ根の深い性格の問題」がある、私たちの当面している問題は、「私たちの歴史学への姿勢そのものの反省にまで及ぶべきものであろう」、と強調している。黒田によれば、生産様式論・社会構成体論を中心とする戦後歴史学は、そうした領域ではかなりの成果を挙げたけれども、民族問題・国家史・思想史などで目立つほどの成果を挙げたとはいえず、階級と国家の支配、イデオロギーの役割などについても、今日的感覚を踏まえた新鮮な研究が欠けている。社会構造という「原則」に固執するだけの陳腐な発想が実証主義の名のもとにまかりとおっており、マルクス主義の俗流化、無思想性があらわになってきているという。

　このように論ずるさいに黒田は、石母田正「歴史科学と唯物論」に焦点を合わせている。この石母田論文は、国民的歴史学運動への厳しい自己批判的内容によって周知のものである。戦後のアカデミズム歴史学について、「無思想、無性格を内容とする実証主義が戦後における歴史学の支配的風潮」[3]と断じて国民的歴史学運動を指導した石母田は、この論文では一転して、実証主義が「歴史学における唯物論であり、客観主義である」と述べ、かつての自分の主張を観念論的で精神主義的だったと自己批判した。「実証主義がいかなる制約をもちいかなる段階の認識であるかを論ずるまえに、実証主義が歴史学における唯物論であり、客観主義であるという一般的前提をはっきり確認することから出発しなければならない」(傍点は原著。以下引用文中の傍点は原著)、「いくら平凡な真実であっても、それが客観的な真実であれば承認する用意をもつすべての歴史家は、唯物論的な基礎に立っているのであって、そこに協力の基礎があるのである」、というわけである[4]。

　だが黒田によれば、この石母田論文こそが「戦後歴史学のあり方の基本的な動向を規定している」のであり、マルクス主義歴史学と実証主義歴史学との共存という「戦後歴史学の大勢を規定」し根拠づけている。このいわば唯物論主義とでもいうべき原則には、新しい問題への感受性が欠けていて、「そこにはもはや保守主義としか呼びようのない体制が成立している」。なるほど「民主的歴史学界」は、反動的歴史像や歴史思想と戦っているように見えるけれども、しかしそれは、「既成の学問的成果の擁護が主になって新たな探求を必ずしも要件とはしない形」になっている。それは、反動的イデオロギーとそれに対応する民衆意識の動向を掘り下げて分析するものではなく、無自覚のうちにも政治問題を「なまの形」で運動に持ち込んでいるにすぎない。「これは科学運動における保守主義でなくて何でありましょうか」と、黒田は厳しい批判の言葉を連ねている［「歴史科学運動における進歩の立場」一九七八年］。

黒田のこうした激しい戦後歴史学批判の背景には、一九六〇年代以降の日本経済の高度成長と消費社会的状況、またそれに対応する近代化論や新たな「現実主義」、保守主義理論再構築の動向などがあった。こうした状況のなかで、広く見渡せば構造主義や人類学など、さまざまな新しい学問的な動向があり、そうした動向の事例として、右の論文で黒田は、アルチュセールの新しいマルクス主義理論とアナール派に注目している。だが、少なくとも日本国内でおこなわれている日本史研究に関するかぎり、こうした新たな学問的知的動向から「有意義な影響を受けた業績」はあらわれておらず、「拒絶反応」に終始している、と黒田は判断している。

こうした「閉塞状況」を打破するには、広い意味での文化や思想、社会意識などに注目して、そうした次元で創造的な成果を挙げる必要があるが、生産様式論と社会構成体論を中心とするマルクス主義歴史学には、こうした次元を主題化する理論的用意が欠如している。これが黒田の観察だが、一般論としてならば、これは多くの研究者も首肯するところだろう。だが、こうした課題を自分の問題として自覚的に追求する姿勢は、戦後日本のマルクス主義歴史学にはほとんど欠如しており、そのことへの苛立ちともいえるほどの厳しい批判は、研究者として出発した黒田にとって、もっとも初期からの一貫したものであった。

黒田が社会構成史と仏教史という〝二足のわらじ〟を履いたのはこうした問題関心を踏まえてのことだったし、初期の黒田が、「文化史の方法について」(『歴史学研究』一八三号、一九五五年)、「思想史の方法についての覚書」(同、二三九号、一九六〇年)という二篇を書いて文化史・思想史の方法論への積極的提言を試みたのも、そうした立場からのことだった。同じころに書かれた「仏教史研究の方法と成果」(遠山茂樹編『日本史研究入門Ⅱ』一九六二年)でも、仏教史研究の多様な流れを整理しながら、それらが結局は宗門史や教学史に引きつけられすぎていて、歴史学という科学の立場からのものになっていないとして、仏教史研究に方法的反省を求めている。中世の神国思想を「中世的なもの」として捉えなおしてみせた「中世国家と神国思想」(『日本宗教史講座』一九五九年)も、こうした方法的立場から中世神国思想という、一見茫漠とした対象に大胆に切り込んだ労作だったといえよう。

こうした問題群への黒田の取組を理論的に集約した作品として、ここでは「思想史の方法についての覚書」を一瞥してみよう。

「中世の宗教思想を中心に」という副題をもつこの論文で、黒田はまず、「思想史・文化史の方法としては、土台と上部構造との関係についての一般的理論にとどまらず、思想・文化の内容そのものを分析し歴史的性格を規定できなければならない」、とする。そのさい、中世は宗教的な社会で、中世では「宗教思想はすべての意識形態および制度・機構を特色づける特殊な位置を占める」のだから、「中世的宗教」なる概念が措定できるはずで、それは「諸々の文化的所産の性格をつらぬく法則的な特質」となっているはずである、とする。この論文はそのあと、呪術・神格・彼岸・戒律の四点について述べてゆくが、まず呪術は、共同体的関係に基礎づけられたものであるゆえに、前近代社会においては不可避の意識形態である。呪術からは多神観が生まれるが、しかしこの一般的な多神観のなかから最高神の信仰、一神教の形成へと進むことも、中世宗教の内在的特徴である。また現実社会における支配・隷属関係からの脱出は、彼岸の浄土のような宗教意識のかたちをとるのが一般的だが、中世後期には理想世界を此岸に実現しようとする宗教王国の観念が生まれる場合もある。また宗教運動は、その発展過程で現実社会のなかに教団を形成し、教義や儀礼をつくるが、それが戒律の問題である。

以上が「思想史の方法についての覚書」の要点だが、歴史的世界の全体を見渡して中世宗教史に即した独自な範疇をつくりだそうとしていることがよくわかる。呪術の問題を基底に据えているところにのちの顕密体制論への展望が見えているとともに、一神教概念を中世宗教の特質として強調しているところなどは、家永三郎など中世仏教史研究の通念に従っているともいえる。土台・上部構造論的な一般論も特定の価値観に基づく抽象的普遍主義も退けて、しかしまた宗門史・教学史も越えて、宗教意識・宗教思想の実態に即しながら理論化を目指す。黒田にとって、それがマルクス主義歴史学の立場に立った宗教史研究にほかならなかった。通説的な見方も取り込まれてはいるが、黒田によって独自に構想された歴史に内在する論理であることがその主張のポイントである。だが、「思想史の方法についての覚書」は、中世宗教史に焦点をしぼってのさしあたっての総括で、包括的な全体像のはるか手前にあった。黒田の歴史学の全体像について知るためには、「中世国家と天皇」(一九六三年)以降の作品群に眼を移さなければならない。

2　三点セットの全体史

黒田の日本中世史研究は、荘園体制論、権門体制論、顕密体制論という三つの歴史理論から成り立っている、ひとまとまりの全体史である。この三者はそれぞれ、マルクス主義歴史学における経済的下部構造論、政治権力論、イデオロギー的上部構造論に対応しているから、この三者をまとめたものが、マルクス主義歴史学の立場に立つ中世史家としての黒田にとっての歴史的世界の全体性である。

ところで、右の概念構成は、荘園、権門、顕密という中世ではごく普通に用いられていた用語に依拠して、それを歴史学的概念へと組み替えたものである。たとえば荘園制は、黒田にとって「封建社会」よりはずっと「歴史的・具体的」な歴史理論的概念なのだが、そのことはまた荘園制が具体的存在としての個別荘園からはずっと抽象された歴史の論理だということでもある。それは、「客観的に一つの歴史的段階をなした一個の社会経済的構成体」であり、そのゆえに「その形成・展開・没落の固有の論理性・法則性を追及」しうるような理論的な枠組である〔『体系・日本歴史 2　荘園制社会』一九六七年、とくに第八章参照〕。権門体制は、右のような意味での荘園制社会を支配する「国家権力機構」をひとつのまとまりにおいて把握しようとする概念である。荘園制と公家を古代的存在として、それに対抗して台頭する領主制と武士階級を中世的とする通説に対して、黒田は、公家・武家・寺家は権門勢家として共通する性格をもっており、その間に対立を含みながらも「一つの国家を組織し続けたことこそが問題である」、という。公家・武家・寺家は、実際には「相互補完的な関係」にあったのだが、そのようなものとしての国家権力の「機構全体を総称する概念」はこれまで欠如していた〔「中世国家と天皇」一九六三年〕。黒田によれば、文化の問題とともに国家権力の問題は、歴史学上「ひどく粗末な次元」にとどまっており、「国家を具体的・対象的に認識する方法を提示していない」〔「中世国家論の課題」一九六四年〕。こうした次元の問題を前進させるためには、特殊具体的なものを体系的・法則的に解明する抽象能力が必要なのだが、日本の歴史学はそうした課題で具体的な成果を挙げうるような方法的用意に欠けているということになる。

だが、こうした黒田の主張をひとまずうべなうとして、黒田のいう三点セットのすべてについて、一人の歴史家が具体的な成果を挙げることはとても難しい。近世以降なら、経済史と政治史と思想史・文化史とはそれぞれに分化した別の研究領域であり、それぞれがさらに細分化された時期区分や対象区分のもとで専門研究がおこなわれているというのが、研究活動の実態であろう。しかし黒田は、すでに卒業論文「真宗教団史序考――とくに社会生活との関連について」で、親鸞の思想を地域社会と教団の歴史のなかで扱っており、経済と政治と思想とは深く内在的にかかわりあった存在として取り上げるのが、黒田の生涯を一貫する研究姿勢であった。中世が宗教的な社会であったということと、黒田が仏教史に造詣が深かったということとがあいまって、黒田にこうした取り扱いを可能にさせ、そのことがマルクス主義的な立場からの全体史への希求と結びつけられていたのである。だがこうした事情は、黒田にさまざまな問題（おそらくは過重な）を一挙に背負い込むことを求め、それぞれの分野の専門家からの批判を招きやすいということともなったのではなかろうか。

実際問題として黒田の分析手法を見てゆくと、これまでは別々の対象であることが自明視されてきた諸問題のあいだに、いわば中世的というべき共通性・一般性を大胆に見出してゆくというのが、黒田が得意とする方法だったように思われる。そのような場合、黒田は論理的構成力において優れており、対象の具体性に即した黒田のきわめて論理的な問題発見能力が歴史研究に大きな刺激を与えてきたとはいえる。しかしこれを逆にいうと、共通性・一般性の強調が差異性を軽視することにもなりかねないのではなかろうか。なるほど、中世社会という一般性が諸々の対象を貫いているのではあるが、しかしまた、はじめはあまり目立たないほどの差異性が、歴史の動態を捉えて未来を展望するためにはいっそう重要かもしれない。以下、専門知識をまったく欠いた領域についての発言なので、専門研究者には噴飯ものかもしれないが、もうすこし黒田説批評のために言及してみよう。

黒田説では、十世紀から十四世紀前半までが荘園制社会というひとつの社会体制で、荘園制そのものは十六世紀まで存続する。荘園制と武士階級が担う在地領主制とを対抗させて、前者を古代的、後者を封建的とするのが通説にあたる領主制理論だが、黒田はこの領主制理論をきっぱりと退けて、荘園制は農民の自立経営に対応するところに形成された中世的領主制であり、「封建的生産様式の基本的な形態」である、「在地領主制は論理的には右の系列から派生してきた生産様式」だとする〔前掲『荘園制社会』〕。この荘園領主制は、公家だけでなく、大寺院、国家権力のなかに地歩を確保した武家にも共通するもので、こうした荘園領主層を代表する「権門勢家」が共同して支配するのが「権門体制」であり、そのイデオロギーが「顕密体制」である。

三点セットは、こうして緊密に結びついており、黒田ならではの壮大な構想だが、荘園制社会論と権門体制論については、専門研究者には異論が少なくないのではなかろうか。荘園制社会論についていえば、畿内やその近国では、黒田説に従って、農民経営の自立性やその共同体結合が在地領主制の形成を抑制して、荘園領主を地代収得主体にとどめたといえそうだが、それでも黒田によって農民層の自立性の発展とされるものは、絶えず地域的小領主制の展開へと結果するのであり、彼らは武装して御家人や地頭・国衙などの被官となったり、独自に領主制権力をつくりだしたりする。「在地領主制成立の歴史的起点は中世村落内部に胚胎する小さな領主制（村落領主制）との連関において把握」すべきもので、(5)これが古代末期から幕藩制確立に至るまでの社会変動のもっとも基底的な要因なのであろう。中小名主層の武士化への道は、太閤検地と兵農分離によってはじめて切断されたのであり、それ以前の中世的社会では、農民経営の自立化と荘園領主制とを媒介しているのは、中小の名主層や一揆、またその転化形態としての悪僧・悪党などの過渡的社会層の存在であり、こうした社会層の根強い存在が中世社会のダイナミックで不安定な特質の基底にあると考えるのが、わかりやすい見方ではなかろうか。

また鎌倉幕府という武家権力と摂関政治や院政とを、権門勢家の支配という共通性において捉える権門体制論も、かつての私はとても感心して読んだ記憶があるが、やはりこれも共通性が強調されすぎていて、歴史発展の方向を見えにくくしているような気がする。「鎌倉時代の国家機構——薪《たきぎ》・大住《おおすみ》両荘の騒乱を中心に」（一九六七年）は、副題のような対象についての長大な力編だが、黒田は複雑な争いが最終的に鎌倉幕府の権力によって解決されたことをもって結論としている。しかし黒田の強調点は、幕府に与えられていたのは秩序を守る軍事力としての役割に限られていたとすることで、そこに武士団とその権力の伸長を見たり、執権泰時による「武士の法」の独自性主張を積極的に評価しようとするものではない。黒田は、武士は「まったく朝廷の走狗にすぎず」、「武士の法」の主張も、「泰時はなにか堂々と主張しているようにみえて、当たり前のことをはじめていったにすぎない」と述べてすませている。しかしこの事件は、承久の変直後の幕府権力の伸長の時期に起こり、幕府が問題解決に乗り出すことによって処理された、その意味で画期的な事件だったのではなかろうか。この事件を機に、紛争を支えた「神人層」の勢力は大きく抑制されたのである。

十世紀ころから十四世紀半ばまでの時代を荘園制社会と規定し、その間の権力形態を公家・武家・寺家の権門勢家が相互に支え合い規制し合う権門体制と捉えることには、ひとまず従っておきたい。しかし、荘園制社会は荘園領主と自立的小農民との対立を軸として展開するとし、公家・武家・寺家の共通性と相互依存関係を強調して武士階級の台頭とその権力の登場にかなり低い評価しか与えない黒田説は、権力論としてはもっと分節化されるべきものではなかろうか。

ちなみに、親鸞晩年の消息類は、もとより黒田熟知のものであるが、十三世紀中葉の地域社会の状況を表象していると思うので、素人談義で一言してみたい。

そこでは地域社会の支配層は、「領家・地頭・名主」と捉えられており、「領家・地頭・名主が僻事《ひがごと》すればとて、百姓を惑はすことは候はぬぞかし」(『親鸞聖人御消息集』(6))と、「百姓」とは対抗的存在とされている。被支配者層は、必ずしも百姓＝農民とは限らず、「屠沽《とこ》の下類」＝「商人・猟師」とされている場合もある。名主は、右の引用のように領家・地頭と併称されており、地域を支配する小領主なのであろう。そして彼らは百姓・商人・猟師などからなる民衆を支配して念仏を妨げている、そのような場合には、「其の処《ところ》の縁ぞつきて在《おは》しまし候はゞ、何《いづれ》の処にても移」って念仏を続けよ、というのが親鸞の教えである。信仰維持のための移住が可能であり、そうした方途を選ぶ人たちがいたとすれば、これは中世社会の重要な特質であろう。また親鸞が「朝家のため国民のため」に念仏せよという場合も、その「国民」は地域を支配する小領主的な名主層のことではなかろうか。しかし黒田説では、名主層は第一義的には荘園領主に対抗して自立を求めている農民とされているように読めるし、さらに被支配者層はなによりも農民とされていて、「悪苦しからず」とするような人びとの多様な存在形態を見る視角が弱いと思う。親鸞門流の生業実態はともかくとして、親鸞が殺生を生業とする猟師・漁民、虚言や瞞着も避けられなかったはずの商人に多く言及していることは、その宗教思想の内実との関わりでとりわけ注意すべきところであろう。

3 顕密体制をめぐって

いわゆる顕密体制論は、黒田の主著にあたる『日本中世の国家と宗教』(一九七五年)の最終章「中世における顕密体制の展開」ではじめて論文のかたちで発表されたものだが、しかしその基本構想は、一九六八年七月、日本宗教史研究会大会報告で述べられたものだという。一九六八年は『荘園制社会』刊行の翌年、またきわめてユニークな権力論というべき権門体制論を展開した「中世の国家と天皇」は六三年に刊行されているから、黒田学説の基軸をなす三点セットは、六〇年代の黒田の内部で相互媒介的に形成されていったものだと想定できよう。

中世仏教史関係についての黒田の多くの作品のなかで、その第一作「鎌倉仏教における「一向専修」と「本地垂迹」」(一九五三年、『日本中世の国家と宗教』では、原題の「一向専修」と「本地垂迹」のカギカッコを除いて収載)は、一向専修を本地垂迹的多神観に対峙させており、「思想史の方法についての覚書」も参照すると、この論文では、一向専修の展開をもって「中世的宗教」の形成としていたのだと思われる。しかし、この論文の基本的な論理の流れは、本地垂迹的多神観のほうがこの時代の宗教的現実のなかで圧倒的に優位を占めていたということにあって、一向専修そのものも地域社会の現実のなかでは真言立川流と結びつくなどとされ、呪術性克服の困難が強調されている。一向専修を中世的宗教とする点では、家永三郎などの先行研究を継承しながらも、分析の具体的な内容ではむしろのちの顕密体制論に近いというべきではなかろうか。私は、『日本中世の国家と宗教』をはじめて読んだとき、顕密体制論を本格的に展開した書物のなかに異なった理論的枠組をもっているはずのこの論稿がそのまま収載されたことに違和感をもったが、しかしのちには「鎌倉仏教における「一向専修」と「本地垂迹」」は、その実質的内容においては、顕密体制論の先駆形態だったのだと思うようになった。

一九六七年に発表された「荘園制社会と仏教」〔赤松俊秀監修『日本仏教史 Ⅱ』〕では、中世は荘園制社会でその基底は農業生産だから、中世社会には呪術的思考と多神観が伴う、しかしそれは単純に原始的とか古代的とかいうべきものでなく、むしろ広範な農民が「呪術への衝動に駆られる」ようになったところに、新しい中世的宗教意識を読み取るべきだとする。専修念仏は、そうした多神観を前提にしながらそのなかで念仏だけを選びとることだとされる。そのほか、隠遁や遊行する聖《ひじり》の問題なども含めて、顕密体制論の論点は、この論文でほぼ出そろっているといえる。しかし、ここでは記述の簡便化のために、この論文についての具体的言及は省き、「中世における顕密体制の展開」にしぼって、黒田の論理を追ってみよう。

この長大荘重な論文は、かなり複雑な論述になっていて、その論旨は必ずしもたどりやすくはないが、私なりに整理しながら考えてみよう。まず基本的な社会構成としては、「古代アジア的」社会が解体して、「自立小農民経営」が成立し、それを「百姓」として支配する荘園制社会が展開する。それは、民衆にとって共同体の族長や天皇の権威などに威服していた古代共同体からの離脱・解放であるが、荘園制社会の基底をなすのは農業生産だから、農耕に伴う呪術と多神観が不可避である。この呪術・多神観に対応するさまざまの呪法・儀礼を発展させた密教がその時代の宗教意識の基調となり、大局的に見れば平安時代のすべての宗教・宗派は密教に浸透され包摂されてゆく。「降雨・安産・病気平癒・敵国降伏・叛人退治・二世安楽」などのすべてが祈禱呪法の対象となり、仏教の根本思想とは異なる迷信的性格が濃厚となる。祈禱呪法は天台宗や真言宗によって組織され、また鎮護国家の祈禱となるのだから、それは仏教のかたちをとった支配イデオロギーなのだが、しかしその基底に「自立小農民経営」の発展と民衆の生活思想の展開を読み込んでゆくところに、マルクス主義歴史家としての黒田の本領があるのだろう。

　こうした祈禱呪法の一般化のなかで御霊信仰の問題は特別の重要性をもっている。御霊信仰は、はじめ政治的事件で非命に仆《たお》れた人物の御霊が流行病を起こすとするもので、それはとりわけ京都の都市生活のなかで大きな意味をもつこととなり、鎮魂呪術的信仰が発展した。人間の死と鎮魂の問題が関心事となって、浄土教系の信仰が展開し、没落する貴族層を中心に末法思想が広がって、念仏盛行の時代相が顕著になる。そうした状況のなかで、別所に住んだり遍歴したりする聖の活動が生まれ、そこには「「自立」的個人の自己主張と批判精神」〔『日本中世の国家と宗教』四四〇頁〕を発展させる側面があった。のちに平雅行がより明快に述べたように、浄土教は現世否定のうえに立つ来世信仰ではなく、「現世安楽・後世善処」の二世安楽信仰なのだが、しかしそのさい、「現世と来世との障壁が崩れ、来世が現世の中に侵入してきたこと」がいっそう重要なように思える[7]。病気、天候不順と凶作、天変地異などのさまざまな不幸と恐ろしい災厄をもたらすものが適切に祀られていない死霊だとすれば、鎮魂・滅罪・葬送・攘災などの儀礼と呪法は、現世の秩序と安穏を維持するうえで不可欠であり、そこに呪術化した仏教が受容される広い社会的基盤が存在したことになる。天台宗・真言宗も、空也など民間の聖の活動も、鎮魂のための念仏信仰という共通性をもっていた。

　ところで、こうして密教化した信仰を支えている理論は、天台本覚思想に代表されると、黒田は論を進める。本覚思想は、「我心即真如」「我身即真如」とする即身成仏思想であり、「悪行ヲ作ル者モ、命終《ミヤウジウ》ノ時、心ヲ至《イタシ》テ、一々ニ十度南無阿弥陀仏ト唱レバ、必ズ(極楽に)生ル」とする悪人成仏思想でもある(『真如観』〈『日本思想大系9　天台本覚論』〉による)。親鸞もこうした思想圏にあったとして、黒田は、「正像末和讃」草稿本から「罪業もとより所ㇾ有なし　妄想顚倒よりおこる　心性みなもときよければ　衆生すなわち仏なり」の一首を引用し、また『一遍上人語録』から、「よろづ生《いき》としいけるもの、山河草木、ふく風たつ波の音までも、念仏ならずといふことなし」を引いている。右の親鸞の和讃は、黒田によれば、「明瞭に本覚法門の教説をあらわすものであり、おそらく当時世間ではかなり知られていた句であった」〔『日本中世の国家と宗教』四八五頁〕。本覚法門における「絶対肯定の思想」が、親鸞・一遍・日蓮などの思想に大きな影響を与えており[8]、それがさまざまの悪行をも肯定して反権威・反秩序の思想原理ともなりえたことは、十分に注意すべきところである。

だが、顕密体制論の重要な特徴は、顕密仏教展開の社会的背景の深さを指摘しながらも、顕密体制が支配のための正統イデオロギーとして体系化されていたとするところにあろう。本覚思想にみられる現実の絶対肯定は、現実的には荘園制社会と権門体制のもとにある支配秩序の絶対肯定となる。多様な神観念は本地垂迹説で統合され、本地垂迹説が多様な神仏を混在させて、日本的密教の具体的存在形態となる。権門体制国家においては、王法仏法相依論が支配的となるが、「理念的・論理的には仏教が原理的な位置を占め」るのであり、それは、「天皇が即自的に神聖性を帯びていた」古代国家が終焉して、「『中世的』な段階が到来した」ことを意味している〔同、四六五―四六六頁〕。黒田は、初期の力作「中世国家と神国思想」(一九五九年)をはじめとして神道や神国思想を主題とした多くの作品を発表したが、神道はそれ自体としては独自な存在ではなく、顕密体制のなかに組み込まれた存在だとするのが黒田説である。中世神道を代表する伊勢神道は本覚思想と結びついており、「清浄」や「正直」という基本観念も、本覚思想の高揚のなかで論理化されたものだという〔同、五一四―五一五頁〕。

いわゆる鎌倉新仏教は、こうした顕密体制との関わりにおいて規定しなおされる。従来は旧仏教とされてきた顕密仏教が中世仏教で、法然・親鸞・道元・日蓮・一遍らの思想は、中世仏教の大きな流れのなかに生まれた異端であり、貞慶・栄西・叡尊らは正統派の内部に生まれた改革派である。中世仏教史の全体が、正統派・異端派・改革派として、構造的全体性のなかで捉えられ、位置づけられる。伊勢神道などの神道は、正統派の一角を占める反動派であろう。そして黒田は、こうした捉え方において中世宗教史を政治・経済・文化の諸領域の密接なつながりのなかに捉え返し、「中世宗教史の学問空間を一挙に開放することになった」(平雅行)、と評されている。黒田の視野にはほとんど入っていなかった中国仏教からの影響の大きさに注目したり、神祇制度の独自な展開を強調することなどは[9]、黒田批判というよりはその補充としたほうがよく、評価や論点がなにほどか分かれても、平のいうように、多くの中世宗教史研究者によって「顕密体制論は受け入れられたと評してもよい」ようだ[10]。

黒田によれば、「顕密」という熟語が定着したのは中世への移行期においてであり、各宗が相寄って顕密体制というひとつのイデオロギーを構成するのが中世という時代であった。成立期には異端的な特徴を強くもっていた一向宗と禅宗も、十四世紀以降、密教と結びついてゆく。国家権力は教義上の論争に介入せず、各宗派に対して没論理的・妥協的な態度をとる〔同、四九九頁〕。顕密主義に最終的な打撃を与えたのは織豊政権で、幕藩体制のもとでは国家権力の正統イデオロギーは儒学となり、顕密主義は権力との関係では体制ではなくなるが、宗教意識の基底に横たわりつづけた。近代の神仏分離と廃仏毀釈は、神道および仏教各宗を分立させて、顕密主義はさらに権力的に解体させられるが、各宗派が独立して近代宗教のような体裁を整えても、日本人の宗教意識の基底部には習俗としての顕密信仰が存続しつづける、という展望になる。

以上が私が理解しえたかぎりでの顕密体制論の概略であるが、自分にわかりやすいものにするために言葉を補ったところもあって、黒田の論理を歪めたり省略しすぎたりしたところがあると思う。しかしそれでも、宗門別の仏教史と護教的な神道史を一挙に解体して中世宗教の全体構造を把握し、宗教研究を中世研究の大きな動向と不可分のものにしたことはよくわかる。そうしたいわば宗教史の全体性を、思想内在的に踏み込んで論理化してゆくところに、黒田ならではの特徴がよく表現されている。こうした宗教史的全体構造は、農耕儀礼や生活習俗などをその基底部に含むものだが、しかしその上部は支配イデオロギーとして構成されている。初期の「中世国家と神国思想」をはじめとして、黒田が神道や神国論に多く言及しているのは、神道には顕密体制全体のなかでの支配イデオロギーとしての側面が顕著に表現されているからで、この側面を組み込んで論理化することがイデオロギー論として重要なのである。津田左右吉の神道研究を継承しながら、神道を日本社会の固有信仰だとか日本社会の伝統だとかする通念的な見方に対して、黒田は神道が顕密体制の一環だということを強調し、神道を固有信仰などとする通念が、じつは国家神道を正統イデオロギーとするようになった神仏分離以降の近代日本社会で成立したイデオロギー性の強い通念を歴史に投影したものだとしたわけである。神国論は、思想的には顕密主義に本来的に含まれていたものであるが、「歴史的には権門体制＝顕密体制の衰退状況における反動的な本質顕現現象として位置づけられる」[同、五〇五頁]とすれば、国家神道はその近代的形態だということになり、これは私にはとてもよく理解できる見方である。

顕密体制の全体像の構成にさいして、黒田が、仏教と神道とか旧仏教と新仏教というような捉え方を排して、正統・異端・改革という捉え方をしている点は、思想史研究の方法論としてとりわけ重要だと、私は考える。それは、黒田がいうように、宗門別の教義史や人物系譜史などを乗り越えて、「宗教史研究をその時代の歴史像の全体性のなかにおきなおすもの」であるが、また顕密体制というひとつの全体性を、正統・異端・改革のさまざまの動向が複雑に対抗し交錯するダイナミックスとして捉えなければならないということを意味している。そこに複雑なダイナミックスが構成されてしまうのは、正統・異端・改革のさまざまな動向が、なかば無自覚のうちにも共通の思惟様式やコスモロジーを踏まえており、そうした共軛《きょうやく》された基盤のうえで、それぞれに実践的課題をもった思想主体が対抗・交錯・折衷・転態などを繰り返すからである。こうした方法は、歴史のなかに嵌め込まれた存在としての主体に即しながら、しかもその実践的な創造性の契機を強調しようとするものである。

顕密体制には、農耕儀礼、人の一生についての通過儀礼、病気治療の祈禱、死者儀礼などが含まれているから、顕密体制は人びとの生活の内部に深く立ち入ってイデオロギー支配のシステムをつくりだすことができるのだが、なにか不幸な事件などが起こると、人びとは同じイデオロギー体系のどこかに依拠して対処しようとして、新しい思想や運動をつくりだし、ときには体制を脅かすような宗教運動が起こる。そうした事態にならなくても、こうした正統性の内部に人びとの願望や不満を吸収するさまざまの通路が存在していて、歴史的世界が活性化される。顕密体制には、人びとの生活意識に根ざして抑圧のシステムをつくりだす方向と、同じシステムのもとで人びとに希望や可能性を与える方向とが、ほとんど不可分に包摂されている。顕密体制というひとつのシステムの構造が、正統・異端・改革の交錯するダイナミズムとして、当該社会の宗教意識の全体を立体的に分析する可能性を与えているのである。

さまざまの呪術的信仰や神秘的教説は、人びとの意識を体制内に閉じ込めるシステムとなりやすいが、寺院からも世俗からも離脱しようとする動向が生まれ、聖や隠者などが続出する。天台本覚法門の特徴のひとつは「自我意識の唯心論的な追究」であるが、そこから「さまざまな「極論」＝主観主義を発生させる」ことにもなり、十一―十二世紀の説話や往生伝には、「信仰形態の多彩さと極端へのたかまり」が見られ、「それこそが、異端＝改革運動発生の社会的条件」となるのだ、と黒田は論を進めてゆく。異端＝改革運動は、「本覚法門に対して直接的かつ全面的に異質的であるはずはなく、むしろ同一の論理を部分的に偏頗に強調しあるいは「別立」することによって異質的となっているのである」〔同、四八八頁〕。

これは私には、的を射抜いた的確な規定のように思われる。それでは、法然、親鸞、道元、日蓮、一遍などは、どのような意味で天台本覚論を継承し、どのように「偏頗」だったのであろうか。とりわけ黒田の歴史家としての探求に終生つきまとい黒田を規定しつづけた親鸞については？　これは黒田にとって不可避の問いだったろう。

4　親鸞問題とは？

親鸞への強い関心が研究者としての黒田の生涯を貫いていたことは、さまざまな小さな言及から容易にうかがえるが、学術論文のなかで親鸞が具体的に取り上げられることはほとんどなく、「中世における顕密体制の展開」でも、親鸞は異端派を代表する思想家とされながら、その宗教思想の内実への立ち入った言及は見られない。しかし啓蒙的なテクストでは、親鸞の社会批判的な側面が強調され、たとえばごく初期の作品である奈良本辰也編『日本の思想家』所収の「親鸞」（一九五四年）では、「神祇不拝」「余仏誹謗」は専修念仏に必然的に伴うものであり、それは「専修念仏の本質にある革命性が極左的に現われたもの」とされ、常識的には親鸞の思想の中核とされる「絶対否定」や「悪人正機」については、「民衆の高揚や創造とともにあったのでなく、むしろそれが過酷な反動によって敗退しはじめるときにこそ生まれたのである」、としている。こうしたいわば革命的社会思想家、そして社会思想としての敗北から宗教観念の深化へという親鸞像は、「造悪無礙」「本願ぼこり」へと傾斜する親鸞門流を積極的に評価し、親鸞の思想自体をそうした方向へ引きつけて理解しようとするものであり、類似の評価は「中世における顕密体制の展開」にも見られる〔『日本中世の国家と宗教』四九四―四九五頁〕。

しかし、同論文ではまた「宗教上の概念は、それが高度の宗教であればあるほど、現実の社会的諸関係たとえば階級的矛盾や身分差別などを直接に表現しないといってよい」〔同、四九三頁〕と述べており、顕密体制という宗教体系に内在しながらそのなかに親鸞ら異端派を位置づけるという方向で、この論文は書かれている。だがそれならば、「現実の社会的諸関係」や「矛盾」などは宗教観念のなかにどのように表象されているのか（あるいは表象されえないものかなど）という問いを呼び出してしまうのだと思われる。しかし私には、黒田の論述のなかでそうした問いは明確には立てられていないように見える。同論文以降に書かれた真宗思想史についてのもっともまとまった作品である「仏教革新運動の歴史的性格」（一九九〇年）でも、親鸞思想の社会批判的性格を強調しながら、それでもしかしそれが念仏という「行」を無視できなかったとし、そこに「時代的性格（いわば限界）」を読み取っているのだから、これはむしろごく初期の『日本の思想家』所収の「親鸞」に近い見解といえようか。

このように見てくると、黒田の顕密体制論には異端派や改革派についての短い記述があるとはいえ、異端派や改革派をその宗教観念に即して内在的に特徴づけることができておらず、簡単な通念的記述ですませているのではないかという疑念が浮かんでくる。この点に注目して中世宗教史研究に新しい展望を切り拓いたのは、平雅行の一連の研究で、黒田説では「顕密主義・改革運動・異端派の質的差異が不鮮明」だと、平は述べている。[11] 平の研究は、私のような門外漢にはかなりの難物だが、しかし論旨の基本線はむしろ明快だと思う。以下、平説に従いながら、私なりに考えてみたい。

平によれば、専修念仏とか易行だとかはすでに平安時代の顕密仏教に広く見られる観念であり、悪人救済・女人救済についても同様である。しかし、愚かな民衆のための「方便」として専修念仏が勧められるということでは、荘園制社会の秩序と権威や善悪の序列にはなんの変更もないということになり、それではかえって愚かな人びとへの救済の約束によって現存の秩序が擁護されるということになる。これに対して法然における選択本願の念仏とは、念仏を選びとった阿弥陀如来への絶対的な信順のことであり、諸行往生の否定である。親鸞の思想は、こうした法然浄土教を継承したもので、末代における「平等的悪人思想」の論理化にほかならない。末代において一切衆生はそれ自体として悪なのだから、その一点において人間はみな平等であり、そのことを自覚しえた者が救済の「正因」である。[12]

「善人なをもて往生をとぐ、いはんや悪人をや」という『歎異抄』の有名な言葉は、悪人が「往生の正因」だというのが『歎異抄』の表現であり、悪人正機ではないことに平は注意を促す。悪人正機説と悪人正因説についての平の説明はとても複雑だが、ここでは悪人を実態的に措定して、「大衆（悪人）は愚かだからまず最初に救済される」というのが悪人正機説、教えによって人間の根源悪を内面的に自覚した信仰者こそが救われるというのが、悪人正因説だとしておこう。そうすると、『歎異抄』にいう悪人とは、世間一般にいう悪人のことではなく、「自らの内面的悪を対自的に認識」しえた信仰者のことであり、「悪人正因説とは実は信心正因説のことであり、信心正因説の修辞的逆説的表現と言わねばならない」、と平は述べている。[13]

以下の記述では、私も平に倣い『歎異抄』に依拠して悪人正因説という表現をとることとするが、平が悪人正因説は実態的な悪とまったく別次元の「修辞的逆説的表現」だとすることには疑問を覚える。そのような捉え方をしてしまうと、人がみずからの悪を自覚化して回心が促される内的契機が見えなくなってしまうように思われるからである。親鸞の思想のポイントは、私にはやはり悪の問題のように思われ、その悪は実態的に措定されているものでなければ切実さを欠くような気がする。武士は人を、猟師や漁師は動物を殺さねばならず、商人は嘘言や瞞着もしなければならない。「具縛の凡夫・屠沽の下類」というのは、やはり生活者の実態を踏まえた切実感に満ちた表現であって、人びとの生活そのもののなかに悪を自覚する契機が充満しているということではなかろうか。

悪の不可避性という認識は、『歎異抄』十三では、「宿業」「業縁」という言葉で述べられている。「本願ぼこり」を非難するいわば常識的見解に対し、そうした主張はかえって「本願をうたがふ」ものであり、「善悪の宿業をこゝろえざるなり」とし、殺人も含めて、「さるべき業縁のもよほせば、いかなるふるまひもすべし」、と親鸞は述べている。そこには、超越性の次元からこの世界の悪を突き放して見つめてたじろがない、宗教的認識者の眼が光っているのではなかろうか。

また黒田は、「正像末法和讃」草稿本から、「罪業もとより所ㇾ有なし　妄想顚倒よりおこる　心性みなもときよければ　衆生すなわち仏なり」の一首を引いて、それが『源平盛衰記』に見える叡山悪僧の言葉に引用された今様と同じであり、これは「明瞭に本覚法門の教説をあらわすもの」だと述べている。さらに黒田は語を継いで、『一遍上人語録』の「よろづ生《いき》としいけるもの、山河草木、ふく風たつ浪の音までも、念仏ならずといふことなし」という言葉が、天台本覚論を代表する作品といってよい『真如観』の「如ㇾ是凡ソ自他身一切ノ有情、皆真如ナレバ則仏也」という表現と「近似」しているとする〔同、四八五頁〕。平らも同じ「罪業本より所〻有なし……」を引いて、煩悩即菩提・衆生即仏を説く本覚思想が、比叡山悪僧による清水寺焼打ちを正当化しているとする。(14)

悪についてのこうした思想はきわめて興味深いものであり、親鸞の悪人成仏説もまたこうした思想状況のなかで理解すべきものであろう。親鸞晩年の消息類で、造悪無礙・本願ぼこりの人びとのことについて繰り返し述べられているのは、親鸞門流の信仰が「悪くるしからず」とするような動向と深くかかわって展開していたことを示唆しているのであろう。しかし、晩年の消息類がこうした動向を厳しく批判し、諸神諸仏を軽しめるな、蔑るな、念仏を妨げる地域支配者である領家・地頭・名主に対しても、彼らを憐れんで彼らのために念仏せよなどと述べていることは明らかである。先に引いた『歎異抄』の言葉にしても、「宿業」「業縁」としての悪の不可避性について述べているのであって、もとより悪行を積極的に推奨しているわけではない。法然や親鸞の思想に悪についての徹底した思索の跡が顕著なことはきわめて興味深い事実であるが、しかしそれは此岸の世界での現実的解放への呼びかけなどとは別次元のことだと思う。

法然や親鸞の思想の画期的な意味は、悪の問題をその思想の焦点とすることで顕密仏教的な連続観に絶対的な断裂を持ち込み、宗教的な超越性と人びとの生活世界との二元性において世界の全体性を捉え返したところにあるのではなかろうか。悪と死についての体験的リアリティがこうした二元的世界像形成のバネとなり、末法思想がこうした体験的真実に特有の論理を与える。「我心即真如」「我身即真如」とするような天台本覚門は、個としての人間をただちに究極的存在に結びつけており、煩悩や悪行をも含み込んだものとしての世界の全体性をリアルな実在観で捉える可能性を与えてはいるが、しかしそこには悪や罪に満ちた存在としての世界を突き放して捉え返す超越性が欠如しており、現実の世界をそっくりそのまま肯定する顕密思想のイデオロギー性が顕著に表現されている。しかし、阿弥陀如来という超越的絶対存在を措定してこの世界を捉え返せば、現実肯定の即自性は崩れ去って、世界はもっとリアルに見えてくるのではなかろうか。悪と死という人間が向き合わざるをえない否定性の経験が、宗教観念というかたちをとることで人類精神史に新しい可能性を与えるのだが、これはかつて家永三郎が「否定の論理の発達」と呼んだものにほかならない。

こうした世界の捉え方を提示するさいに、法然や親鸞は、知識や権威をもった者と一般民衆とを対照的に区別しており、それは虚仮不実とまこと・真実ということに対応していた。親鸞が深い共感をもって引用するように、法然は、「浄土宗の人は愚者になりて往生す」といい、法然の教えを求めて集まってくる民衆について、「ワ御房タチハ仏ノゴトシ」と述べたが、親鸞自身も、「善悪《よしあし》の文字をもしらぬ人はみな　まことのこゝろなりけるを　善悪の字しりがほは　おほそらごとのかたちなり」(「表卑謙意趣」)などと繰り返した。賢人・善人のように振る舞ったり、精進に努めているようなふりをする人は、じつは「内穢《ないえ》虚仮《こけ》」でまことの心がない、「多聞浄戒えらばれず　破戒罪業きらはれず　たゞよく念ずるひとのみぞ　瓦礫も金《こん》と変じける」というわけである。「屠沽の下類」という社会的存在を、それこそが「我等」とするとき、この世界の全体が根源的で主体的な否定性を挺子にして捉え返されたことになる。

このように捉え返された世界は、社会的実態としてはなにも変わらない、その時代の社会的現実そのものだともいえる。裳無衣《もなしごろも》や黒袈裟を着て、出家風をよそおい、遁世者と号するのは、一遍や他阿弥陀仏の門流で、親鸞門流は、仁義礼智信の五常を守って「世法」に従えと、覚如はいう。造像・起塔はもとより親鸞の教えではなく、「たゞ道場をば少し人屋に差別《しゃべつ》あらせて、小棟《こむね》をあげて作る」ようにと、親鸞は教えたのだという。親鸞自身の生活も世俗のそれに近く、「魚鳥の肉味等」も食べた。そのころ、魚鳥を食べるさいに出家者は袈裟を脱ぐ習慣があったらしいが、親鸞は脱がなかった。その理由を尋ねられた親鸞は、「おろけて」(ぼんやりしていて、というほどの意か)脱ぐのを忘れたと述べた。さらに問いただされた親鸞は、肉味貪食の禁は仏教の重要な制禁だが、「末法濁世の今生の衆生、無戒の時なれば、持《たも》つ者もなく破《は》する者もなし。これによりて剃髪染衣のその姿、たゞ世俗の群類に心同じきが故にこれらを食す。とても食する程ならば、この生類をして解脱せしむるやうにこそありたく候へ」、と答えた。顕密仏教と親鸞の教えとの懸隔は、信仰の深い内面性によってしか確保できない。外見、つまりは社会的実在とはまったく異なった次元の信仰上において確信をもつことが、親鸞の教えである。「たとひ牛盗人とはいはるとも、若《も》しは善人、若しは後世者、若しは仏法者と見ゆる様に振舞ふべからず」。また親鸞は往生という言葉を多く用いたけれども、来世信仰ではない。親鸞は、「某《それがし》閉眼せば加茂河にいれて魚に与ふべし」と述べ、「喪葬を一大事とすべきにあらず、もッとも停止すべし」とした。

平安末期の遁世者などに比べれば、親鸞の思想は一見穏やかに現存秩序を受け入れており、社会思想としては日蓮が、遁世者としては一遍のほうが急進的なように見えるかもしれない。「朝家の御ため国民のため」念仏せよと述べたり、「念仏謗《そし》らん人をたすかれと思召」て念仏せよと述べる親鸞に、現実との妥協を読み取ることは容易だが、しかしそのように述べる場合にも、信仰の次元を絶対化してそこから世界を捉え返す親鸞の思想原理には、どんな揺らぎもないのだと思う。だから親鸞は、事が信仰の次元に及べば、どんな妥協もしない。「朝家のため」云々と述べる親鸞と、『教行信証』末尾の激しい権力批判は決して矛盾しないというのが、私の理解である。『教行信証』末尾以外の箇所でも、「上一人よりはじめて偏執のやから一天にみてり」、「勅定たりといふとも師範の命をやぶるべからず……これ然しながら王命よりも師孝を重くするが故なり」(引用は安《あ》居院《ぐいん》聖覚の言葉)などとする、法然門下急進派の立場を堅持し、あるいは代表していた。

親鸞の思想は、如来等同・弥勒等同・自然法爾などの晩年の信仰境地によって代表されるのではないか、と私は思う。「弥陀仏は自然《じねん》のやうをしらせんれうなり」というとき、その「自然」のなかには、人びとの生活者としての営みも「朝家」や「領家・地頭・名主」による支配も含まれている。しかし親鸞はそうした現実社会を、阿弥陀如来信仰という絶対的超越性から見返す立場からだけ、肯定性において捉えているのであろう。この「自然」の思想は、一見、現実そのものを「真如」と見る本覚思想と区別し難くも見えるが、しかしそれはやはり正統との鋭い緊張関係のなかで形成された異端思想だと思う。

蓮如は、「王法ハ額ニアテヨ、仏法ハ内心ニ深ク蓄《たくわえ》ヨ」などと述べたが、それが「王法為本」を説いたものでないことは、黒田も強調したところである〔「転換期の指導者」一九八四年〕。このような蓮如の発言は文明七年五月を境として一挙に強化されるが、それはたしかに「為㆓仏法㆒不㆑惜㆓掩命㆒、可㆓合戦㆒」とするような立場からの転換だった。表向き諸神諸仏を軽蔑したり守護・地頭を疎略にすることは禁じられたが、しかしそれは内信の確保と不可分のもので、蓮如の教えは世法と内信との二重基準の教えだった。守護領国制が強化されてゆく現実の歴史のなかで真宗教団が存続してゆくためには、こうした二重基準は不可避だったのだが、しかしそれでも「一念ノ信力ニテ往生サダマルトキハ、罪ハ障《サハ》リトモナラズ。去レバ無キナリ」(『蓮如上人御一代聞書』)と信ずる人びとが結集するとき、一向一揆は巨大な戦闘力を発揮することとなった。一揆の伝統を断ち切った近世社会では、真宗篤信の農民は、勤労や倹約の倫理で自分を律する模範的良民で、真宗は商業行為の倫理的合理化にも貢献した。こうした真宗信仰が近代的生産力をその基底部で支えるとともに、廃仏毀釈にはもっとも執拗に抵抗して、神道国教化政策という権力の側からの一方的イデオロギー支配を拒否したのである。

おわりに

近世に入ると、顕密主義のような仏教優位のイデオロギー体系は崩壊し、神儒仏三教一致的でより此岸的なコスモロジーが展開する。このコスモロジーにおいては、天・天理・天地などに究極存在が求められ、それが人間に内在して心・霊・仏性などとなる。天などは此岸の秩序とその原理性でもあるから、このコスモロジーは原則的には現存の秩序を肯定しているのだが、しかしまた同じ究極原理が個としての人間に内在しているのだから、この観点からは個の自立性・自律性を主張していることになり、そこになんらかの程度で批判性・異端性が内在しているともいえる。こうした世界観を「天地−自己型コスモロジー」と呼ぶとすれば、近世の諸思想は、どんな思想系譜を背負っていても、なんらかのまとまった論理体系をもとうとすれば、こうした論理枠組に到達してゆくという特徴をもっていた。[15] もとよりこのことは、荻生徂徠や本居宣長のような知識人の思想営為にはあまりあてはまらないし、一般民衆の生活意識の実態にもそのままは該当しない。しかしそれでも、さまざまな思想形成がこうした意識形態の内部で、あるいはこうした枠組に依拠して展開したということは、注意すべきことだと思われる。「天地−自己型コスモロジー」は、天台本覚論に代表される中世的コスモロジーの近世化した形態として理解しうるものではなかろうか。

近世では、このコスモロジーのなかに正統−異端の緊張関係も包摂されていたのであって、真宗の場合、「唯心の弥陀」「己心の浄土」のような論理は、自己の内心の真実を強調する点で本願寺教団の権威には対抗的な意味をもち、無帰命安心説のような異端説は、この系譜から生まれた。富士信仰の場合、加持祈禱中心の呪術的信仰を批判して、その至高神にあたる仙元大菩薩と人間とは、生活倫理の実践を通して、「一仏一体」だとする食行身禄《じきぎょうみろく》の思想が生まれ、安藤昌益は、農業労働に至高の価値をおいて、「転定《てんち》－男女《ひと》」という独自の世界観を創造した。[16]「天地－自己型コスモロジー」のなかの「自己」の実践的契機を強調することで、異端性をはらむこととなった思想の実例である。また、「腹くちく食ふてつきひく女子等は、仏にまさる悟《さとり》なりけり」（『二宮翁夜話』）という二宮尊徳の道歌は、同じ近世的コスモロジーを、農業生産者の生産者的能動性の側から形象化したものともいえるだろう。近代社会形成期の民衆宗教の救済思想が、一見のかぎりではその思想系譜も論理構成もきわめて多様であるにもかかわらず、「生命主義的救済観」という共通性をもっているとすれば、[17]そこにも、近代社会への転換期にふさわしい、近世的コスモロジーの生活思想の側からの豊饒化が見られるということになろう。顕密体制論は、こうして、より広い視野に立った日本思想史の体系化にも大きな示唆を与えているのではないか、と私は思う。

親鸞の思想はまた、清沢満之による『歎異抄』の再発見以降、人間悪の根源性の問題について、近代日本の知識人の思想に大きな影響を与えてきた。西田幾多郎、鈴木大拙、木下尚江、倉田百三、三木清、野間宏、丸山眞男、家永三郎、吉本隆明まで、親鸞と『歎異抄』に強く心惹かれた知識人は多い。西田の「純粋経験」や鈴木の「日本的霊性」には、はるかな時間を隔てて天台本覚論に響き合うものがあるが、しかし西田たちは、『歎異抄』を手がかりにしてそうした認識に悪の問題を持ち込んでいるのであり、天台本覚論的な実在観を超えようとしたのだといえようか。辛辣なフェミニズム批評からすれば、親鸞、とりわけ悪人正機説は、近代日本の男性知識人における弁慶の泣き所のようなものらしい。たしかにそうともいえようが、しかしそれでも人間の根源悪という否定性を介してこの世界の全体性に向き合おうとするとき、私たちが親鸞を想起してしまうのは、当然の成り行きではなかろうか。そして私たちが、親鸞の思想圏をなにほどか分節化された別の言葉に置き換えてゆくことが可能になれば、私たちの思想はその分ゆたかになり、見通しのよいものになってゆくのではないかと思う。

マルクス主義には、人間性の根源悪と死について考える枠組が欠けており、そのことがおそらく現代マルクス主義の困難の由来のひとつとなっている。黒田の歴史学が、黒田自身におけるゆたかな宗教的資質にもかかわらず、親鸞の周りをぐるぐる回っているだけで、親鸞論としては隔靴掻痒の憾みを感じさせるのは、マルクス主義歴史家としての黒田にとっては、避けられないことだったのかもしれない。西田の「場所的論理と宗教的世界観」と三木の『親鸞』が、ともに遺著ともいうべきものであること、またそれがあの戦争の最末期の作品であったこと、さらにそれがマルクス主義を含めた近代思想への緊張と批判でもあったことなどは、きわめて印象深い事実である。

黒田の歴史学について考えるためには、本章では取り上げていない悪党論、中世の歴史意識や知識人論、非人論と差別論なども重要で、そうした諸問題も三点セットとの密接な関わりで、黒田の歴史学を構成している。こうした諸問題も取り上げることで、黒田の歴史学をよりゆたかに理解できるのだが、顕密体制論に焦点をおく本章では割愛した。また晩年の黒田は、アルチュセールのような現代思想の動向と社会史に言及しながら、世界史的把握と「民衆生活史」(「社会生活史」のほうがより適切だとも述べている)が、歴史学のこれからの進路だとしていた(「歴史学の再生と発展」一九八一年、および『歴史学の再生』「あとがき」)。しかし実際には、公務多忙と病気のため、こうした新しい方向を自分で具体化することはできなかった。黒田の研究者としての活動は、実質上、「鎮魂の系譜」と「中世社会論と非人」(ともに一九八二年)あたりで終わっており、それ以後は史料を読み込んだ具体的研究から遠ざかって、その分、イデオロギー性の強い断言が目立つようになった。しかし、一九八二年というと、黒田はまだ五十六歳、そんな年齢はとっくに通りすぎた私のような者からすると、黒田はまだ壮年である。病気に苦しんだ晩年の黒田は、身体も言葉も不自由で、そうした自分にいらだつようなこともあったらしい。

私の脳裏に焼きついている最晩年の黒田は、勢津子夫人の肩にすがってやっと歩を運ぶ痛ましい姿である。しかしそれは、本当は、マルクス主義歴史学の再構築を目指してもっともよく戦い、決して戦いやめなかった人の、英姿だったのであろう。

(1) 黒田の著作からの引用は、[　]のなかに著書・論文の題名と発表年を記した。『黒田俊雄著作集 8』法蔵館、一九九五年、の巻末に年次を追った詳細な「著作目録」が掲載されており、それによって単行本の出版社、各論文の掲載誌、その後の著書への収載状況が簡単に検索できる。ただし、「中世における顕密体制の展開」は、長大であるうえに本章の主要な関心対象なので、『日本中世の国家と宗教』岩波書店、一九七五年、によって引用部分の頁を記した。
(2) 石母田正『中世的世界の形成』(岩波文庫) 岩波書店、一九八五年、一三頁。
(3) 石母田正『歴史と民族の発見 歴史学の課題と方法』(平凡社ライブラリー) 平凡社、二〇〇三年、一〇四頁。
(4) 石母田正「歴史科学と唯物論」江口朴郎ほか編『講座歴史 1 国民と歴史』大月書店、一九五六年、三九頁。
(5) 大山喬平『日本中世農村史の研究』岩波書店、一九七八年、一五頁。
(6) 『真宗聖典 原典校註』法蔵館、一九七五年。以下、親鸞関係のテクストからの引用は本書による。ただし、『歎異抄』は、岩波文庫本(岩波書店、一九八一年)に拠った。
(7) 平雅行『日本中世の社会と仏教』塙書房、一九九二年、六二・六五頁。
(8) 田村芳朗「天台本覚思想概説」『日本思想大系 9 天台本覚論』岩波書店、一九七三年、五四六—五四八頁。
(9) 佐藤弘夫『神・仏・王権の中世』法蔵館、一九九八年、上川通夫「中世仏教と「日本国」」『日本史研究』四六三号、

二〇〇一年、横井靖仁「中世成立期の神祇と王権」『日本史研究』四七五号、二〇〇二年、井上寛司『日本の神社と「神道」』校倉書房、二〇〇六年、などを参照した。
(10) 平雅行「解説」『黒田俊雄著作集 2』法蔵館、一九九四年、四〇六―四〇八頁参照。
(11) 平『日本中世の社会と仏教』前掲註(7)、一九五頁。
(12) 同、二三二頁。
(13) 同、二三三頁。
(14) 同、四七五頁。
(15) 安丸良夫「民衆宗教と「近代」という経験」(『安丸集』第3巻―七)、三〇二頁。
(16) 安丸良夫「生活思想における「自然」と「自由」」(『安丸集』第1巻―六)。
(17) 対馬路人ほか「新宗教における生命主義的救済観」『思想』六六五号、一九七九年。

◈安丸良夫・喜安朗編『戦後知の可能性』山川出版社、二〇一〇年、所収。
本論文の成立事情については、本巻―一末尾の◈参照。

三　色川大吉と戦後歴史学——「民衆史」の構想力

はじめに

本章で「民衆史」研究というのは、主として色川大吉、鹿野政直、ひろたまさき、安丸良夫の名前と結びつけられてきた、戦後歴史学の細流である。「民衆史」研究という名称を広義に用いれば、それはもとより学問と知の広範な動向を包括することになるが、本章ではこの言葉は狭く限定的に用いたい。狭義の「民衆史」研究とは、私の考えでは、一九六〇年の色川論文「困民党と自由党」に始まり、六〇年代半ばから七〇年代にかけて大きな知的衝撃力をもち、八〇年代には社会史の台頭とアカデミックな実証主義の制度化のもとでその影響力を喪失した、戦後歴史学のひとつの動態である。この意味での「民衆史」研究には、一貫した研究プロジェクトや共同研究の機会などはなく、あまり表立たない内心の連帯感で結びついていたものにすぎない。それはじめ「民衆思想史」研究と称され、七〇年代後半以降に「民衆史」研究と呼ばれることが多くなったが、この名称上の転換は、研究の焦点が須長漣造や千葉卓三郎のような民衆的思想主体の発見から、より一般的な民衆の社会意識や行動様式へと移っていったからである。

この「民衆史」研究は、安田常雄が述べたように、戦後歴史学を母胎として、その問題意識、方法、認識枠組を継承しながら展開したものであり、戦後歴史学の「「補完」的再建」を目指すものだったともいえようが、(1)

しかしそれはその当事者たちの主観においては、戦後歴史学への異議申し立てであり、それを内破しようとする可能性だったともいえよう。歴史学界の現状を、実証主義を楯とする方法的保守主義とアカデミズム化と見る立場からは、「民衆史」研究のこのような性格は大きな意味をもっているはずである。「民衆史」研究とは、どのような問題意識から生まれ、なにを分析対象とし、どんな歴史像を構成しようとする試みだったのだろうか。ある時期にはそれが歴史学の新しい潮流として輝いて見え、やがて多くの研究者の関心の外に逸れていったのはなぜであり、そのことにはどんな意味があるのだろうか。

戦後歴史学は講座派マルクス主義に由来し、戦後の出発点にあたっては、石母田正『中世的世界の形成』がこの立場からのモデル的な意味をもつ代表作だったといえよう。『中世的世界の形成』の達成を前提として、戦後の石母田は政治的実践の方向へ大きく踏み込み、国民的歴史学運動で指導的な役割を果たし、『歴史と民族の発見』(正・続)には、戦後歴史学の正負両面にわたる複雑な刻印が刻み込まれている。本章では、『中世的世界の形成』と『歴史と民族の発見』を念頭におきながら、「民衆史」研究を代表する存在としての色川の軌跡をたどることに重点をおく。色川に重点をおくのは、主として「民衆史」研究に残した足跡の大きさによるが、石母田の二つの作品に戦後歴史学を代表させることで、それとの対照で「民衆史」研究について考えようとする狙いもあるからである。

色川に戦後歴史学の代表作は？　と尋ねれば、たぶん『中世的世界の形成』と答えるだろう。少なくとも戦後の出発点においては、歴史学上の作品としては、この書物が色川においても決定的だったのだが、戦後の石母田と国民的歴史学運動に対して、色川は大きな違和感をもっていた。戦後歴史学は、いずれにしろ政治的実践を強く志向していたのだが、大学卒業直後の色川の実践には、国民的歴史学運動の理念を先取りしてもっと突き詰めたかたちで実現しようとしたものだとしてもよいような特徴があり、そこで味わった挫折感にこだわって歴史研究者たろうとすれば、戦後歴史学に対する違和感・距離感は次第に決定的なものになってゆくのであった。

「民衆史」研究が、戦後歴史学のなかに生まれたひとつの分流であり、その研究史上の役割は戦後歴史学の「補完」であって、大きな流れとしては戦後歴史学に回収されたと見ることは、今日では受け入れやすい概括であろう。しかし本章では、「民衆史」研究、とりわけ色川のそれが、研究主体の位置取りも含めて戦後歴史学への批判ないし拒絶であり、新しい全体史の構成を目指すものだったという視点で、その軌跡をたどってみよう。

1　石母田正と『中世的世界の形成』

一九四七年の石母田は、敗戦直後の二年間に日本の労働者階級全体の歴史に「すばらしい進歩がみられる」、「歴史家は日本の労働者階級の後進性、封建制〔性?〕にばかり興味をもつのでなく、このような新しい芽生えを敏感にとらえるだけの心の用意が必要である」、と述べている。(2) この言葉は、丸山眞男と大塚久雄への批判を含意したもので、二・一スト以降の日本の労働者階級の状況についての丸山と大塚の否定的評価への反論である。民主主義革命を経験しなかった日本では、丸山や大塚がいうように労働者階級もまた多くの「前近代的」側面をもたざるをえなかったのであり、石母田は丸山や大塚とそうした見方を共有するのではあるが、しかしそうした特徴の「克服」もまた可能になってきており、歴史家はそうした側面に具体的な関心をもたなければならないというのが、石母田の立場である。この主題をめぐって石母田と大塚は、大塚の研究室で、「う

す暗くなるまで二人ともいくらか昂奮して論争した」こともあった。(3)

石母田には、その末弟を通じて池貝鉄工所の先進的労働者たちとのかなり立ち入った関わりがあり、一九三〇年代には深川白河町の朝鮮人活動家たちとも親しかった。池貝鉄工所では、四六年秋の闘争で組合側が勝利して社長が交替した。『歴史と民族の発見』の「解説」で、藤間生大は、二・一ストのころまで、「工場では木戸御免の出入りが可能なところが多かった。研究者や知識人が労働者と自主的な交流が可能であった、日本ではまれにみる時期ではなかったか」と記しているが、(4)石母田の右の言葉もそうした状況を背景としていた。しかしそれはやはり「まれにみる」この時期に特有の現象だった。池貝鉄工所では、仕事と技術に自信をもつ模範工を基盤とした組合にやがて分断が持ち込まれ、レッド・パージがおこなわれて、五〇年代初期までにこうした状況は崩壊した。

石母田には、マルクス主義者として「人民の役割」についての強い確信があったが、しかしそれは歴史の進歩の側面だけについてだけでなく「ネガティブな側面においても正当」なのであり、それはとりわけ天皇制の問題に集約されると、石母田は考えていた。それは、「一言でいえば天皇制に呪縛された多数の日本人民との対決の問題であった。それは同時に自己との対決でもあった」、と石母田は記している。(5)このように断言している石母田は、丸山・大塚の見解を一面でうべないながらも、現場の労働者たちと触れ合う実践活動のなかでは別の可能性を展望しており、この展望のほうに賭けることで時代の現実にかかわろうとしていたのである。丸山・大塚の第三者的批評への批判にはまた、『日本資本主義発達史講座』以下の講座派歴史学の成果が、生きた歴史を「型の理論」や「「範疇」の煉瓦」に押し込めてしまって、「学問は創造的な歴史の生きた反映たることをやめ」てしまったという批判も込められていた。(6)

『中世的世界の形成』は、黒田庄というひとつの荘園の歴史をたどりながら、「日本の歴史の大きな流れをその全体性において把握し叙述」しようとした作品である。歴史の発展についての明確な観念を得るためには、「まず一つの狭い土地で起った歴史を丹念に調べ」、そこから歴史の全体性に近づいてゆかねばならないのだが、それはなによりもそこが「人間が生き、闘い、かくして歴史を形成してきた一箇の世界」だからである。[(7)] こうした立場を前提として、『中世的世界の形成』はそのあと在地領主制の展開とその東大寺との抗争を軸として叙述されてゆくのだが、そのキーワードは「頽廃」である。在地領主たちは新しい時代にふさわしくみずからを階級として組織化する代わりに、政治的に「頽廃」して悪党となり、そのゆえに道徳的にも「頽廃」して庄民から孤立している。「頽廃」というと、歴史学の用語としてはかなり奇異な印象を与えるが、それはなによりも在地領主層がその果たすべき政治的役割を果たしていないという政治的「頽廃」であり、そのことが無意味な殺人などの道徳的頽廃として現象するのである。「頽廃」は、後白河法皇や頼朝から庄園領主としての東大寺、また悪党となって出現する在地領主から庄民までを貫く特質であり、その時代のあり方そのものである。

戦争末期に短い期間で一気に書き下ろされた『中世的世界の形成』が、戦後歴史学の出発にさいして圧倒的な影響力をもった理由を、簡単に列挙してみよう。

(1)　ひとつの荘園の歴史に即した具体的な分析を基底に据えて、そこから時代の全体史を構成してみせたこと。石母田は、津田左右吉たちの研究を市民的歴史学として高く評価していたが、しかしそれは政治的緊張関係を欠いた文化史として構成されていたところに、根本的な限界をもっていた、と批判的に捉えていた。石母田の方法はこれとは違っていて、地域の生活から領主権力をめぐる闘争、幕府権力や法の支配までを含む包括的な政治史として構成されていた。

(2)「頽廃」をキーワードにして、歴史をその現実態と可能性のダイナミズムとして捉えてみせたこと。石母田にとって、歴史は「型」や「範疇」に押し込めることができるようなものではなく、主体的な実践系である。「頽廃」という用語には、客観的構造的にはすでに可能となっているものが現実化されていないという主体化の問題、実践的課題が含意されていた。『中世的世界の形成』が書かれた戦争末期の状況のなかでは、それはなによりも天皇制の問題であり、石母田は、黒田庄というひとつの庄園の歴史のなかに「たんに権力の強力的な支配という面からだけでなく、かかる支配そのものを維持・存続させた人民の諸条件と諸矛盾からとらえるという仕事」[8]を遂行してみせた。

(3) 敗戦直後の学問状況のなかでは、(1)も(2)も実証主義批判を意味しており、学問研究の実践性の問題だった。皇国史観の支配から解放された戦後日本の歴史学は、学問の独立性・純粋性を楯にとって「安易な実証主義が学界を支配している」というのが石母田の状況判断であり、「客観的歴史学は恥ずべき無節操であり、その無性格は奴隷の無性格に過ぎなかった」、そこに現在の「主要な危険がある」、と石母田は激しい言葉を残している。これに対して石母田は、「全体への構成力や構想力」、方法と体系が学問の生命だとしており、そのことはまた現実の政治的課題を担おうとする実践性と結びついていた。[9]右の引用を採っている「政治史の課題」は、「追記」で「幼稚な点がめだつ」と反省されているが、学問の政治性についての緊張した思索は、とりわけこの時期の石母田の特徴だった。

『歴史と民族の発見』(正・続)を読むと、哲学出身の石母田以外には書き手がなかったかと思われる歴史学の理論や方法に関する長大な論文と、「この危機がもたらしてくれた日本人同士のはげしくあたたかい親近感」「共感」というような側面への関心とが併存しており、後者は「母についての手紙」という美しい文章で頂点に達する。この二つの側面があいまって、若い研究者や学生たちの内心に届くメッセージとなっていたのだと思われる。

2　歴史家となる前に

一九四六年、東京大学文学部国史学科では、平泉澄ら皇国史観派が総退場して、井上光貞助手を中心に、山口啓二、永原慶二、稲垣泰彦らに支援されて、研究室の大改革がおこなわれた。学生側で改革の先頭に立ったのは、色川の親友青村真明で、青村はかつて平泉の演習で叱責され、みずから退室したという経歴をもっていた。そのとき、色川と菱刈隆永も退室し、退室組を中心に親密な友情と同志的感情が生まれた。色川も青村も敗戦直後までは旧制高校的な教養派に近かったのだが、色川たちは、この研究室改革が始まると、そのなかでたちまち大きな精神革命を経験し、マルクス主義歴史学を受け入れた。『中世的世界の形成』は、四六年六月に出版されたが、井上の薦めでこの本をテクストとする研究会が開かれ、十一月十六日に色川はアジア的生産様式について報告している(10)。この報告は二週間ほどのにわか勉強の成果だったが、きわめて意欲的で広い視野に立とうとするものだったと思われる。その時代の色川たちが『中世的世界の形成』を深い感銘で読んでいたことは確かなのだが、その理解の水準を今日の時点で問いなおすことはかなり難しそうだ。しかしそれでも右に述べたようなこの書物の特徴が、屈折したかたちであれ、その影響力の源泉になっていたというのが、ここでの私の仮説である。

だがこの時期の色川は、日本共産党とは距離をとっていた。党員学生たちの歴史の進歩や法則性についての信念は、色川にどこか疎ましい独善であり、人間の複雑な内面性への感覚が乏しいように見えた。しかし他方で、歴史を壮大な変革のドラマとして捉え、その変革に実践的にかかわることは、色川自身の熱望であり、『中世的世界の形成』は、こうした熱望に応答しようとした歴史学の営為として受け止められたに違いない。四六年暮に色川は、たくさんの手紙や詩稿を焼いたが、それは色川における「歌のわかれ」だった。四七年に四〇〇字詰四〇〇枚の卒業論文『明治精神史』を書いた色川は、翌年四月、親友野本貢と二人で栃木県粕尾村の新制中学校教師となった。

粕尾村は、野本の生家がある山村で、足尾銅山の近くにあたる。野本家は、元は村の名家で野本の祖父は粕尾村の初代村長を勤めた。しかし、この祖父の時代に野本家は没落し、養子に入った野本の父常四郎は養家の再興を目指すがことごとく失敗し、色川たちが村へ入ったころには極端な貧窮状態にあった。こうした状況の野本家では将来を期待していた息子の帰郷を必ずしも喜んでいなかったし、学校側は東大出身者が三人もやってくることに不安をもっていた。そうした状況のなかで、色川と野本は、頼りにしていたもう一人の級友の脱落も乗り越えて、教師不足の新制中学校に職を得ることができた。そして、「山村に生活共同体をつくり相互援助と創作のしごと、そして青年相手の文化運動や社会活動」[11]をしようとしたのである。

このナロードニキ的理想主義は、東大国史学科の仲間から支持されており、国史学科の送別会では井上光貞助手が、「超越的批判者であるな」という趣旨の挨拶をした。村へ入ってからも色川たちは井上に状況報告の手紙を出しており、色川たちの選択はいささか突飛だったかもしれないが、新しい時代にふさわしい実践的選択として受け止められていた。石母田の「村の歴史・工場の歴史」という論文はすでに発表されていたが、農村に生活共同体をつくって住み着き、地域社会の変革を目指すとともに、聞き書きや現地調査をおこなって新しい学問を創造しようというのだから、これは戦後歴史学のもっともラディカルな実践形態であり、少しのちの国民的歴史学運動のもっとも徹底したかたちでの先行事例ともいえるものだった。のちに色川は、「山村で一年余の苦闘の実体験から思索してきた人間には」、「村の歴史や工場の歴史」を称揚した『歴史と民族の発見』は、「甘く、観念的であるように思われた」と述べている。(12)

中学校教師としての色川と野本とは、地域に即した社会科教育を中心に据えて、新しい教育を目指した。生徒の家庭訪問に時間をかけて地域の実情把握と父兄との交流に努め、夜間農民学校を開いて多くの聴衆を獲得した。四九年一月の総選挙では、色川たちの地域活動のおかげで共産党は一挙に前回の六票から一三八票へと得票を拡大し、この高揚感のなかで色川は共産党へ入党した。こうして色川たちの活動は、村の青年たちを巻き込んで地域社会に大きな地殻変動を引き起こしていたのだが、しかしまたそうなってくると大きな困難も待ち受けていた。校長、村長、山村地主たちを中心とする旧秩序擁護派の活動はずっと続いており、色川支持の青年たちも色川の入党に困惑を隠さなかった。この選挙の少し前に野本が死んだが、これは野本の家族からすれば、色川がお人好しの野本をそそのかして村へ帰らせ、過激な活動をさせて、もともと身体の弱かった野本を死に追いやったことを意味していた。貧しい野本家のホープだった野本は、「夢のような熱吹いて」勝手に死んでしまったのである。色川は野本の死後も猛然と活動して教師としての成果もあげたが、野本の家族にとっては、色川と野本との一年間にわたる活動は、まったく別の意味をもつ過酷な現実をもたらしたのであった。学年末に色川は辞任して東京へ帰った。

のちの色川は、あとで述べるように近代化過程で産み出された民話を採集して民衆的想像力について論じたが、色川たちが村へ入った目的のひとつは、「山村の歴史」の聞き書きをつくることで、野本の父常四郎と色川の下宿先の革新系村会議員で神職の大塚正主郎は、広い視野と世間知とをもった恰好の語り手だった。その常四郎の農民観は「百姓ほどコケなものはない」というもので、「百姓とはな、欲が深くて、ずるい。臆病なくせに、空威張りし、いつも先をゆく人の足を引っぱる。商人にはコケにされ、つまらんものだよ」と、口癖のように言っていた。[13] 常四郎は、「息子がひとりふえたようだ」と色川を受け入れて、さまざまな話をしてくれたが、色川たちの活動が「コケ」な百姓たちを変革しうると信じたわけではなかったろう。長い時間のなかで鍛えられた常四郎の経験知は、色川や息子には見えていないものを見ていたに違いない。野本の死にさいして、その姉や姪たちが色川を憎悪しても、常四郎は黙って息子の死に耐え、「いたわるような優しい目で」村を離れる色川を見送ってくれたのだという。

東京へ帰った色川は、完全な失業者となり、生活はたちまち窮迫した。ある日、色川は代々木の党本部に党の文化部長だった石母田を訪ねた。それは党関係の仕事で給料の出そうなところを紹介してもらうためだった。しかし就職口は駄目で、石母田は党のあり方に不信感をもっていた色川に、タテマエ的な訓戒を述べた。下部の一般党員として困難な活動をしてきた色川は、党官僚としてタテマエ論を述べる石母田に「失望」した。[14]

四九年九月、色川は世田谷区民主商工会の常任書記となった。その年三月にGHQ経済顧問ジョゼフ・ドッジが厳しい均衡予算を実施するように指示し、引き続いてシャウプ勧告が出されて、中小企業の税金が一挙に厳しい直接税となり、民主商工会は税金闘争の先頭に立つことになった。色川は税金や経理の帳簿づくりなどの特訓を受けて、この闘争の活動家となった。色川はたちまち地域の業者たちから頼りにされ、民主商工会の会員がふえて会費の納入状況がよくなり、色川の給料も倍増した。猛烈な活動力と弁舌の才で、色川は確信に満ちた活動家のように周囲の人たちから受け止められていた。しかし、こうした活動は内面の焦燥や寂寥と表裏をなすもので、色川は心の空白を観劇とシナリオ執筆などの演劇への情熱で埋め合わせていた。色川は五〇年五月に新協劇団研究所へ試験を受けて入り、演劇の訓練を受けた。五〇年十一月には世田谷区民主商工会常任書記を辞めたが、税金問題の活動で主要な生活費を得ながら、次第に演劇活動へのめりこんでいった。しかし、すさまじい貧窮のなかでの活動のために肺結核を発病し、五二年八月に肺葉切除の手術を受けた。色川の所属していた演劇グループは、色川の療病中に『真空地帯』上演の成功でスターとなったが、色川は辛辣な劇評を書いてこのグループとも別れ、五四年一月に収入の道を求めて『画報現代史』を編集する日本近代史研究会に参加した。

日本近代史研究会は、生活難、胃潰瘍、ノイローゼなどで苦しんでいた服部之《し》総《そう》を助けるために、小西四郎、遠山茂樹らが歴史画報の出版を国際文化情報社に持ち込むさいにつくられた、服部支援の役割をもった集団だった。『画報近代百年史』の成功で莫大な収入がもたらされたが、服部は会を主催する「絶対主義者」として収支を明らかにせず、収入の多くを私的に流用していた。『画報近代百年史』の成功には、青村真明の役割が大きかったが、青村の死のあと、色川はその後任として採用された。こうして色川は、山村での教育と政治的文化的実践、世田谷区民主商工会を中心とする共産党系の実践活動、演劇運動と、歴史研究とはまったく別の経歴を経て、歴史研究の世界へ戻ってきた（はじめて根を下ろした？）のであった。この時代の若い歴史研究者には強い実践志向があって、東大国史研究室にはそうした志向性の強い若い研究者たちがたむろしており、色川も研究室の仲間と連絡をもっていたのではあるが、山口啓二、永原慶二、藤原彰、網野善彦ら周知の人たちに比べても、この時代の色川の行動はパフォーマティヴで独自性が際立っていた。こうした色川の行動は、いちばんみごとに割り切れていて、「思う存分活動」しているように級友たちの目に映っていたが、しかしそれはまたどんな権威も認めず、仮借ない批判者たることを意味していた。服部独裁の日本近代史研究会で、色川は若手の不満を代表して服部の権威に挑戦した。

日本近代史研究会に参加して歴史研究者の世界へ戻った色川は、五八年春から三多摩地域の史料調査を始めた。他方で安保闘争に深くかかわり、連日のように国会周辺のデモや集会に出かけた。何年間か基本的収入を得ていた国際文化情報社が破産して、色川は失業保険をアテにする失業者となったが、それはかえってこの時期の色川に地味な研究活動への集中と安保闘争への全力投球を可能にさせた。安保闘争にさいしては、色川たちは小さな歴史家の組織をつくり、「史」という文字を大きく染め出した個性的な旗を掲げて、さまざまな集団のあいだを自由に移動しながら行動した。安保闘争への色川の関わりは、全学連指導部の理論的硬直性と「ノッペラボーの突撃主義」を批判しながらも、しかし彼らが新しい情勢を切り開いたことを積極的に承認し、学生たちを孤立から防いでより大衆的な運動に合流させようとするものだった。六月十八日、安保闘争の最後の日に、色川は流れ解散へ誘導しようとする共産党と国民共闘会議指導部の方針に反対して、デモ隊を国会周辺へ戻らせようとして、共産党本部の宣伝車に駆け上がった。この間の経緯は、「六月に重い霖雨が降る」(『色川大吉著作集 3』)に印象的に記されている。

このように戦後の色川の足跡をたどってみると、第一に粕尾村でのラディカルな政治的社会的実践と撤退、第二に情熱を注いだ演劇運動への厳しい批判と別離、第三にこれまで批判を含みながらもその枠内にあった戦後の社会運動、とりわけ共産党との決別があった。三つはともに大きな挫折感を伴う否定性の経験であった。色川にとって「民衆史」とは、そうした否定性の経験を内面化し、そこに拠点を据えて歴史的世界を捉え返す精神の飛翔だった。

現在、歴史研究の専門家として知られている人たちのなかにも、職業的研究者となる以前に別の職歴をもった人は少なくないだろう。しかし、色川のように自分で選んでさまざまな実践活動にかかわり、そうした活動歴を否定して研究者へと転換した人はあまり例がないだろう。どんな権威に対しても批判と否定を貫こうとする色川の発想には、実生活のなかで培われた長い由来があることに留意しておこう。

だが、このような色川の側の批判性・否定性が、その実践過程で現実の側から跳ね返され、色川を厳しく追い込んでいたということが、いっそう注目すべきところであろう。たとえば、粕尾村での色川たちの活動は、地域社会に揺さぶりをかけて地域の既存の秩序を動揺させ、青年たちの新しい社会的文化的実践を生み出した。しかし、そうした働きかけには限界があり、地域の支配層の動きを活発化させるとともに、色川を支持してきた青年たちを動揺させた。野本の父常四郎が述べたように、百姓は「コケ」ではあるが、そのゆえに村という共同生活体を構成して、根源のところで外部の力を拒否するような存在である。民主商工会も演劇運動も、色川を必要としながらもまた拒否する。安保闘争のような大きな政治運動に個人や小さなグループが働きかけようとしても、さまざまな錯綜した力に阻まれる。現実に存在するものの惰性態には、曖昧なものに見えて、外部からの介入を拒絶する大きな力が秘められている。こうしたさまざまな否定性の経験を経て、それをばねに歴史と現実に向き合いなおすとき、厳しい批判性を特徴とする色川史学が生まれたということになろうか。

3　民衆的主体の発見

一九六〇年初夏、色川たちは須長漣造関係の一連の文書を発見した。筆まめで几帳面な性格の須長は、嘆願書の草稿や書簡などを数多く書き残しており、それによって色川は、明治十七年夏から翌年一月にかけての武相困民党の運動を跡づけることができた。色川たちに先立って、橋本義夫「困民党事件」(『歴史評論』六一号、一九五四年)が発表されていたが、橋本はこの論文で困民党関係者の家はたいがい没落したと述べ、須長についても「後は不幸多く家も残っていない」としている。色川は新しく発見された須長文書を駆使して「困民党と自由党――武相困民党をめぐって」(『歴史学研究』一九六〇年十一月号)を書き、それが事実上色川民衆史の出発となり、のちに「民衆思想史」研究、「民衆史」研究と呼ばれるようになった一連の研究動向の暁鐘となった。

「困民党と自由党」は、三多摩地域ではきわめて大きな勢力をもっていた豪農層の自由民権運動と、松方デフレのもとで深刻化していた負債問題の解決を求める困民党との関係に論点を集中している。こうした論理構成の背景にあるのは、自由民権運動の研究史における民権派と一般農民との指導・同盟関係論で、これはとりわけ秩父事件研究において重要な意味をもつ論点だった。一九三四年の平野義太郎「秩父事件」では、秩父事件は、明治初年の農民一揆の伝統を継承するものではあるが、民権運動における「小ブルジョア的左派の指導」と結びついたところに国家権力と対峙する「革命化する形態」が形成されたのだとし[15]、戦後の秩父研究を代表する井上幸治『秩父事件』も、民権運動・民権思想の急進化・社会化としてこの事件を捉えていた[16]。そして色川自身も、秩父事件については「自由民権運動の最後にして最高の形態と見る」井上説を支持している。

ところが、秩父に比べて豪農層の民権運動がはるかに発展していた三多摩では、自由党の活動が貧窮した農民を困民党へ組織化するというかたちをとらない。二つの運動は重なり合わず、「異質の運動の共存ないし雁行《パラレル》」というかたちがほとんどで、むしろ自由党員が頭取をしている銀行や金融会社が困民党の攻撃を受けている場合が少なくなく、石坂昌孝など自由党幹部は困民党と債主との仲介・調停に奔走していた[17]。

「困民党と自由党」は、武相困民党の運動史的経緯を新発見の須長文書の解読によって跡づけた実証論文で、研究史として整理してみれば、その論点は自由党と困民党との区別の問題につきているが、他方で多くの困民党指導者は家産を失い、またその活動について家族にも語ろうとしなかったという重たい事実がある。この事実は、橋本の短い論文でも強調されていることで、橋本によれば、民権運動の活動家たちは年が若く、ある者はのちに出世して記録も残り、英雄的にさえ讃えられたが、困民党の指導者は「大概は老人達で野心もなく、スポークスマンも出なかった」、この「血涙の仕事が、ただ漫画的に長く取り扱われ」てきた、「よくこうまで埋もれ、朽ち踏みにじられたものである![18]」と、義憤して橋本はその論を結んでいる。色川もこの橋本の思いにみずからの思いを重ねながら、「人民の戦いの真の敗北とは、人民が戦ったこと自体に対して自負と正当性の信頼を失った時、すなわち、倫理的、思想的に敗北した時、真の決定的敗北となるのである[19]」、と記している。私たち後学はそこに、黒田悪党は東大寺に敗北したのでもなく守護の武力に敗北したのでもなく、「黒田悪党は自分自身に敗北したのである[20]」という『中世的世界の形成』の末尾と響き合うメッセージを読み込んでもよいのであろう。

武相困民党の運動は、明治十七年七月ころから翌年一月にかけて、何回かの結集と弾圧、再結集を繰り返して展開していった。八月十日の御殿峠の大集会には、二十数カ村、数千人の農民が結集して、八王子の私立銀行、高利貸をうかがった。打ちこわし型の実力行使で威嚇することにより、負債問題の解決を債主層に迫る行動である。警察は、集会は禁止するが、総代による代表交渉は認めるという方針をとった。九月五日には、引致された活動家の釈放を求めて二百余人の農民が八王子警察署へ押しかけて全員検挙され、そのころから須長たちによる仲裁(勧解)活動が本格化した。日本橋の法律事務所北洲社の立木兼善に依頼して、負債元金は三カ年間据置七カ年賦とするなどの条件で、郡長、次いで県令に交渉するという方針が定められた。県令との交渉は十八年一月六日に始まったが、県庁側は総代による代表交渉は認めない、団結を解消し個別に債主に「情義」をもって交渉せよという立場を崩さなかった。交渉の行き詰まりのなかで、一月十四日、高座郡上鶴間に困民三〇〇人余りが集結し、その一部が横浜に向かって押し出すと、これは横浜滞在の歎願委員たちの謀議に基づく指示による行動だとされて、指導部の多くは拘引されてしまった。

以上がこの事件の簡単な経緯だが、事件の経緯の全体を通じて、債主に向けられた大衆的実力行使に傾いた九月初めまでの段階と、十一月十九日以降の須長たちに指導された郡・県との交渉戦術の時期とのあいだに大きな転換のあったことがわかる。須長たちの積極的活動にすぐ先立って、秩父事件の蜂起と武力弾圧があり、この地域のすぐ近くでは露木卯三郎殺害事件があった。明治十一年の真土村事件では、松木長右衛門一家を殺害した人たちには、「一村一郷の公怨」を晴らしたとして同情と共感が寄せられたが、明治十七年には、そうした共感や同情を踏み越えて、民衆の実力行使を禁圧しようとする権力意思が貫徹する時代となっていた。このような状況を熟知していた須長たちは、「幾分カ法律ノ正面ハ曲ケテモ道徳愛想ノ意ヲ巡ラサレテ、細民救助ノ御沙汰被二成下置一候様」と嘆願したのだが、そのさい須長たちは真土村事件と露木卯三郎殺害事件を挙げ、実力行使の可能性を示唆することによって、県庁側が債主たちとの仲裁を仲介するようにと迫ったのであった。(21)須長文書中でももっともよく知られた断文、高利貸たちへの「報復」として、「一夜ノ基《ママ》ニ建造物ハ灰燼トナシ、一時ノ中ニ断ニ処シ、骸ハ街ノ梟首ニ掛ケ、遺体ハ原野ニ鳥獣ノ腹ヲ肥シ……」(22)には、須長の秘められた憤怒と激情が鮮やかに伝えられている。県庁を交渉の場へ引き出して債主たちとの交渉を有利に進めるという須長たちの戦略には、暴力的実力行使への強い傾斜が内包されていたことになるが、しかしまた須長たちはそうした思いを胸の奥深くへ呑み込んで、実際上の行動としては、県庁へ「哀訴歎願」し「寛大」な処置を要請するという姿勢を崩さなかったのである。

この須長の立場は、社会的に表現されたかぎりでは、石坂昌孝・細野喜代四郎ら仲裁人の立場とのあいだに相違がないとすべきであろう。銀行会社など債主側との仲裁交渉の場において、細野たち仲裁人側が、債主は富貴で親、負債人はその子のような存在だとするような比喩で「慈善」「憫察」を求めていたことについて色川は、「この説得の仕方の中には自由民権家としての姿勢はみじんもない」(傍点は原著)、自由党は「人民の窮状とはおよそ無縁な党、少くとも直接には人民の騒擾と関係しない党」としているが[23]、須長たちもまた県庁などとの折衝の場では、激しい憤怒と実力行使への思いを胸の奥深くに封印して、細野たちと同じような論理を選んでいたのである。

最近、鶴巻孝雄が明快に論じたように、民権派は近代的な「自由」と所有権を積極的に擁護する立場をとっており、「民権派ゆえに民衆の擁護者だという前提は、むしろ民権派ゆえに民衆と対立してしまうという前提に置き換えられるべき」なのである[24]。だが、近代的「自由」権だけを楯にとって負債民に向き合おうとするのは、国家権力の後ろ楯を拠りどころとした資本の側の独善であり、「地域には「困民」への同情があふれて」おり、時勢に便乗した蓄財への不信が一般的だった。そこで、須長にしろ、細野・石坂にしろ、国家権力が担うべきはずの公共的正義の側面に訴えて、地域社会の「正理」を実現しようとしたのだが、しかしそうした解決へ向けての磁場は、この時代の現実においては大衆的実力行使の可能性を示唆することによってのみ有効性をもちうるものだったのである。大衆的実力行使を踏まえて負債問題の解決を図る点では、秩父事件と武相困民党事件とのあいだに大枠での共通性があるが、明治十七年十一月以降の武相困民党の活動は、秩父事件の敗北直後の情勢を背景としていたことを十分に理解しておかなければならない。世直し一揆のような大衆的実力行使がもはや不可能な時代に入ってしまったのだから、県庁・郡役所のような公権力を紛争解決の現場へなんらかのかたちで引き出すことが不可欠なのだが、しかしそのためには大衆的実力行使が迫っていることを示唆して公権力へ迫るほかない。須長たちはこうした危うい綱渡りのような戦略をとるほかなく、そのゆえにこと敗れたあとでの須長の報復への思いは、いっそう凄惨で孤独なものとなるほかなかったのではなかろうか。

地域社会にはモラル・エコノミー的な経済観念が一般的なのに、権力の側は近代的所有権を一方的に擁護するポリティカル・エコノミーの時代が到来していた。武相困民党事件も秩父事件もこの転換期に生起した事件であり、二つの事件の経緯にはこうした社会原理の転換とそれに伴う社会的葛藤が深く刻み込まれていた。秩父事件の場合、借金一〇カ年据置・四〇カ年賦という基本要求は、モラル・エコノミー的伝統的観念によく一致しており、田代栄助たち困民党の指導者には、高利貸たちとの直接交渉によって、こうした要求をなにほどか実現してきた長いあいだの実績があった。しかしいまや新しい時代がやってきて、こうした「仲裁」活動が不可能になったのだが、他方で借金に苦しむ困民はどの地域にも存在しているのだから、秩父での蜂起が伝われば各地に呼応する同じような運動が生まれて、中央政府や県庁なども対応を余儀なくされるかもしれない。秩父事件は、田代たち指導者の目算からすれば、こうした可能性に賭けた闘争だったのであり、田代や井上伝蔵が、これは容易なことではない、生命を捨てなければならないと述べ、蜂起の決断を迫る幹部たちに慎重論を述べつづけたのは、こうした立場からのことだったろう。そして、十一月四日、鎮圧側との本格的な戦闘を経験しないままに田代・井上ら指導部が逃亡したのは、そうした新しい状況が切り拓かれそうにもないとの判断に立っての選択だったのであろう。

「困民党と自由党」は、指導・同盟論という民権期研究の既存の理論的枠組に捉われたままそれを批判した研究であり、民衆運動とその意識形態の独自性を発見したのは色川ではない、色川論文に影響されながらももう少しあとで、それは稲田雅洋、鶴巻孝雄、森山軍治郎、牧原憲夫らが発見したものだと主張することも可能かもしれない。しかしここでは、色川が新しく発見した須長文書を中心にして論を進めており、須長を軸に武相困民党の独自性を具体的に描き出したことに評価の重点をおき、新しい「民衆史」研究はこの論文を画期として展開することになったのだという側面のほうを強調しておきたい。

自由党と困民党とのあいだの亀裂、雁行《パラレル》、さらには対立も展望する「困民党と自由党」の論旨は、安保闘争における大衆運動の高揚と既成左翼の指導との亀裂や対立を捉える色川の目と不可分な内容となっており、色川は歴史的対象のなかに現実経験をほとんどそのまま読み込んでいるといってよいほどである。安保闘争のさい、色川は少数の仲間たちとともに諸組織の間隙を往来して遊軍のように活動したが、それは全学連の学生たちも含み込んだ大きな大衆的連帯をつくりだして、戦後日本の歴史の流れにひとつの転換をもたらそうとする立場からのことだった。のちに書かれたものではあるが、色川は、全学連指導部の理論的硬直性と「ノッペラボーな突撃主義」とは彼らのエリート意識の裏返しだと批判しており、第一線の機動隊隊員たちの学生たちへの強い反感と暴力を予測してもいる(25)。しかし歴史にはある特定の運動が最先端の民衆意識に適合して新しい情勢を切り拓く特別な時がある、と色川は考えていた。それは「多分に歴史の偶然によるものなのだが」、そうした時と状況を鋭く捉えることこそが政治的指導の役割なのだ。全学連指導部の独善ぶりも批判されなければならないが、「しかしそれよりもがまんのならないのは、かれらをゴリ押しに抹殺しようとした既成左翼指導者の不感症についてである」、ということになる(26)。

4　全体史への模索

「困民党と自由党」発表から一年を経て、色川は「自由民権運動の地下水を汲むもの——透谷をめぐる青春群像」を『歴史学研究』一九六一年十一月号に発表した。この論文は、新たに発見された「明治一七年読書会雑記」と初期透谷の作品などを主な史料として、民権運動末期を生きる青年たちの「精神動態」を描き出した作品である。石坂昌孝の長男で透谷の親友でもある石坂公歴と透谷の二人がこの論文の主人公だが、どちらの精神も混沌と複雑で、単純に規定できないものと考えられている。色川はこうした公歴を「当時の民権家の青年代表として認め」、彼に分析の中心をおくというのだから、色川が構想する民権期の思想像は、既成の理論枠組から大きく離れたものだったことになろう。二つの論文で新しい研究方向に確信をもった色川は、自分の調査仲間を巻き込んで熱心な資料調査を続けたが、次々と発見された「民衆的個性」への傾倒が色川民衆史の時代をつくりだした。たとえば、「明治の豪農の精神構造——細野喜代四郎と須長漣造」は、民権家として活動していた細野が、負債をめぐる困民の動向に何とか対処しようと努める仲裁人活動の中心人物だったことについての詳論だが、その細野が他方で多くの詩稿を残し、詩酒の交わりを楽しんだことを明らかにしている。深沢家文書の発見によって、千葉卓三郎と五日市憲法草案が発見されると、色川の指導のもとに千葉の事跡発見に熱中するグループが生まれたが、それもまた思いがけないような思想の鉱脈と精神動態の発見をもたらした。こうして色川は、一九六〇年以降七〇年代初めにかけて、民権期の三多摩地域を中心に多くの新史料を発見し、新鮮な歴史叙述によって多くの読者を魅了したが、それは基本的には新しい「すぐれた民衆的個性」の発見とその華麗な叙述という特色をもっていた。

だが、このような「民衆的個性」は、日本思想の全体像のなかでどのような位置と意味をもっているのであろうか。とりわけ、このような「民衆的個性」の活動にもかかわらず、やがて天皇制イデオロギーが日本人を呪縛するようになったのはなぜだろうか。このように問題を立てなおしてみると、「超国家主義の論理と心理」に始まる丸山眞男とその学派の業績が目前にあり、その成果はひとまず丸山『日本の思想』としてまとめられているということになる。『日本の思想』は一九五七年に発表されたが、六一年に岩波新書版『日本の思想』が刊行されると、それはきわめて多くの読者を獲得してロングセラーとなり、もっとも影響力の大きい日本思想史研究の著作となった。一九五〇年代半ばから六〇年代半ばまでの約一〇年間が丸山学派の全盛期にあたり、石田雄、藤田省三、神島二郎らの代表作があいついで刊行されたが、『日本の思想』はこうした動向を背景としてそれを総括するような位置と意味をもっていた。六全協とスターリン批判のあと、マルクス主義の思想的影響力が弱まり、五〇年代半ばから六〇年代にかけて丸山学派に代表される近代主義的諸思想の影響力が強まったのだが、そのいわば頂点に『日本の思想』があった。講座派マルクス主義がもっとも得意とする自由民権運動史研究から始められた色川の研究は、こうした状況のなかで丸山と丸山学派の研究に正面から向き合うようになったのは、当然の成り行きだったろう。

天皇制イデオロギーの批判的分析に焦点をおきながら、近代日本の思想構造の全体像に迫ろうとする色川の新しい研究は、一九六八年の歴史学研究会の大会報告「天皇制イデオロギーと民衆意識」に始まるとしてよかろう。この論文では、原『明治精神史』は「思想の全体像に迫る方法論を欠いていた」との反省に立って、これまで自分が推進してきた「個々の思想家を歴史的に究明する方法」(A)と、「社会イデオロギー＝支配的思想や民衆意識を究明する方法」(B)とが結合されなければならないとし、「Aという方法も、B、つまり「支配的思想と民衆意識」という全歴史的な関連構造のなかに正しく位置づけて具体化しなければ、Aじたいも完成することができないという反省」が述べられている。(27)もっともな反省だが、実作としてみれば、この論文でのBの側面は、村上重良や安丸に依拠した記述になっており、全体像としてみれば折衷的で不十分な論理構成に終わっていると思う。『明治の文化』(一九七〇年)は、右のAとBを統合した全体像を目指す意欲作ともいえるが、しかしそこでも異質な諸次元が曖昧に折衷されているという印象が強い。『色川大吉著作集』では、この本の各章は四つの巻に分載されており、収載されていない章もある。全体像構成の困難さが、この時期の色川に重くのしかかっていたことが想像されよう。

『近代国家の出発』(一九六六年)は、戦後歴史学における歴史叙述の代表作のひとつとされる場合が少なくないが、その理由の一半はドラマティックな叙述力にある。この書物は、帰国を急ぐ榎本武揚について、「シベリアの曠野を二台の馬車がよこぎっていた」という絵画的イメージで始まるが、この叙述のヒントは、厳冬期のシベリアの吹雪を突いて走る馬車の写真を新聞日曜版で見ていてひらめいたのだという。(28)のちに西川長夫は、このように始まる『近代国家の出発』の冒頭のパラグラフの全体を引用して、それが色川のいう「底辺の視座」とは必ずしも一致せず、むしろ「ヒーロー、ヒロインの現れるような叙述の文体」であり、国家権力と人民との闘争というよりそれを超えた「ナショナルなものとその運命にたいするヒロイックな共感ではなかろうか」、と批判した。(29)国民国家論批判という西川の主題につながる鋭い批判だが、色川自身、『近代国家の出発』の各章でその書き出しについて工夫を重ねており、「各章の書き出しに詩的なイメージが湧きだすまではいつも苦しんだ」、と回顧している。(30)民衆の心を捉える歴史のヒーローへの関心からのことではあるが、「私は、事実性、確実性をあまり愛しすぎる人間には、近現代史の研究は向かないと思う」とさえ、述べている。(31)色川には、演劇運動に没頭してモスクワ芸術座の舞台を観ることなどに打ち込んだ演劇青年としての経歴があり、「二〇代からの劇作への夢を歴史叙述のなかに生かしたいと思っていた」のだという。[32] 演劇については、すぐれた演技は自然らしさとは無縁なものであり、「内部からふきあげてくるもの、胸の底から湧きあがったほんものの感情なのだ」、とも述べている。[33] こうした演劇論と歴史研究の実際とはもとより次元を異にしているが、歴史の基底にあってまだ表現されていないなにかを言葉にしようとする色川の衝動は、すぐれた演劇やその他の芸術への憧れに通底していたに違いない。

粗雑なもの言いを敢えてしてみると、歴史家も芸術家も自分の生きる世界の全体性に向き合っている一個の実存としてみれば基本的には同一の存在であり、それぞれがみずからの特殊な素材と方法を媒介にして、特殊を介して全体性に向き合っているのだろう。芸術や学問は、私たちの日常意識においては蔽われてしまっている私たちの生きる世界の深い構造を、それぞれの仕方で開示するものだともいえよう。このように考えると、「自分史」は自分を世界との関係で問いなおすという主題のための恰好の手がかりであり、「私は、その全体史を描くべき職人としての歴史家である」、ともいえよう。私たちの日常経験はごく限られた身辺的なものだが、普通の生活者でも一五年戦争期のような激動の時代を生きるとき、「一生に幾度も全体史とのかかわりあうような普遍的なドラマを演じる」[34]ともいえる。専門家としての歴史家は、その構想力と構成力を介して歴史的世界の全体性に迫り、そのような仕方で自分の思想を語ることができる。自分の小さな知見と全体像とのあいだには大きな懸隔があるが、しかしそのことを自覚化することで歴史家は自分に独自の歴史意識を獲得することができるわけである。一九六〇年代から七〇年代初めにかけて、色川は自分の発見に確信をもつことができたのだが、しかしまた一人の思想主体としてみれば、自分の発見の意味を問いなおし普遍化して、独自の全体像に到達しなければならない立場におかれていた。

この課題は、より具体的には丸山と丸山学派の学問に正面から向き合うことであり、丸山たちとは別に独自の思想史像を描き出すことにほかならなかった。天皇制と民衆意識という主題は丸山学派のものだから、同じ主題を引き受けて異なった回答を導き出さなければならない。「天皇制イデオロギーと民衆意識」と『明治の文化』が、この課題に答えようとしながらも異質な諸要素を強引に組み合わせた折衷論にとどまっていたのは、六〇年代の色川にはひとつの時代の全体性という構造論的問題に答える準備がまだ欠けていたからである。

七〇年代半ばの色川は、「天皇制の思想」(一九七四年)、「近代日本の共同体」(同)、「日本ナショナリズム論」(一九七七年)などを書き、『柳田國男 常民文化論』(一九七八年)を上梓している。これらの作品では、明治天皇の「御製」を史料として利用したり(「天皇制の思想」)、共同体が個人の析出を許さないという通念に対置してその抵抗や自衛の側面を強調したり(「近代日本の共同体」)、吉本隆明を高く評価して「大衆ナショナリズム」について論じたり(「日本ナショナリズム論」)していて、新しい模索が意欲的に展開されている。これらは、色川自身の実証研究を踏まえながらも、歴史学よりもむしろ隣接学問領域の成果を貪欲に吸収することで、丸山学派と講座派マルクス主義を乗り越えようとする努力だった。

そしてこれは色川だけのことではないが、丸山学派や講座派を乗り越えるための確かそうな素材は、この時代には柳田民俗学に求められた。『明治の文化』でも、明治の文化を新しい全体像として提示しようとする色川は、叙述の出発点を「もの言わぬ民俗の沈黙《しじま》の世界」から始めるとして、『遠野物語』に依拠して日本人の霊魂観に触れ、『明治大正史 世相篇』によって生活文化と生活意識の変容を論じたりする方向でその論を進めている。柳田の場合、『遠野物語』で捉えられている霊魂観と一九三〇年代の固有信仰論とでは、のちに色川も論じているようにずいぶん違っている。しかし、『明治の文化』では、そうした違いは棚上げして、柳田に全面的に依拠することで民衆意識の基層を捉えておき、それがまったく異質な素材と併置されているという印象が強い。少しのちに書かれた『柳田國男 常民文化論』は、はるかによく柳田を読み込んだ労作だが、色川はこの仕事に苦しんで、「学界の巨人との一年余にわたる格闘は私を疲労困憊におちいらせ、十二指腸に穴をあけた」のだという。(35) 柳田の固有信仰論や家中心思想は、色川民衆史と容易には結びつかず、こうした方向で全体像を目指そうとすれば、色川の「疲労困憊」は不可避だったかと思われる。

しかし、『明治大正史 世相篇』のほうは、民衆の感覚や情動の変容において近代化の問題を捉えており、色川の果たそうとする課題の先駆のように見えたはずである。そこで色川は、柳田世相史に対応させて「『昭和史 世相篇』の構想」(一九八五年)を書き、結婚式の変遷、情報社会化、盛り場、犯罪などを論じて見せた。連続幼女誘拐殺害事件なども含む「群衆の欲望＝犯罪にみるフォークロア」(一九八七年)、秩父事件・水俣病問題・軍隊などのフォークロアを取り上げて民俗学に現代的課題を提起した「民衆史と民俗学の接点」(一九八六年)などは、「『昭和史 世相篇』の構想」をいっそう大胆に展開して見せたもので、フォークロアを通じて近代民衆の心意の世界を捉えようとした意欲作としてよかろう。

このように見てくると、八五年ころからの色川には、色川自身も述べていることだが、近現代の民俗研究に大きく傾斜したという印象がある。柳田世相史に倣って、新聞記事が重要な史料源になっており、従来の歴史研究の枠組に捉われずに民衆の心意にかかわる次元が大胆に取り上げられてゆく。こうした色川の新しい動向に相前後して、川村邦光の宗教民俗学的近代史研究、吉見俊哉の文化社会学的近代史研究なども本格的に展開し、小森陽一ほか編『岩波講座近代日本の文化史』も刊行されたから、こうした分野は色川の独壇場ではなかった。しかし色川には、歴史学ではこれまで取り上げられなかった領域、とりわけ民衆の心意の世界を取り上げて、そこから歴史の全体像を構成しようという強い意欲があり、既存の学問領域の区分やディシプリンの違いなどには、ほとんどこだわりがなかった。だがそれでも色川は歴史家であり、民俗的次元への関心もこうした歴史性への希求とかかわってのことだった。そしてさまざまの要素を組み合わせて構成された新しい全体史が「不知火海民衆史――水俣病事件史序説」(一九八三年)であり、色川民衆史はこの長大な論文でひとつの頂点に到達した。

この論文は、原始・古代の水俣から始めて、中世・近世・近代と地域の歴史をたどるのだから、記述の機軸は歴史学的手法に拠っていることになるが、こうした箇所は戦後における地域史研究の進展に依拠しているのであろう。しかし、網野善彦などの新しい研究に示唆されながら、流民と被差別民の記述に大きな比重をかけ、石牟礼道子の作品に響き合う世界を構成してみせている。地域の歴史を表層でたどれば、中世では相良氏の支配、近世では大庄屋深水家の支配、明治維新以後の諸改革などとなるのだが、水俣病事件から振り返って再構成してみれば、被害民の心性の深部に「「無縁」や「聖」への根深い心情がひそんでおり、それが水俣病事件史の中で噴出する場面に出あうからである」[36]、というような捉え方で前近代史も捉えられるのである。近代に入ると、チッソ水俣工場と地域社会との対抗が軸となるが、そこでは地域社会の心情のなかでのチッソが主題化されている。大正中期まで、「会社は生活に困った人間が行く所」で、天草やその他の地域から貧しい人たちが集められたが、第一次世界大戦のあと、チッソの経営は急速に拡大して、地元民が工場へ勤めるようになり、チッソは地域社会を支配するようになる。その過程で旧来の銀主層は没落し、地域の経済と社会に大変動が生まれて、流民や被差別民が定住した集落も生まれた。七〇年代後半から始められた不知火海総合学術調査で、多くの聞き書きを重ねた色川は、そうした素材に大きな意味をもたせながら近代水俣史をひとつの全体史へと構成してみせた。

五九年十一月の不知火海漁民の実力行使＝工場殴り込み事件についての記述は、この論文のクライマックスだが、そこでは保守勢力のもっとも有力な支持基盤ともいうべき漁業協同組合そのものが戦う組織に転換したこと、実力行使の指揮をとったのは軍隊体験をもった「豪の者」たちであり、実力行使では彼らの果たした役割が大きかったこと、地元出身の国会議員園田直は「騒ぐ」しかないことを示唆していたが、これとは反対に朝日新聞とチッソの労働組合は暴力反対を訴えたこと、そしてこの〝漁民暴動〟が患者たちを立ち上がらせ、チッソを交渉の場へ引き出したのだが、しかし漁協側と患者とのあいだに分断が持ち込まれ、患者たちを主体とする運動はなお一〇年後まで持ち越されたことなどが論じられている。具体的記述は〝漁民暴動〟で終わっており、水俣病事件史としてみればそれはまだ前史にとどまっていることになる。しかし〝漁民暴動〟についての色川の捉え方は、宇井純の水俣漁協評価とは大きく異なっており、「直接行動による大衆闘争は、その高揚の頂点において情況を突破、打開するが、その挫折の底点においては時代を逆方向に転換させる。水俣病事件史にとってもそれは例外ではなかったようである」、と結論されている[37]。武相困民党事件や秩父事件研究以来の、大衆的実力行使への色川の熱い思いは、いっそう確信的なものになっているといえるだろう。

民権期の研究から出発した色川には、民権思想の変革性を強調しようとする傾向があり、秩父事件を自由民権思想の吸収によるとするだけでなく、武相困民党についても、それが「党」を結成して団結したことをもって、「あきらかに自由民権運動の影響がみられる[38]」、としていた。秩父事件指導者たちの博徒的な特徴を強く否定したのも、こうした捉え方の他の側面である。この博徒性の問題は、森山軍治郎による批判や深谷克己の

「農民的強か者《したたかもの》」という概念を媒介にして克服されていったが、右の〝漁民暴動〟の分析では、暴動でもっとも活動的だった人たちからの聞き取りを主な資料にして、研究史的通念からはすっかり自由になった捉え方になっているといえよう。研究史は参考にはなるが、自由な見方を阻むものだともいえる。「不知火海民衆史」には、対象に即したリアルな分析によって発見され構成された「歴史の論理」が表現されており、それは今日の私たちが思い描きやすい通念とは著しく異なったものになっていると思う。これに比べれば、「秩父事件は伝統的な農民一揆の最後にして最高の形態と見るべきものか、それとも自由民権運動の最後にして最高の形態と見るべきものか(39)」というような概念化は、この事件のリアリティからは程遠い外在的抽象にほかならないだろう。

5 「民衆史」と社会史

色川自身が「民衆思想史」研究と名づけた新しい研究動向は、一九七〇年代後半からは、色川自身によっても「民衆史」と呼ばれることが多くなり、「方法としての民衆史」という表現もしていて(40)、『民衆史 その一〇〇年』と題する単著もある。須長漣造や細野喜代四郎・千葉卓三郎などという民衆的思想主体を発見することに熱中した一九六〇年から七〇年代前半までの色川には、「民衆思想史研究」という名称がふさわしかったが、ナショナリズム、天皇制、共同体などを論ずるようになると「民衆史」という名称のほうがふさわしく、フォークロア、犯罪、生活意識の変容なども含む全体像を求めようとして、次第に「民衆史」研究という名称のほうが定着していったのであろう。

はじめにも触れたことだが、安田常雄は、「民衆思想史研究」は一九七〇年代後半から八〇年代前半にかけて次第に変質し、「戦後歴史学の「補完」的再建とでもいうべき固有の役割を終えた」、と述べている。[41] これは多くの研究者に支持されそうな見解だが、しかしどのように「変質」しどんな「補完」をおこなったのか、そして本尊の戦後歴史学はどうなったのであろうか。「民衆的主体」を発見して近代的主体の歴史を補い、その分戦後歴史学が豊かになったと考えればとてもわかりやすいが、「民衆史」をそのように概括することは適切なことだろうか。たとえば、「不知火海民衆史」が捉えてみせたのは、もっと異質ななにかで、戦後歴史学の理論的実践的役割をはみ出すようななにかだったのではなかろうか。時代はちょうど戦後歴史学から現代歴史学への転換期にあたっており、社会史研究が歴史研究の新しいスタイルとなりつつあって、国民国家論や歴史認識論をめぐる気難しい論争がすぐそれに続いた。

そのころの私は、「方法規定としての思想史」(一九八二年)と「困民党の意識過程」(一九八四年)という二つの論文を書いて、自分の立場を明らかにしようとしている。[42] 前者は、『明治精神史』を中心に色川民衆史の意義を評価したもの、後者は、色川責任編集の『三多摩自由民権史料集』を主な素材として武相困民党についてあらためて論じたもの、前者には、色川の論理構成への批判も述べられており、後者には、武相困民党の意識過程の内在的把握への私なりの試みがある。そして私は、この二論文によって色川からの継承と批判とを整理して、私なりの民衆史へと出発しなおしたつもりだった。だが、この二論文の執筆当時、私はまだ「不知火海民衆史」を読んでおらず、「『昭和史 世相篇』の構想」や「民衆史と民俗学との接点」なども知らなかった。色川には、一九七五年前後に大きな転機があり、「日本の思想」に対抗する近代日本の思想像の構想を中途で放棄して、主要な研究対象を明治から昭和に移したことは知っていたが、そのころの私は、そのことを色川の方法論的用意の不備のせいだと、批判的に受け止めていた。しかし、色川自身が述べているように、八五年ころにも大きな転機があり、それはいわば近代そのものの渦中で形成された民話を捉え、民衆の心意の世界を介して新しい歴史像に迫ろうとするものだったといえよう。右に挙げた諸論稿のほか、「群衆の欲望＝犯罪にみるフォークロア」(一九八七年)、「民衆運動のフォークロア」(一九八五年)もそのようなものであろう。水俣病事件史の歴史的背景を立ち入って論じようとしたとき、色川は多くの聞き書きをつくり民話を集めたのだが、こうした努力は、これまでよく見えていなかった歴史の諸断面に深く立ち入って考えなおす可能性を色川に与えたように思える。民衆的近代と呼ぶにふさわしい変革主体を発見してみせるかつての色川の立場は、七〇年代から八〇年代にかけての模索を経て、民衆の心意の世界をその全体性において捉えようとする主体概念の探求へと変貌し、社会史研究と呼んでよいような内実をもつようになっていたのではなかろうか。

戦後日本の史学史を大雑把に回顧してみると、七〇年代末から八〇年代初めにかけて大きな転換があり、狭義の戦後歴史学は現代歴史学へと転換したといえるだろう。そしてこの転換の中心を占めたのが社会史の台頭であり、社会史の登場によって、研究対象も叙述様式も大きく転換して、歴史学には大きな社会的な関心が寄せられることとなった。社会史の台頭といっても、もとよりこれは歴史意識や方法・対象などの大きな流れのことであり、個々の研究者にとっては、こうした転換と自分の研究実践とのあいだにはさまざまな交錯とともに間隙も小さくはない。それに、色川や鹿野政直、ひろたまさきなどの「民衆史」派は、もともと歴史学界の大勢とはかなり距離をとっていて、彼らがみずからの立場を社会史と規定したことはないと思う。彼らが家族、差別、マイノリティなどを論ずるとき、彼らはそれらが近代化してゆく日本社会によってつくりだされたものであることを強調し、構造的全体性のなかにおいてそれらを認識してゆかなければならないと考えていた。構造的全体性という点では、戦後歴史学の初志が継承されているのだが、彼らはそれを彼らにとってもっとも切実な問題に即して捉え返そうとしていたわけである。抑圧や差別や周辺から全体性を捉え返すというこの立場は、カルチュラル・スタディーズやサバルタン・スタディーズなどに共通するところがあり、「民衆史」派はほとんど意図することなしにこうした新しい研究動向に連なっていた。「民衆史」派は、その問題意識や方法において戦後近代主義の主体性概念を継承しているともいえるが、主体を差別や抑圧や周辺性に即して実践的な場で捉え返すとき、そこに複雑な接合・混融・転換などが生まれ、思いがけないような飛躍も起こる。秩父事件における自由党のイメージなどはその典型であり、そうした事態の内実をあらかじめ予測することはできない。主体性は、「民衆史」の核心にある概念ともいえるが、しかしそれは実践の場における行為体・エージェントのようなもので、固定化されるとたちまちその内実が失われ、既成的な概念枠組へと回収されかねない。「民衆史」派の思考枠組のなかには主体性の問題や歴史の構造的把握などにおいて、既成的な概念や通念へのもたれかかりがないわけではないが、色川や鹿野政直のすぐれた作品のなかには、学びつくせないほどの創造性の芽が存在しているのだと考えておきたい。

二宮宏之もいうように、私たちの歴史研究には歴史を捉えようとする者の問いがまずあるはずであり、その問いはなによりも「自分」と「今」から発せられるものである。(43) 歴史家に利用可能な史料は、いずれにしろ「過去の痕跡」にすぎないが、歴史家は「その意味連関を読み解き」、ひとつのまとまりある歴史像を構成する。歴史家の立場性・思想性は、この歴史像を介して表象されるのであって、したがってそれはかなり錯綜した、自分でも自覚しきれないような媒介を経たものである。この歴史像は構成された全体性だから、歴史家はそれを歴史の表層の大まかな流れとは異質な、縦深的で錯雑した構造的世界として提示することができる。歴史学は存在しているものを捉えようとする存在に沿った思索だから、その限りでは存在に跼蹐《きょくせき》した保守主義的思考だともいえるが、しかしまた存在に寄り添った思考をより深層的な次元へと深めてゆくことで、私たちは世界を複雑に媒介されたあるまとまりとして構想することができる。そしてその場合に、全体性と民衆、また現代的課題というような概念に引証することが不可避になるのだと考える。こうした概念は、表層を越えた思索を目指す方法概念だから、必ずしも実体論的なものではなく、研究者の立場性が表出されてしまうような論理的性格のものである。実証主義者は、こうした概念が曖昧だとかイデオロギー的だとかして、こうした概念を排除して実証可能な領域を画定しようとするが、しかしそれではかえって歴史的世界の全体性においては曖昧に通俗的な歴史像を裏口から密輸入するという結果に終わる。歴史研究が「自分」と「今」から絶えず出発しなおす反省的思索でなければならない理由がそこにある。

色川民衆史は、地域に密着した史料発掘から始まったものであり、その限りでは戦後歴史学の正統的な手法に基づいていたし、問題設定の大枠もはじめは自由民権運動研究の研究史を踏まえて構成されていた。また色川には民権思想の変革性についての強い思い入れがあって、民権思想に引きつけて運動史を理解しようとする顕著な傾向がある。しかし、「民衆史」研究者には、みずからの問題意識を前面に押し出して対象領域と分析方法を拡大してゆこうとする強い志向性がある。専門研究としてみれば、それは危ういことでもあるが、新鮮な可能性でもある。水俣病についての学際的な学術調査団を組織してその団長となり、おそらく予備知識もあまりなかった新しい問題に長い時間をかけて取り組み、長大な「不知火海民衆史」を書いたところに、色川らしい特徴がよくあらわれている。水俣病問題という特殊な問題を掘り下げることで、一般史からは見えてこないさまざまな問題群への立ち入った考察が可能になったのである。水俣病問題を掘り下げるために、古代・中世の地域史に遡って流民や被差別民の歴史を論じ、零落や狂気にも注意して近代が生み出した民話や人びとの記憶を集め、石牟礼道子の世界とも交錯する次元を歴史研究として提示してみせたところに、色川の力量が示されている。水俣病問題は一地域で生起した特殊な問題だからこそ、歴史的世界の全体性を縦深的に捉え返すための特別の光源となりうるわけだ。〝漁民暴動〟に歴史の別の可能性を見出した色川や、水俣病患者についての繊細な記述を残した石牟礼は、私たちに歴史の新しい捉え方を示唆しているのだと思う。

歴史にはさまざまな転換点と可能性があり、そこにはベンヤミンの歴史哲学にいう「かすかなメシア的な力」が働いているのであろう。それはたとえば石牟礼の作品のなかやそのほかのすぐれた芸術や宗教思想と実践のなかに垣間見うるようなものであろうが、またとりわけ大衆的規模の非合法的実力行使との関わりで出現するものでもあろう。だが、ベンヤミンによれば、「過去の真のイメージはさっと掠め過ぎてゆく。過去は、それが認識可能となる刹那に一瞬ひらめきもう二度と現われはしない」（傍点は訳書）。歴史的なもののこのような特徴は、歴史家に特殊な困難と可能性を与えるのであって、「過ぎ去った事柄を歴史的なものとして明確に言表するとは、それを〈実際にあった通りに〉認識することではなく、危機の瞬間にひらめくような想起を捉えることを謂う」。「伝承されてきたものを制圧しようとしているコンフォーミズムの手から、それを新たに奪回することが、どの時代にも試みられねばならない[44]」。

「民衆史」研究は十分な理論的方法的用意なしに始められたもので、その分析手法には危うさがあり、ありふれた先入観や平板な記述が不用意に持ち込まれている場合も少なくないだろう。しかし、色川や鹿野のもっともすぐれた作品のなかでは、実証という歴史研究の王道に沿いながら、だがまたそうした分析手法を突き詰めることで、ベンヤミン的黙示録よりもなにほどか手応えが確かめられそうで、今日の私たちの内面にも響き合う、過ぎ去ったものについての「希望の火花」（ベンヤミン）を読み込むことができるのではなかろうか。

(1) 安田常雄「解説・思想史の発想と方法」安田・佐藤能丸編『展望日本歴史 24 思想史の発想と方法』東京堂出版、二〇〇〇年、七頁。
(2) 石母田正『歴史と民族の発見 歴史学の課題と方法』(平凡社ライブラリー)平凡社、二〇〇三年、三六七頁。
(3) 石母田正『戦後歴史学の思想』法政大学出版局、一九七七年、二五三頁。
(4) 藤間生大「解説――五〇年の歳月を経て」石母田『歴史と民族の発見』前掲註(2)、四六〇頁。
(5) 石母田『戦後歴史学の思想』前掲註(3)、三五六頁。
(6) 石母田『歴史と民族の発見』前掲註(2)、六三頁。
(7) 石母田正『中世的世界の形成』(岩波文庫)岩波書店、一九八五年、一三頁。
(8) 石母田『戦後歴史学の思想』前掲註(3)、二五七頁。
(9) 石母田『歴史と民族の発見』前掲註(2)、三〇四―三〇五頁。
(10) 色川大吉『廃墟に立つ――昭和自分史「一九四五～四九年」』小学館、二〇〇五年、七八頁。
(11) 同、一五三頁。
(12) 色川大吉『カチューシャの青春――昭和自分史「一九五〇～五五年」』小学館、二〇〇五年、二〇〇頁。
(13) 色川『廃墟に立つ』前掲註(10)、二四二頁。
(14) 色川『カチューシャの青春』前掲註(12)、二五頁。
(15) 平野義太郎『ブルジョア民主主義革命』法政大学出版局、一九六八年、二九二頁。
(16) 色川大吉『自由民権』岩波書店、一九八一年、一七八頁。
(17) 色川大吉「困民党と自由党――武相困民党をめぐって」『色川大吉著作集 4』筑摩書房、一九九六年、七頁ほか。
(18) 橋本義夫「困民党事件」『歴史評論』六一号、一九五四年。
(19) 色川「困民党と自由党」前掲註(17)、七二頁。

(20)　石母田『中世的世界の形成』前掲註(7)、四一七頁。
(21)　色川大吉責任編集『三多摩自由民権史料集』大和書房、一九七九年、六一七頁。
(22)　同右。
(23)　色川大吉「明治の豪農の精神構造――細野喜代四郎と須長漣造」『色川大吉著作集　1』筑摩書房、一九九五年、三五二頁。
(24)　鶴巻孝雄「自由民権家の〈困民党事件〉体験――細野喜代四郎の象徴的意味再考」『自由民権』二一号、二〇〇八年、一三頁。
(25)　色川大吉『若者が主役だったころ――わが六〇年代』岩波書店、二〇〇八年、六九頁。
(26)　同、七九頁。
(27)　『色川大吉著作集　2』筑摩書房、一九九五年、五七頁。
(28)　色川『若者が主役だったころ』前掲註(25)、一八三頁。
(29)　西川長夫「歴史叙述と文学叙述――叙述の理論のために」『歴史学研究』四六三号、一九七八年、一―三頁。
(30)　色川『若者が主役だったころ』前掲註(25)、一九六頁。
(31)　色川大吉『民衆史――その一〇〇年』講談社、一九九一年、七三頁。
(32)　色川『若者が主役だったころ』前掲註(25)、三二頁。
(33)　同、三一頁。
(34)　「自分史とは何か」『色川大吉著作集　3』筑摩書房、一九九六年、三六一頁。
(35)　『色川大吉著作集　3』同右、五〇六頁。
(36)　『色川大吉著作集　4』前掲註(17)、三一二頁。
(37)　同、四二二頁。
(38)　『色川大吉著作集　5』筑摩書房、一九九六年、四二八頁。
(39)　秩父事件の捉え方についての私の見解は、「民衆運動における「近代」」(『安丸集』第2巻―五)二五九―二六五頁に述べておいた。

(40)『色川大吉著作集 4』前掲註(17)、二四一―二四二頁。

(41)安田「解説・思想史の発想と方法」前掲註(1)、七頁。

(42)前者は「安丸集」本巻―九、後者は「安丸集」第2巻―八。

(43)二宮宏之「歴史の作法」上村忠男ほか編『歴史を問う 4 歴史はいかに書かれるか』岩波書店、二〇〇四年、五一頁。

(44)ヴァルター・ベンヤミン「歴史の概念について」久保哲司訳『ベンヤミン・コレクション 1 近代の意味』筑摩書房、一九九五年、六四八―六四九頁。

◈安丸良夫・喜安朗編『戦後知の可能性』山川出版社、二〇一〇年、所収。

本論文の成立事情については、本巻―一末尾の◈参照。

四　回顧と自問

はじめに

「あなたは何者ですか」と尋ねられたら、さしあたり私は、日本思想史研究者と答えるだろう。日本思想史といっても、私がなにほどか具体的な知識をもっているのは、そのなかのきわめて狭い領域に過ぎないから、このような名乗りはもとより僭称である。しかしそれでも、私は自分のささやかな研究を日本思想史という学問のなかに位置づけ・意味づけてきたのだから、このように答えてよいのだと思っている。この自己規定には、思想史を入り口として日本史を研究している歴史研究者だということが急いで付け加えられる。人のアイデンティティというものが本当ははるかに複雑なものだということを知らないわけではないが、この小論における自己規定は右のような範囲内に限定したい。こうした限定を前提において自分の半生をなるべく率直に回顧し、反省点ものべてみたい。この種の回顧や反省には、忘却、自己弁護、隠蔽などが必ずつきまとい、なにを取りあげ、なにを省略すべきかなど、戸惑いも少なくないが、しかしまた現在の私がどのように自分を省みているかということも、この書物（『安丸思想史への対論』）では一つの証言たりえよう。

高校生のころまでの私は、人生とは何だろう、人は何のために生きるのだろうかなどと、ぼんやり考える少年だった。文学書や哲学書はまだ読んでいなかった。大学へ入ったら、本を読んだり友人と議論したりしてそうした問題についてゆっくり考えよう、将来のことはもっと先に決めればよい、と思っていた。そしてそのころの私の凡庸な知識では、そうした問題について研究するのは哲学だと思われた。だが大学へ入ってみると、素朴な田舎少年だった私は、その時代の日本のさまざまな知的動向から強く影響を受け、人間の生き方を社会のなかで考えるという方向へと導かれた。マルクス主義と学生運動、実存主義、戦後日本の啓蒙的大知識人などからさまざまな影響を受けたが、大学二回生(二年生)のおわりに専攻課程を選ぶとき、私は迷いなく日本史を選んだ。いくらか哲学少年じみていたそれまでの私からすると、これは思いがけない選択だったが、日本の歴史という現実的なもののなかで人間の生き方について考えたいと思ったからである。

だが、こんな漠然とした問題関心だけでは具体的な研究はできない。私が専門課程の学生となったころは、ちょうど国民的歴史学運動が終焉したころで、私はこの運動からの影響は受けなかった。かわって登場したのは、社会構成体論と階級闘争史を結合させたようなもので、安良城盛昭がさっそうと登場して、新しい研究スタイルを提示していた。私がさしあたり選んだのは近世史で、この分野では、藩政改革、農民層分解と地主制、百姓一揆などの実証的研究が有力な研究潮流だった。私は思想史をやりたかったのだが、こうした研究動向のなかでどのように思想史を研究すればよいのか、まったく見当がつかなかった。思想史関係では、丸山眞男『日本政治思想史研究』だけは熱心に読んでみて、この書物の鮮やかな論理の切れ味は、そのころの私にもなにほどか読みとることができたような気がしたが、しかしどうすればこうしたスタイルの研究ができるようになるものなのか、まったくわからなかった。本文の叙述はなんとか論旨を辿ることができるのだが、しかしなぜこの書物がヘーゲル『歴史哲学』における「シナ帝国」の歴史の停滞性についての荘重な記述の引用からはじまり、それが「徳川封建社会」の特徴とすぐ重ねあわされてゆくのかというような、この書物の論理枠組を支える前提的なものが、その当時の私には、まったく理解できなかったのである。困惑した私は、卒業論文はそのころ流行のテーマの一つだった幕末政治史に範をとり、それにいくらか思想史的な味つけをしてすませた。

大学院へ進学してからも、丸山思想史への関心は持続していたが、「超国家主義の論理と心理」以下のファシズム関係の論稿も視野に入れ、それと『日本政治思想史研究』との関係を考えてみたり、丸山とは手法の違う近代ヨーロッパについての社会思想史的研究を参考にしたりした。「日本の近代化と民衆思想」(一九六五年、同名の著書〈一九七四年〉の第一章)という論文を書く以前の私は、「近世思想史における道徳と政治と経済――荻生徂徠を中心に」(一九六〇年)、「近代的社会観の形成」(一九六一年)、「近代社会への志向とその特質」(一九六三年)、「海保青陵の歴史的位置」(同年)などを発表しているが、これらは稚拙ながらも問題意識と方法論的模索を史料分析に結びつけて書いてみたものである。一九六五年以降の私は、右の諸論文について口を閉ざしており、他の研究者も言及することはほとんどない。しかしこれらの諸論文には、「生産力」という観点を重んじていること、近代的諸思想の形成が一方的発展というよりは内在的矛盾をはらんだものであることの強調などに特徴があり、そうした発想は、「日本の近代化と民衆思想」以下のその後の論稿に、形を変えて生かされたと自分では考えている。

だがそれでも、「日本の近代化と民衆思想」に先立つ諸論文は、要するに研究者としての自分の自己形成にかかわるものとしてだけ、その後の私のなかで意味をもっていたに過ぎない。その後もさまざまな試行錯誤は不可避だったとはいえ、「日本の近代化と民衆思想」を自分なりの日本思想史研究の出発点において、そこからさまざまな問題を自分なりの筋道で順を追って考えていくことが、その後の私の進む方向となった。日本の近代化とは何だったのかという問題を、民衆の意識形成・主体形成の観点から考えていこうというこの主題は、人は何のために生きるのかという自己形成の初期からつきまとっていた素朴人生論風の問題と、自分のさしあたっての課題、つまり日本思想史研究者たろうとする模索とが、私のなかでようやく焦点を結びかけたことを意味していた。私はすでに三〇歳を過ぎていた。

1 近代化論と民衆思想史研究

戦後日本の歴史学は、講座派マルクス主義を機軸にして、丸山思想史、大塚久雄らの比較経済史、川島武宜らの法社会学などを理論枠組として取り込み、新しく利用可能となった多くの史料を活用して、新しい歴史像を構成していこうとするものだったといえよう。こうした学問潮流のなかにもさまざまな対立や論争があったことは当然だが、しかしそれでも戦争体験という共通の背景があって、戦後歴史学は、若い研究者や学生に圧倒的な影響力をもっていた。しかし、私が専門課程の学生となった一九五五年は、いわゆる「神武景気」のはじまった年とされ、日本資本主義は新しい段階へ向かいはじめていた。日本社会党と自由民主党が結成されて五五年体制がはじまり、日本共産党は武装闘争路線を放棄した。五六年にはスターリン批判とハンガリー動乱などがあり、イスラエル軍がエジプトへ侵攻して、中東問題が深刻化した。

こうした状況のなかで、論壇・ジャーナリズムも含めて戦後日本の知的状況を大きく見渡せば、マルクス主義の知的影響力が弱くなり、その分、清水幾太郎、丸山眞男ら、啓蒙主義的大知識人の活動が脚光を浴びていた。一九五五年は、国民的歴史学運動の崩壊の年でもあるから、こうした状況のなかで日本史を専攻する学生となった私には、講座派マルクス主義を不動の前提のように継承するという知的条件はすでに失われていた。スターリン批判やハンガリー動乱などについては、丸山や藤田省三の批評のほうが、口ごもりがちのマルクス主義者の発言よりは、はるかに明快で説得力をもっているように思えた。とはいえ、私は丸山学派にならなかったし、そのころの私にはとても魅力的に思えたヴ・ナロード時代の『思想の科学』運動にもついてゆかなかった。私は一方では清水・丸山・鶴見俊輔などの活動に心ひかれながら、他方ではマルクス主義的な歴史学の手法で彼らを相対化して批判したいとも思っていた。日本史研究の領域だけに限っていえば、スターリン批判などのことがあっても、マルクス主義の影響力が失われたのではなかった。むしろ、新しい状況をマルクス主義古典を深く読み込むことで受けとめようとするマルクス再読の潮流が強くあり、私はそうした動向にも心ひかれていた。

一九六〇年の安保闘争は、戦後日本の学問と思想の大きな分岐点だったが、私はそれを主として経済成長路線の定着、その理論的基礎づけとしての近代化論の登場という側面から受けとめた。戦後日本のそれまでの学問や思想が、戦争体験を主体的なモチーフとし、あの戦争をもたらした支配体制を批判する営為として構成されていたのに対して、近代化論は経済成長を擁護し、そこに可能となるはずの私生活的な幸福へと人びとの意識を誘導しようとしていた。なるほどこれは天皇制国家主義とはまったく異なる、新しい支配イデオロギーだ、こちらのほうが戦後の啓蒙的近代主義よりもはるかに大きな説得力をもってしまうのではなかろうか。こうした事態とどのように向きあい、どのように自分の研究を組み立ててゆけばよいのか。そうした課題意識を漠然と思い浮かべながら、それにふさわしい明確な課題設定ができないままに、私は大学院生時代をすごした。

一九六二年、私は「日本の近代化についての帝国主義的歴史観」(1)という論文を書き、近代化論批判を試みている。近代化論はそのころの論壇・ジャーナリズムに鮮明な旗を掲げて登場したもので、この論文は、そうした立場の著作を大雑把に眺めわたして論評しているが、内容からいえば、そのすこしあとに発表された和田春樹「現代的「近代化」論の論理と思想」(一九六六年、『歴史学研究』三一八号)や金原左門『「日本近代化」論の歴史像』(中央大学出版部、一九六八年)のほうが、アメリカで近代化論が登場してくる知的文脈を具体的に説明している点で優れていた。しかし右の拙論は、近代化論批判を日本の歴史学界ではじめてまとまったかたちで取りあげたこと、また近代化論の登場をマルクス主義歴史学への方法的批判の次元で受けとめ、歴史研究の問題意識と方法の革新が必要だとしたことにおいて、私なりの特徴があったといまも考えている。とりわけ後者の側面は、近代化論の捉え方の問題として重要であるとともに、その後の私の研究方向を規定するような意味をもつ問題となっていった。

近代化論は、その代表作の一つといってよいW・W・ロストウ『経済成長の諸段階』(木村健康他訳、ダイヤモンド社、一九六一年)が、「一つの非共産主義宣言」を副題としているように、マルクス主義にとってかわる近代世界史についての包括的な説明を樹立しようとするものだった。ロストウは、五つの成長段階を設定して近代世界史を説明するのだが、そのさいマルクス主義とのもっとも基本的な違いは「人間の動機をどうみるか」という点にあるのだという。こうした主張は、人間行動の動機としては経済的利益が必然的に支配的だとする主張への批判としてのべられているのだから、ロストウのマルクス主義理解は、もっとも徹底した経済決定論である。こうしたマルクス主義に対してロストウは、人間のさまざまな動機を重んじ、その動機が行動を決定するとし、固定的必然的な発展段階ではなく、「選択の型」を導き出すことができるとする。(2)

他の論者たちも、「産業資本家の創意と努力」を重んじたり、エリートの認識能力を高く評価したりするとともに、これとは対照的に民衆については、ニュートラルな受動的存在で、「新しい形成力をもっていない」などとする。近代化論者たちの方法は、人間の意識や主体的側面の歴史的役割を、現に意識されている主観性に即して即自的に捉えようとするものであり、そこにマルクス主義への方法的批判の焦点が結ばれていた。近代化論が、経済成長とそこに拓けてくる大衆消費社会および西側社会の民主主義体制を擁護するさいに、長い知的背景をもつ人間の主体的営みについての、私にはとても通俗的に見えてしまう捉え方を方法的前提として強調していることが、私に強い印象を与えたのである。これに対して私自身の立場は、「人間が意識していることをその人間の主観によりそってそのまま認識するのではなく、その主観は特有の歴史的形態をとった世界観であると考え、その主観が未だ充分に把握していないその世界観の隠れた意味も合せて把握する」必要があり、「だからこそマルクス主義者は、人間の意識の問題を虚偽意識や可能意識（L・ゴルドマン）の問題としてとらえるのである」、などとしている。(3) 人間の意識の問題を、社会と歴史に規定された意識形態として捉えるという、私のその後の方法の枠組が提示されているといえよう。

こうして私は、意外なことに論敵だったはずの近代化論から示唆されて、人間の意識ないし主観性の次元からはじめて、近代化の問題を捉えなおそうと思うようになった。といっても、エリートの認識能力や彼らの主観的動機などからこの問題を論ずることは、歴史の表相に軽くふれることに過ぎない。歴史を規定している広範な人びとの主観性やほとんど自覚化されていない生き方の次元は、どのようにして捉えられるものであり、歴史のなかでどんな役割を果しているのだろうか。この問題へのさしあたっての応答が論文「日本の近代化と民衆思想」(前掲)で、これは「日本の近代化についての帝国主義的歴史観」の最後のあたりでのべている問題意識と方法に基づく実作ということになる。二論文の発表には時間的にかなりのずれがあるが、歴史研究として具体化するためにはそれなりの準備が必要だったというだけのことである。そしてその後の私は、この二論文の枠組に規定され、その延長線上であれこれ考えてきたことになる。

近代化論が日本の論壇を席捲しはじめたちょうどそのころ、ロバート・ベラー『日本近代化と宗教倫理』(堀一郎他訳、未来社、一九六二年)が、おそらくは狙いすまして登場した。この書物は、石田梅岩や二宮尊徳の思想を重要な素材としながら、日本の近代化の倫理思想史的背景を論じたもので、私の「日本の近代化と民衆思想」には、ベラーの書物から衝撃を受けて、梅岩や尊徳の思想について再解釈を試みたという特徴が見られる。ベラーが、T・パーソンズの「行為理論」をふまえて、伝統的価値の主導権のもとで近代化=合理化がもたらされたとしたのに対して、私は、いやそうではない、梅岩や尊徳の思想は、一見、伝統的価値を擁護しているように見えて、じつはそうした価値の内面化・主体化を独自に呼びかけたもので、そこに近代社会形成期に特有の広範な人びとの主体形成を読みとらなければならない、と主張した。

のちに「通俗道徳」論という名称で知られるようになったこの論文は、伝統的価値を近代化と結びつけて擁護することへの批判でもあるが、また「通俗道徳」を前近代的とか封建的としてその克服を自明の価値前提とするような、戦後日本の啓蒙的進歩主義への批判でもあった。私には、戦後啓蒙が日本の現実について超越的視点をとりすぎており、実態に即した説得性が不十分だという感覚があり、そのことはマルクス主義歴史学についても同様だった。私の内部には、自分の出自にも由来する農民的リアリズムのような感受性がずっと存在していて、進歩主義的言説にはうまくなじめないようなものが執拗に持続していた。

「日本の近代化と民衆思想」には、そうした私の気質がなにほどか表現されているが、今日からふりかえって方法と理論の問題として言い直してみると、支配イデオロギーと生活思想とは密接に重なりあったものではあるが、しかしそれでも両者は方法的に区別しうるものであり、後者の領域が相対的に自立した分析領域として取り出されねばならないこと、そしてそうした次元をふまえることで広義のイデオロギー支配が成りたっていることにもっと留意すべきだということになろうか。ずっとのちに、社会意識の全体を、(a)生活経験、(b)道徳的普遍化、(c)世界観ないしコスモロジー、(d)(狭義の)イデオロギーという四つの次元に区別して捉えうるとし、四つの次元を結合した全体が広義のイデオロギーだと主張したが、[4]「通俗道徳」の生活思想としての歴史的意義を強調することは、そうした発想につらなっていた。その当時の私の問題関心からすれば、「通俗道徳」は、丸山学派の「部落共同体」とはいちじるしく異なっていたから、そこから展望しうる天皇制論も丸山学派とは異なったものとなる筈であった。天皇制についての私自身の具体的な言及はずっとのちのことになるが、私はこの論文を書くことで丸山思想史を相対化し、そのことによって日本思想史研究者として自立する手がかりをつかもうとしていたことになろう。

また民衆の生活意識ということになれば、柳田國男以来の民俗学が参照されなければならないが、民俗学的研究は歴史化が不十分で、歴史的に形成されたものとしての民衆意識を捉える方法をもっていない、と私は考えた。「日本の近代化と民衆思想」を書いた段階でこうした民俗学批判はまだ十分に成熟していなかったかもしれないが、方向は明瞭で、その後の私の研究にとって、民俗学の成果をどのように受けとめるかという問題は、かなり重要な意味をもつこととなった。

伝統的思惟様式や価値意識がどのように歴史的なもののなかに継承されたり再活性化されたりするものか、また伝統的と見なされやすいものも、じつは歴史的に形成されたものではなかろうか、さらに分析対象として日本人の意識というような一般的なものを措定してよいのかどうか、日本や日本人なるものを立ちあげてしまうそうした措定そのものを除去すべきかどうか。こうした問題はとても難しいが、私の立場は、あまりに一般化した文化類型論的把握などは、歴史学的には適切でないとするものである。歴史の表相に見えているものをより深層的に捉え返す努力は必要だが、それは歴史学的手法によってもある程度まで可能だと私は考えており、歴史学はおのれの分に応じてそうした役割を果すことができると思っている。

2 民衆運動史への関心

「日本の近代化と民衆思想」で自分なりの出発をしたあと、私はこうした問題関心で近世から近代にかけての思想史をもっと詳しく調べ、この論文でとりあげたような領域の専門研究者になろうかなと、しばらくのあいだは考えていた。石門心学、報徳社運動、草莽国学、老農、地域の殖産興業の動向や村落復興など、そうした系譜を研究してゆけば、近代化していく日本社会をその基底部で支えた保守的基盤が明らかになり、ひいては天皇制国家の支配体制の特質にも言及できるようになるはずだ。それにこうした領域は、戦後歴史学ではもっとも手薄に見えるから、そうした分野の研究者になることで歴史研究者として自立できるかもしれない。そう考えて報徳社関係の文献などを集めはじめたが、この研究計画は、実際問題としてははやばやと挫折してしまった。私の民衆思想史研究というと、「通俗道徳」論のことだとされることが少なくないが、その専論は「日本の近代化と民衆思想」一本だけ、あとはせいぜいその論旨をいくらか補足する「「通俗道徳」のゆくえ」(『歴史科学』一五五号、一九九九年(「安丸集」第1巻―一〇))があるだけである。

しかしそれでも、「通俗道徳」に直接言及しないばあいにも、私はたいがいこの捉え方を前提において立論しているし、最近では生活思想や生活世界というような表現で、こうした見方の普遍化をはかったりもしている。だが、私の最初の著書『日本の近代化と民衆思想』(一九七四年)でも、第一章は同名の論文だが、第二章と第三章では私の問題関心はすでにかなり転換しており、同書第二篇では百姓一揆などの民衆運動を主題にしている。こうした転換がなぜ生まれたのか、またそれが研究者としての私になにをもたらしたのかを、明快にのべることは難しい。しかしそれが一九六〇年代から七〇年代はじめにかけての社会状況の激動、とりわけ急進的な学生運動や新左翼運動への、私なりの秘めやかな対応だったことは確かである。

日本史の専門研究者になりかけたころ、私は百姓一揆や自由民権運動を自分の研究対象にしようという意思をもっていなかった。そうした領域はマルクス主義歴史学の聖域のようなもので、すでに多くの研究が積み重ねられてきているし、自分のような非政治的な人間には向かない、そうした領域は避けて戦後歴史学の主要関心対象からはずれた領域で研究してゆこう、と私は思っていた。ところが、百姓一揆やおかげまいりなどの史料を読みはじめてみて、従来の研究は私の関心に対応するようなものでないばかりか、史料の特徴をうまく生かしていない、と思った。私が関心をもったのは、たとえば百姓一揆という運動を可動させる農民の意識と意識過程、またそうした過程に照応する行動様式や組織形態などだが、それが階級意識とか階級闘争などという一般論では処理できない独自な特徴をもっていることは、すこし調べてみてすぐわかった。そして史料は私が関心をもっているような問題群についてこそ多くを語っている、そこに経済的基礎過程研究などでは解決できない分析対象がある、と思った。

一九六〇年代末に岩波書店で〈日本思想大系〉が企画され、私は『民衆運動の思想』と『民衆宗教の思想』の編者の一人に加えられた。百姓一揆を主な対象とする『民衆運動の思想』は、私にはまったく不案内な領域だったので、この分野の碩学庄司吉之助・林基との共編ということになり、三人で何回も編集会議をもった。庄司・林はつぎつぎとさまざまな史料や事実をもちだし、私はもっぱら聞き役だったが、思想史的にまとめるということで、全体の「解説」は私が書くことになり、それが、事実上、私のこの方面の研究の出発点となった。

『民衆宗教の思想』のほうは、すでに『大本七十年史』の編纂で旧知の村上重良との共編で、村上を中心として進められたから、私は気楽だった。しかし私は、丸山教関係のきわめて難解な史料群と取り組まねばならず、これもまた重要な修練の機会となった。そしてまったく不案内なままにはじめた百姓一揆の思想史的分析を中心にして、『日本の近代化と民衆思想』第二篇をまとめた。

百姓一揆の思想史的研究にさいして、深谷克己「百姓一揆の思想」(5)からは大きな示唆を受け、同論文への同意と不同意を手がかりに私は論をまとめたが、それ以外の専門家の研究はほとんど参照しなかった。私の問題関心に対応するような研究を、そのころの私はほとんど見出すことができなかったからである。奇妙なことかもしれないが、『日本の近代化と民衆思想』第二篇にあたる文章の執筆に併行してもっとも熱心に読んでいたのは、サルトル『弁証法的理性批判』(竹内芳郎他訳、人文書院、Iは一九六二年刊)だった。この書物で頻用されている「恐怖」「他者」「外国人《よそもの》」などの概念(同書I、三四六―三五一頁など)は、私の百姓一揆研究の重要な用語となった。私が用いたこうした用語は、必ずしもサルトルに由来するとばかりはいえないが、なにほどかサルトル張りだったとはいえる。スターリン批判とハンガリー動乱以降の社会主義体制の危機的状況をみずからの思想的課題として引き受けて、マルクス主義的社会理論を再構築しようとして苦闘するサルトルは、私に強い感銘を与えていた。『弁証法的理性批判』はきわめて晦渋で措辞も十分ではないが、そうした特徴も当時の私には、サルトルの困難な課題にふさわしいとさえ思えた。またこの書物では、ジョルジュ・ルフェーブルのフランス革命期の民衆運動研究が重要な素材として利用されていた。ルフェーブルの研究の要点は、それからしばらくして二宮宏之訳『革命的群集』(創文社、一九八二年)として、私たちにも身近なものになったのだが、おかしなことに私ははじめ、サルトルの厄介な書物を介してルフェーブルに触れたわけである。

私の百姓一揆論の基底にある問題意識は、日ごろは幕藩制国家の支配を受けいれ、そのもとで忍従しているように見える民衆が、一揆という実力行使へと進んでゆくのはどのようにしてか、そこにどのような意識過程や組織過程が存在したのか、またどのようにすればそうした過程が分析できるのか、というようなことだった。それは、民衆の現実意識と可能意識の問題であり、一揆を支える正統性原理と支配イデオロギーとの関連の問題であるとともに、また一揆を可能にする民衆運動の側の強制力の問題でもあった。たとえば、百姓一揆にかかわる強制力について一言してみよう。一揆は既存の秩序に対抗してその要求を実現しようとするものだから、そこに何らかの強制力が必要なのだが、強制力の極限形態は殺傷行為であろう。しかし一揆では、実際問題として現実の殺傷行為は少なく、暴力は威嚇的に用いられるばあいが多かった。一揆は村単位で参加するのが普通で、そうした参加には共同体的な強制力が働いており、多くの一揆では一五歳以上六〇歳までのすべての男子、または一戸一人の男性が参加するように求められた。また世直し型の一揆では、豪農商の財貨や家屋が激しく破壊されたが、こうした破壊と殺傷・略奪とは、はっきり区別されていた。こうして一揆を支える強制力にもさまざまな次元があり、それが一揆の伝統や正統性意識の問題ともかかわっていた。だがこうした問題群を主題化することは、従来の一揆研究にはまったく欠如していた視角ではなかろうか。そのように考えるとき、私は自分がいま新しいとても魅力的な研究対象の前に独りで立っていると感じていた。

こうした強制力や暴力について考えるばあい、私は明らかに学生運動や新左翼運動における暴力や正当性・規範意識などのことを意識していた。大衆運動はいずれにしろ何らかの強制力を伴うが、現実の社会運動はこうした問題についてきわめて素朴な認識と粗笨な感受性をもっているだけで、百姓一揆のほうがはるかに鍛えぬかれ洗練された運動だったのではないか、などとも思った。

また一九六〇年代から七〇年代にかけて、世界各地の民衆運動や民族運動についての具体的研究が伝えられるようになったが、そうした情報にも私は心ひかれていた。これらの諸運動は、戦後歴史学の分析枠組では容易に捉えられないような特徴をもっており、どこかで百姓一揆やおかげまいりなどにも通じているようにも思った。海外の民衆運動史研究として最初に興味をもったのは、エリック・ホブズボーム『素朴な反逆者たち』(水田洋他訳、社会思想社、一九八九年、原書は一九五九年刊)で、これははじめ青木保訳で『中央公論』に部分訳が連載されていて、私は愛読した。青木訳で省略されているところも読みたいと思った私は、丸善で原書を買ったが、これは私が外国語で読んだ最初の研究書である。この本の主題といってよい千年王国主義的民衆運動は、思想史的には日本のミロク信仰と関連づけて考えることができるし、世直し一揆などと似ているところもあるなどと思った。

ここでその後の知見も加えて、千年王国主義的民衆運動について一言してみると、『素朴な反逆者たち』は、そのすこしまえに刊行されたノーマン・コーン『千年王国の追求』(江河徹訳、紀伊国屋書店、一九七八年、原書は一九五七年刊)をふまえたもので、ホブズボームはこうした社会運動を伝統社会から近代社会への転換期にとりわけ重要な意味をもつ、宗教形態をとった primitive な社会運動であり、やがて近代的な社会主義運動や農民運動などへ転換してゆく過渡的な存在として捉えようとしていた。そしてホブズボームははじめ、それがキリスト教の伝統のなかにあるキリスト再臨説をふまえたもので、キリスト教圏に特有のものと考えたが、しかしじつは類似の運動は世界各地に存在し、近代転換期の諸社会で重要な意味をもっていたことがわかってきた。仏教の弥勒下生信仰やイスラム教のマフディ(指導者)信仰などはその典型だが、キリスト教、仏教、イスラム教のような世界宗教が欠如しているばあいにも、アメリカ・インディアンのゴースト・ダンスや南太平洋諸島のカーゴ・カルトなど、さまざまな運動が存在していたことが明らかにされた。

一九六〇年代から七〇年代はじめにかけて、世界各地でさまざまの民族運動や民衆運動が展開して、欧米先進国による世界支配を脅かしていたのだが、現実社会のこうした状況が民族運動や民衆運動への熱い関心をひきおこしていた。ホブズボームの研究では、南欧や南米の事例が主としてとりあげられていたが、東アジアでも、太平天国についての小島晋治の研究、鈴木中正『中国史における革命と宗教』(東京大学出版会、一九七四年)、鈴木中正編『千年王国的民衆運動の研究――中国・東南アジアにおける』(同、一九八二年)、すこしのちのことになるが、趙景達《チョキョンダル》『異端の民衆反乱』(岩波書店、一九九八年)、同『朝鮮民衆運動の展開』(同、二〇〇二年)などは、日本との比較史的関心も呼びおこす労作だった。

日本のばあい、明治維新を境に支配体制の再編成が先行して近代世界にすばやく適応したので、宗教形態をとった民衆運動が社会体制を根底から揺るがしたのではなかった。しかし、世直し一揆やミロク信仰には、千年王国主義的民衆運動につらなる性格があり、一九二〇年代・三〇年代の大本教やそのほかの事例も視野に入れて、宗教形態を取った民衆運動の歴史的な意味について考える必要がある。そしてこのように考えてみると、私たちは、民衆運動の比較史的研究を通じてグローバルな構造連関のなかに世界史を捉えなければならない、という課題に直面していたことになろう。もちろん、こうした問題は私の能力をはるかに超える問題であり、研究者としての私の人生はこうした課題のはるか手前で終ってしまったのではあるが、それでもこうした予感には私を励ます力があった。

ところで私は、「日本の近代化についての帝国主義的歴史観」以来、自分の「夜店」の仕事としては、支配イデオロギー批判を続けてきたのであるが、六〇年代末から七〇年代はじめにかけて、批判の主要な対象を新たな国家主義の台頭に求める傾向を強くしている。なるほど近代化論は、新しい支配イデオロギーとして六〇年代初頭に脚光を浴びたのではあるが、それが新たな秩序を求めて国家主義的傾向を強めようとしているというような危機意識を、そのころの私はもっていた。六〇年代には急進的な学生運動そのほかの社会運動が展開したし、七〇年代前半には多くの革新自治体が成立した。しかし、日本の現実を全体として観察すると、戦後進歩派の言説を批判して、日本という国家を構造的な単位とした現実主義と、そうした立場からナショナリズム的な統合強化をはかる方向に日本社会が向かっている、と私は考えた。「反動イデオロギーの現段階——歴史観を中心に」(一九六八年)や「戦後イデオロギー論」(一九七一年)はそうしたイデオロギー批判だし、「日本ナショナリズムの前夜——国体論・文明・民衆」(一九七五年)・「天皇制下の民衆と宗教」(一九七六年)は、そうした問題意識をふまえて支配イデオロギーと民衆意識とのかかわりを歴史研究の場で主題化しようとしたものだといえよう。

一九七〇年代後半の私の著書、『日本ナショナリズムの前夜』(一九七七年)、『出口なお』(同年)、『神々の明治維新——神仏分離と廃仏毀釈』(一九七九年)は、一見ばらばらの対象を扱っているように見えるかもしれないが、支配イデオロギーと民衆意識という主題を歴史的に取り扱おうとする点で、むしろ共通性をもっていると思う。『日本ナショナリズムの前夜』の書き出しの箇所で、本書は国家と宗教と民衆という三つの関心対象についての三題噺めいたものだとのべているが、その点は他の二冊についても該当しよう。民衆の存在様式やその意識を介して支配について考える、あるいは逆に国家権力の支配をふまえて民衆について考えるということは、社会諸科学にとって当然の方法的前提であろうが、宗教とコスモロジーの歴史的取り扱いによってこうした課題を具体化できると考えていたことになろう。

黒田俊雄は、戦後日本のマルクス主義歴史学は生産様式論と社会構成体論を中心としたもので、思想・文化・宗教などは単純な反映論によって取り扱われているに過ぎないとし、そうした傾向を「方法的保守主義」と呼んできびしく批判したが、それは現在の私にもとてもよくわかる見解である。また六〇年代後半から七〇年代にかけての歴史学界では、人民闘争史研究が有力な研究潮流だったが、佐々木潤之介の豪農・半プロ論、世直し状況論は、そうした立場を代表する壮大な歴史理論で、下層民衆の存在形態から歴史的世界の全体像を動態的に捉えようとして、多くの研究者の関心をひきつけた。私は若いころから宗教や文化の次元の独自性を強調する研究室の先輩黒田に親近感をもっていたし、おなじ学部の年長の同僚である佐々木からも大きな影響を受けた。しかし、今日の私からすれば、黒田や佐々木は民衆意識の独自性を強調しているように見えて、実際にはかなり還元論的であり、やはりマルクス主義歴史学正統派としての説明原理に固執しているのではないかということになる。(6) 支配の問題を民衆の存在様式とのかかわりで捉えようとするのは、マルクス主義歴史学としては当然の方法的立場で、黒田や佐々木はそうした方向で戦後歴史学を前進させたのだが、そうした分析にさいしては民衆の生活と生活思想をその独自性において取り出す工夫が必要だというのが、「日本の近代化と民衆思想」以来の私の立場で、私はそうした課題を具体化する素材と方法を求めていたといえよう。

3　外からの光と歴史的世界の再構成

一九七〇年代後半に三冊の書物を出版してひと区切りとなったところで、私は一九八〇年に勤務先の大学で休息年を与えられ、短期間だがアメリカに滞在した。滞在先はカリフォルニア大学バークレイ校で、受け入れ教授はアーウィン・シャイナーである。そのすこし前からシャイナーは百姓一揆や世直し一揆の研究をしており、そんな関係で一、二度研究会でいっしょになったシャイナーに受け入れ教授になってくれるよう依頼したのである。

じつをいうと私は、長いあいだ、自分にも留学の機会があるだろうかとか、自分の書いたものが外国人研究者にも読まれるかもしれないなどと考えたことがなかった。もともとは研究者になろうという意思さえはっきりせず、いわば青年期のモラトリアムの延長線上で大学院へ進学したのであって、研究者としての人生計画がひどく未熟だった。大学へ入学したばかりのころは、哲学とはドイツ語で難しい本を読むものだと思っていて、ドイツ語の学習に力を入れ、『共産党宣言』をレクラム文庫版で読んだりした。しかし、学生運動と日本の現実問題への関心が強くなって、語学の勉強は一回生の夏休みが終わったころにはもう放棄していた。そうした事情が背景にあって、大学教員になってからも、私は留学を希望していたわけではない。しかし、のちには社会運動史や民衆文化についての外国語文献が気になるようになり、留学もしたのだから、学生時代に語学の勉強を放棄したのはかなり大きな失敗だった。自分の専門研究だけでなく、私たちの知や文化をめぐるさまざまな問題がグローバルな性格をもっていることについての認識が、私には欠けていたのである。知的にとても洗練された少し若い世代の女性から、「安丸さんはどうして英語ができないの」と聞かれて辟易したことがあるが、それにはそれなりの事情もあってのことだった。

そんなわけで私のアメリカ滞在はまったく不用意なままにはじまったのだが、バークレイに到着したすぐあとで、シャイナーはエドワード・トムソンの *The Making of the English Working Class* をくれて、これはよい本だからぜひ読みなさいといった。クリフォード・ギアーツの *The Interpretation of Cultures* についても、重要な書物だからぜひ読むようにといった。ぜひ読むようにといわれても、トムソンの本はぎっしり組んで八百頁近い大冊だし、ギアーツの文章は易しくない。しかし、きちんと読んだわけではないが、どちらもきわめて新鮮で、私の関心にふさわしいものだと思った。そのころ、バークレイの大学内の書籍売場にも大学前の大きな書店にも、米英の社会運動史関係の書籍、アナール派の英訳書、フーコーなどが豊富で、私はフェルナン・ブローデル、ル・ロワ・ラデュリなどの作品も、英訳書ではじめて読んだ。アメリカ黒人史の社会史的研究なども豊富で、日本の歴史学界とはかなり異なる状況が容易に推察できた。シャイナーは私をさまざまな研究会やパーティなどに連れて行ってくれたが、そうした体験のなかでたとえばフランス革命の政治文化についてのリン・ハントの興味深い報告を聴いたりした。一人で鉄道の旅をしたいと思い、ソルト・レーク・シティのモルモン教本部を訪ねたりもした。

私は一九九六年にもう一度休息年をとってアメリカへ出かけ、その時はキャロル・グラックに受け入れ教授になってもらって、コロンビア大学にしばらく滞在した。コロンビア大学はハーレム黒人街のすぐ近くにあって、私は黒人街を歩いたり、エチオピア料理というものをはじめて食べたりした。グラックは、何冊かの英語の論文選をくれて、私の勉強の方向を示唆してくれたが、またその時、グラック・ゼミの大学院生たちを中心に、私の論文をいくつか集めて英訳本をつくる計画が決まった。時には伊豫谷登士翁、成田龍一など、アメリカの事情に詳しい日本人研究者たちといっしょで、ほとんど幻想的に美しい晩秋のイサカにコーネル大学をたずねたり、アメリカ南部を旅行したりした。

私の外国滞在はこの二回だけで、それもごく短期間、英語ができないのだから、ほんのささやかな経験に過ぎない。しかしそれでも私は欧米での新しい研究動向にすこし触れることができたし、アメリカの研究者たちの生活やアメリカ社会の実態についても、ほんの表面的ながら見聞することができた。第一回のアメリカ滞在は、社会史的研究が盛況を呈していた時期、第二回は歴史学についての認識論的反省やフェミニズム批評の時代にあたるのだろうか。しかし、不遜なものいいかもしれないが、アメリカやヨーロッパの新しい研究動向にふれても、私はこれまでの自分の研究方向に疑問をもったり、転換しなければならないなどとは思わなかった。英語文献で触れることができた新しい研究動向は、とても興味深く刺激的なものが多かったが、まったくの我田引水の流儀でのべると、それらは私にとっては、これまでの自分の模索に確信を与え、励ますもののように思えた。もっと長期間外国に滞在し、現代歴史学や現代思想について本格的に勉強すればよかったとも思うが、それはおそらく自分の能力や与えられた条件を越えることだったろう。

第一回アメリカ滞在にさいして、私は帰国後の予定としては、佐々木潤之介・石井進編『新編日本史研究入門』(東京大学出版会)になにか書かなければならないという宿題だけをもって出かけた。「方法規定としての思想史」(一九八二年)がそれだが、私はそこで色川大吉の研究の方法的意義を論じて、新しい研究方向を切り拓いたと積極的に評価している。しかしこの論文の最後のあたりでは、色川が『歴史の方法』(大和書房、一九七七年)で研究対象としての民衆との一体化体験を歴史研究の「原風景」として論じていることをとりあげ、自分はそうした方向をめざしたことはない、研究対象についての思い入れが深ければなおのこと、歴史研究は対象についての冷静に突き放した理解・解釈でなければならないと強調している。この「理解・解釈」という用語は、アメリカ滞在中に読んだギアーツの *The Interpretation of Cultures* の "interpretation" をそのままもってきたものだった。その後しばらくして、ギアーツの象徴人類学的解釈学への人類学者たちのきびしい批判についても知り、私も『ヌガラ』の王権分析について批判的言及をしたこともある。(7) しかしそれでもギアーツは面白く、よく知られた論文「ディープ・プレイ」などは、私に強い印象を与えた。アメリカ滞在の成果は、たとえばそんな形で私のなかで受けとめられていたのである。

民衆運動について論ずるばあい、私は民衆の行動様式や意識形態に注目し、また民衆運動を宗教とのかかわりで論ずることを重んじたけれども、それは欧米の社会史的研究では、むしろ普通のことのようにそのころの私には思われた。戦後歴史学では、百姓一揆や自由民権運動の研究はもっとも中核的な領域とされながら、その研究スタイルは私がめざす方向とは著しく異なっていたから、私はとりわけ喜んで欧米の社会史的研究動向に接触したのだと思う。日本でも、七〇年代末から八〇年代にかけては社会史研究が大きな注目を集めた時代で、網野善彦や阿部謹也の著作が多くの読者を獲得していたが、そのころの私の主要な関心は運動史にあったから、イギリスのマルクス主義的社会運動史研究やフランスのアナール派のほうが、自分の問題関心に近いという感覚があった。そうした事情を背景にして、帰国後の私には、柴田三千雄、遅塚忠躬、二宮宏之、喜安朗、近藤和彦らとの交流が生まれた。そのころ、欧米での新しい研究動向も紹介しながら運動史や社会史で新鮮な研究状況を切り拓きつつあった研究者たちが、私の百姓一揆論などを読んで興味をもってくれたことが機縁となって、こうした交流が生まれた。

日本史研究者としての私は、特定の実証領域に腰を据えることができず、また自分の見解がそれまでの研究史とは断絶しがちだったなどの事情もあってか、狭義の同業者たちからは注目されたり評価されたりしたことはなかったと思う。他方、外国史研究者や隣接の学問領域の研究者たちとのあいだには、断続的ながらさまざまの交流があって、私は自分の主題をなにほどか一般化してゆく機会には、恵まれていたほうだと思う。そうした機会をもっと積極的に活用することができれば、さまざまの新しい可能性が拓けていったはずだが、そんなことについていまさら振り返ってみても、素朴な挫折と悔恨の物語となるに過ぎない。

外国史研究者との交流については右に記したが、民俗学については大学院生のころから高取正男や河音能平に示唆されて柳田國男の著作などを読むようになり、やがて富士信仰関係の史料について教示を受けたことが機縁となって、宮田登との交流が生まれた。宮田の民俗学は、近世文献を博捜した歴史民俗学といってよい特徴をもっており、博識と独特の語り口と多数の著作によって、多くを教えられた。民俗学については、堀一郎、宮本常一、桜井徳太郎ら碩学の著作にもふれてなにほどかのことを学んだ。また社会史の時代は欧米でも日本でも人類学の時代ともいえるもので、歴史研究と人類学を結びつけていくという方向は、私の関心によくあっており、私は山口昌男の壮大な議論にもひきつけられていた。民衆宗教への関心は、私にとっては学生時代以来のものだったが、この方面についてはじめは主として村上重良の著作から学び、のちには私自身が大本教や丸山教の教団史の研究にかかわって、それが私の知識の重要な源泉の一つとなった。さらにこの分野では、島薗進から教示を受ける機会が多く、島薗およびその研究グループとのかかわりは現在まで続いている。

こうして一九七〇年代末から八〇年代にかけての私は、日本の内外のさまざまな知的潮流から刺激を受けていたのだが、しかしそのこと自体にはすこしも珍しいところがない、その時代の日本の知識人としてはとても凡庸な反応をしていただけだともいえそうだ。しかし私は、「日本の近代化についての帝国主義的歴史観」と「日本の近代化と民衆思想」で出発した自分の探求を、確認し再整備する方向でさまざまな知的潮流を受けとめていたのだと思う。一九七〇年代の私は四冊の書物を上梓しているのに、八〇年代には単著は一冊もない。八〇年代はじめの私は、まず「方法規定としての思想史」(前出)を書いて自分の方法について再検討するとともに、そうした方法的立場をふまえた実作として「困民党の意識過程」(一九八四年)を書いた。二論文はべつべつの機会に書いたものだが、前者では色川の困民党研究を方法的に再検討するとともに、後者では色川たちが集めた史料を用いて、色川論文と同じ対象について新しい方向で分析しようとしている。「困民党の意識過程」は、おなじ時期に困民党研究を発展させていた鶴巻孝雄や稲田雅洋の研究と似ているが、私はそこでの分析視角を拡充して民権期の全体像を捉えなおそうとした（「民衆運動における「近代」」一九八九年）。七〇年代の私にも、明治維新をはさむ日本社会の転換をひとまとまりの全体史として画こうとする志向性があり、そのことは『日本ナショナリズムの前夜』などによく表われているのではあるが、しかしまだ具体的に取りあげる準備のない領域が多かった。アメリカ留学を経験し、欧米での社会史的研究潮流にふれたことも背景にして、八〇年代に入ったころから、私は新しい全体史を構想したいと思うようになっていた。

「困民党の意識過程」を書いたあと、八〇年代の私は、〈日本近代思想大系〉の刊行に関係し、『宗教と国家』（一九八八年）と『民衆運動』（一九八九年）には、編者の一人として参加し、史料集めや解説の執筆に従事した。二冊ともにそれまでの自分の研究領域とはかなりかけ離れていて困惑することが少なくなかったが、宮地正人、阪本是丸、深谷克己というその領域の専門家と協力しながら、自分なりの特徴を生かした編纂と解説をめざした。

『宗教と国家』は、そのころ以降に多くのすぐれた実証研究が輩出した領域で、私の研究はすでに過去のものかもしれないが、私は国制史や神道思想史の研究からは必ずしも見えてこない思想史的全体像のなかに国家神道の形成という問題を位置づけようと努力した。たとえば、神道国教化政策に対抗したキリシタン農民や真宗地帯の動向、また素朴な民間信仰的次元からの反応も、私には国家の政策史や神道思想家の言説に劣らない重要性をもつ問題だと思われた。そしてそうした動向のなかにおいてみると、明治維新前後からの神道史と宗教史は、きわめて躍動的で興味深い研究対象だと思った。こうした諸問題は、研究史的にはそれぞれに独自の研究領域とされがちなのだが、しかしじつは密接に結びついた問題群なのであり、全体史的な方法によってのみ位置づけ・意味づけることができるというのが、私の考え方である。

『宗教と国家』の主題は、阪本たちの先行研究に依拠することができたし、自分でも『神々の明治維新』でなにほどかあたりをつけておいた問題だった。これに対して『民衆運動』のほうは、明治初年の新政反対一揆など、深谷担当の部分のほうが従来の自分の研究領域となにほどかかかわりがあるだけで、民権期についてははじめはまったく見当が取れなかった。私は担当が決まって大いに困惑したが、百姓一揆についても自分はもともと何も知らなかったのだと思いなおし、それまでの研究史にはあまりとらわれないで、自由民権期の諸運動を民衆運動として捉えなおしてみるという方向でやってみることとした。この時代に特有の民衆運動の組織形態、そのなかに繰り込まれてゆくさいの意識の動態、それらと支配権力とのかかわりなどは、実際にやってみるときわめて興味深いもので、私にはこれまでの研究はそうした興味深い問題をほとんど無視してきたように思われた。困民党系の民衆運動と民権派を区別することは、色川「困民党と自由党」が切り拓いた重要な研究動向で、それはそののち稲田雅洋や鶴巻孝雄の研究に継承され発展させられていたけれども、私は困民党的なものにつらなる動向と民権派とされる動向とを交錯させてもっとダイナミックに捉えられる、そのためには近世後期からのさまざまの民衆運動を組み入れて、もっと大きな視座で捉える必要がある、などと考えた（「民衆運動における「近代」」一九八九年、「明治一〇年代の民衆運動と近代日本」一九九二年、「民権運動の系譜」一九九三年、いずれも「安丸集」第2巻所収）。

ところで、一九八七年ごろから昭和天皇の病状悪化の報道のなかでさまざまな祝祭行事などが「自粛」され、一見、欲望自然主義的な消費社会のように見える日本社会のなかに潜在していた権威的秩序が大きく前景化した。その当時、私のような者にはそうした実感があった。そうした状況への緊張感が強まるなかで、八八年九月、歴史科学協議会大会が開かれ、私は「近代天皇像の形成」という題で報告した（『歴史評論』四六五号に掲載、「安丸集」第4巻―三）。明治維新をはさむ近代社会への転換期の複雑な対抗のなかに近代天皇制形成の論理を探ろうとするこの論稿は、支配イデオロギーと民衆意識とでも称すべき問題についての自分なりの一つの総括のつもりだった。そして、この論文を最終章において、八〇年代に書いた論稿を集めた論文集をつくり、長年勤務した大学を停年退職する少しまえに出版して、それをもって自分の日本思想史研究のしめくくりにしたいと考えた。

だがこの論文集の目次案について、岩波書店編集部に異論があって、それは、論文「近代天皇像の形成」は枚数の関係で窮屈に身を縮めている、もっと広い視野に立って一冊の書物にまとめるべきだ、というようなことだったらしい。私の内心にもそうした異論に惹かれる気持ちがあって、私は編集部の提案をうけいれ、おなじ題名で単著をまとめた（一九九二年）。だからこの書物は、私のそれまでの研究のまとめともいえるものなのだが、近代天皇制の形成と民衆意識の動向というような側面に焦点をしぼったので、もっと視圏を広げたまとめは先送りとなった。『文明化の経験』（二〇〇七年）は遅ればせのまとめで、私は自分の捉え方の特徴を整理して「序論　課題と方法」を書き、いささかちぐはぐながら、主として八〇年代に書いた諸論文を本論においた。

この「序論」は、かなり抽象度の高い思想史研究の方法論からはじめて、中間に「通俗道徳」論や国民国家論をおき、最後は「資本主義的世界システム対民衆の生活世界」でしめくくるという大仰なもので、あまりに大げさなうえに論理展開も緻密でないかもしれない。しかし私自身からすれば、この「序論」につながるような考え方は、すでに「日本の近代化についての帝国主義的歴史観」と「日本の近代化と民衆思想」に胚胎し、

「方法規定としての思想史」、『〈方法〉としての思想史』「はしがき」、『現代日本思想論』の「Ⅱ 方法への架橋」などで展開したものである。煩瑣と重複を恐れて省略したところもあるが、すこしずつ拡充してきたとはいえ、あまり大きな変更がない、むしろ代わり映えしないなあというのが、本人の印象である。

一九九〇年前後を境として、日本の歴史学界はまた一つの転機に入ったように思われ、近代歴史学への認識論的な批判、国民国家（批判）論、フェミニズムと女性史研究、カルチュラル・スタディーズ、ポスト・コロニアリズム批評などが、遅ればせながらも私の目にも留まるようになった。こうした新しい研究動向の背景には、戦後世界のシステム的な危機があり、新自由主義を中心とした新しい強権主義の影がつきまとっていた。こうしたさまざまの動向から私は影響を受け、『現代日本思想論』（二〇〇四年）のような著作も刊行したが、私は結局、歴史家は自分たちにふさわしい職人仕事の領域を守り抜くべきだ、そうすることで隣接諸科学とも協力できるし、現代日本の問題状況に対してもそれなりの問題提起が可能になる、と考えることにした。それは、日本思想史研究者あるいは日本史研究者として出発するさいにすでに予感していたことであり、半世紀を隔てての再確認に過ぎないともいえる。もっと深く立ち入って課題意識と方法の再検討が必要だともいえようが、しかしそうした吟味も自分の思想史研究者としての自覚を深めることで果してゆくほかないと、いまは考えている。きわめて抽象度の高い哲学談義とも、即物的な史料中心主義とも区別して、史料に即した探求のなかで方法や理論についても考え続けていくというのが歴史研究者にふさわしい探求のスタイルであり、そうした意味での探求の職人であり続けたいというのが、私の念願である。

4　模索の方向とスタイル

自分の研究歴に即した説明は以上で終えることとし、いくらか一般化して私の研究の特徴について説明してみよう。歴史研究者としての私の仕事の中心は、百姓一揆、国家神道、自由民権運動などについての史料を用いた具体的な記述にあり、それが歴史研究として説得性をもった記述たりえているか否かが、評価の中心におかれるべきことだと考えている。そして、「こうした歴史家の仕事の性格上、歴史家の方法論には対象の性格に応じてつくりなおされてゆく側面があり、一般化した記述にはなじまない」ともいえよう。理論や一般化した説明は必要だが、しかしそのばあい、「超越的社会理論や研究史的知識による予断をはじめにもち込まないように用心して、いわば方法的無方法とでもいうべき立場をとり、そのことによってまず素朴な実証性を手に入れようと努力する」必要がある、と考えている(8)。

だがそのように考えるとしても、私たちは必ず自分なりのものの見方を介して対象と向きあっているのであり、無前提の実証主義はありえない。単純な実証主義はむしろ自分の立場性に無自覚だということであり、裏口からきわめてありふれた通念を密輸入するものだと考えている。ある立場性をもつということと、対象に即した実証性を獲得するということとのあいだには、不可避のジレンマがあるが、それは、根源的には私たちの生そのものに根ざすジレンマであり、そのジレンマはむしろゆたかな対象把握を可能にさせるものである。ここでは、十分な理論化の能力も準備もないが、自分なりにもうすこし分節化した言葉で、思想史研究を入り口とする自分の歴史研究の特徴についてのべてみよう。

1　研究主体の立場性

私にとって日本思想史研究とは、自分だけの人生論的な問いにはじまるものだったから、研究主体としての自分の生き方への問いが具体的な研究活動の基底にあったのは当然のことであろう。思想史研究を通して自分の生の意味を尋ねるというのは、多くの思想史研究者に見られる傾向だが、色川、鹿野ら民衆思想史研究者にとりわけ顕著な志向性である。こうした視角からは思想史研究とは、自己の生への媒介された問いといってもよいほどである。媒介された問いというのは、その問いが思想史研究という客観的な対象性に媒介されているということだが、それは換言すれば、生《なま》な直接性を迂回しようとする戦略だともいえよう。研究対象についても、思想の現象面だけにとらわれずにより深い動機や無自覚的次元に関心を向けることとなる。私はこうした分析方法を、はじめは丸山眞男の思惟様式論から学び、カール・マンハイムの全体的イデオロギー概念を援用することで解決しようとした。マンハイムによれば、イデオロギー概念は部分的イデオロギー概念と全体的イデオロギー概念に区分すべきもので、後者においては、その論理形式やカテゴリー装置をも主体の「存在位置」へかかわらせて捉え返すという方法がとられ、無意識的な次元も重要な分析対象となる。(9) マンハイムの記述は、思想史的研究対象について広くいわれているのだけれども、人間の意識の内容は、一見自由に選ばれたもののように見えて、じつは個人が選ぶことのできない内実をもっているのであって、私たちはそうした状況を突き放して対象化してゆく必要がある。

私たちが自分の意識や思想と思っているものもほんの表相だけのことではないかという疑わしさの感覚は、私にはいつもつきまとっていた。そうした感覚は近代社会を生きるなにほどか知的な自意識をもった人間には不可避のことで、私たちはそうした不安や疎外感をもたずに生きることは難しい。ある時期の私が、精神医学とマルクス主義とを結びつけるフランクフルト学派やサルトルなどに魅力を感じていたのは、社会的なものと個人の内面とを相互媒介的に分析したいと思っていたからである。『出口なお』では、エーリック・エリクソンのアイデンティティの理論を援用し、『近代天皇像の形成』では、A&M・ミッチャーリヒ『喪われた悲哀』(林峻一郎他訳、河出書房新社、一九七二年)に手がかりを求めたのも、そうした関心からのことだった。ミッチャーリヒ夫妻のいう「悲しむことの不可能性」という特徴は、現代日本の精神状況の規定にそのまま当てはまるといってもよいように思われた。

「日本の近代化についての帝国主義的歴史観」で出発して以来、私は断続的ながら現代イデオロギー批判を行なってきたが、そのさい私はなぜそうしたイデオロギーが現われるのか、そこにどんな必然性があり意識構造の特徴があるのかなどに注意してきたつもりである。イデオロギー批判が奥行きをもったものになるためには、そうしたイデオロギーの必然性や現実状況のなかでの説得性についての洞察が必要であり、そうした課題はまた思想史研究の方法論的課題ともつらなっているように、私には思われた。自分の立場性を問うといっても、それは媒介され分節化されたものでなければならない。イデオロギー批判が表相にとどまれば、その説得力は仲間意識の確認を大して出ることができないだろう。これに対して、イデオロギー問題が歴史と社会のなかに深く位置づけられるなら、私たちの現在の位置を測りなおして、意識変革の可能性を切り拓くことができるだろう。

2　歴史的世界の全体性

ところで、歴史研究者は、みずからの研究対象をあるまとまりをもった歴史的世界の全体性として措定するものだ、と私は考える。この全体性は、究極的には古今東西の歴史の全体であり、歴史の捉え方の問題だともいえようが、歴史学が方法的に措定するのは、近世日本社会とか近代日本社会のようなある程度概念化された歴史的世界のことだと考える。歴史研究者はそれぞれの研究対象と研究目的に応じて対象とする歴史的世界を適宜組み替えて措定してよいのだが、しかしそれでも当該の課題はどこかで近世日本とか近代日本とかという全体性に引照されるべきものであり、さらにそれはそうした全体性を介して世界史のなかに位置づけられるべきものであろう。人類学、社会学、経済学、民俗学などの隣接諸科学は、それぞれに固有の枠組で全体性を措定しているのだが、時代性という全体性を措定することで有意味な認識が可能になるとする公準を選んだものが歴史家なのだ、と私は考える(10)。

私たちの研究対象が歴史的世界の全体性だということは、私たちがそうした全体性を概括的にでもあらかじめ知っているとか、知ることができるとかという意味ではない。歴史的世界の全体性は、いわば歴史学の方法概念であって、私たちが対象に向きあうディシプリンのようなものである。こうしたディシプリンをもつことで私たちは自分がなにを知っていてなにを知らないか、どこら辺に探求の焦点をおけば新しい認識の可能性が生まれるかなどと、自分の研究方向に見当をつけてみることができる。私たちは、実証可能な史料分析を自分があらかじめ捉えこまれている平板な通念に結びつけていくという傾向を免れがたいのだが、しかしまた歴史的全体性という概念を措定してみることで、現前する対象についてのさしあたっての認識と自分の既成的な通念とを相対化し、考え直してゆく手がかりをつかむことができる。

民衆思想史研究は、近代化してゆく日本社会に民衆的思想主体を発見しようとすることからはじまったが、色川、鹿野、ひろたまさきたちはやがて水俣病、女性、沖縄、軍隊、差別などと対象領域を拡大し、そうした分析対象に拠点をおくことで、近代日本の歴史の全体像を再構成しようとしてきた。特定の問題を掘り下げて捉えてゆくと、そこから歴史的世界の全体性が異なった相貌で見えてくるのである。百姓一揆、国家神道、民権運動などをとりあげてきた私には、色川たちのような大胆な対象領域の拡大が欠けていたが、戦後歴史学の主題とされてきたそうした領域でも、それを縦深的構造として捉えなおすことで、歴史的世界の全体性を大きく変貌した相のもとに捉えなおすことも可能となるのではなかろうか。

3　全体性・コスモロジー・民衆

歴史的世界の全体性のなかでは、一般的日常的には構造的秩序が優越していて、抑圧・葛藤・カオスなどは隠蔽されている。そこで、こうした秩序ないしシステムに沿って分析し記述してゆくと、現状追認的な保守主義に結果しやすい。実証史学と結びついた歴史主義には、イデオロギー的保守主義がつきまとっているばあいが少なくないのは、ある程度まで、歴史研究に本来的なこうした特徴に由来している。歴史研究の素材となる史料は、多くのばあい、秩序や制度の側がつくりだした記録であるという事情が、実証史学と保守主義の結合を支えている。P・L・バーガーとT・ルックマンがいうように、「象徴的世界は制度的秩序の防御的な構造に究極的な正当性を付与することによって、個人を究極的な恐怖から守ってくれる」ものだとすれば(11)、思想というものはそうした「象徴的世界」を構成するさまざまな試みに他ならないともいえるから、思想史研究もそうした保守主義を免れることができないだろう。

しかしまた、歴史的世界の全体性を論理的に再構成してみると、世界が複雑な矛盾や葛藤に満ちたものであることがわかるが、こうした次元を前景化して捉えるためには、「コスモロジー＝イデオロギー複合」(島薗進)の細部や周縁や亀裂に注目する必要があり、そうした視点に立てば、新鮮で批判的分析を可能にする手がかりは無数にあるといったほうがよいだろう。ヴィクター・ターナーのコムニタスの理論を借用すると、「コムニタスは、境界性《リミナリティ》において社会構造の裂け目を通って割り込み、周辺性《マージナリティ》において構造の先端部に入り、劣位性《インフェリオリティ》において構造の下から押し入ってくる。それは、ほとんどいたるところで、聖なるもの、ないし〝神聖なるもの〟とされている」、そして、「境界性、周辺性、構造的劣位性は、神話、象徴、哲学体系、芸術作品が頻繁に発生する諸条件である」(12)。このように考えれば、思想史研究・民衆史研究はそうした次元を前景化した分析を担うにふさわしい位置に存在し、歴史をダイナミックな動態において捉える可能性を切り拓く役割を担っているはずだともいえよう。

4 資本主義的世界システムと民衆の生活世界

これまでの私の歴史研究の主要な課題は、明治維新をはさんで近代化してゆく日本社会を、資本主義的世界システムに包摂されてゆく国民国家の一類型として捉えることであり、近代天皇制もそうした国民国家の日本型編成原理を表象するものだとしてきた(13)。したがって、そうした存在としての国民国家日本が分析のための基本単位として措定されることになるのだが、この分析の単位は資本主義的世界システムの存在を前提とし、このシステムを内面化しようとする存在である。一九世紀なかば以降の近現代世界のもっとも大まかな構造は、「資本主義的世界システム対民衆の生活世界」として把握しうるものであり、国家と家族も含めてさまざまな社会的単位は、こうした構造の媒介環として位置づけうる存在だと考える(14)。世界史的把握の重要性は、戦後歴史学でくり返されてきたことだが、それはもとより外交史や戦争史に還元されるような問題ではない。こうした構造の全体が、生活世界の深みから捉え返されなければならない問題なのだが、戦後歴史学には生活世界という発想は乏しく、民俗学や社会学などの成果は、グローバルなシステムを展望するようなものにはなっていないだろう。

5　戦後歴史学と三つの方法的前提

「資本主義的世界システム対民衆の生活世界」というような捉え方は、ある意味では戦後歴史学の課題意識を継承するものだともいえよう。しかし、戦後歴史学にはほとんど暗黙のうちにも方法的先入見があって、そうした課題意識を正面から受けとめることを困難にしているのではなかろうか。そこで講座派マルクス主義を中心に、戦後歴史学の方法的前提を思い切って単純化して、私の立場との異同についてのべてみよう。講座派マルクス主義の方法的前提をもっとも乱暴に要約すれば、(i)土台・上部構造論、(ii)(i)を前提したうえでの、国民国家単位の比較史的発展段階論、(iii)(i)と(ii)をふまえたうえでの、より具体的な歴史過程としての政治史への集約、ということになるのではなかろうか。現在の若い世代の研究者たちの多くは、こうした方法的前提とほとんど無縁かもしれないが、しかしまたこうした方法的前提を放棄すれば、それはそれで新たな困難を担わざるをえないことになるのだと思う。

このうちまず(i)については、私はマンハイムに学んで社会意識を特定の階級と結びつけた全体的イデオロギー概念で捉えようとしているのだから、土台に規定された存在として意識を取り扱っていることになる。しかしそのばあいの規定性とは、土台の経済的利害がその上部構造にそのまま表象されるということではない。土台の利害は人間存在の深層構造に媒介された複雑な内実で表象されるものであり、土台の経済的利益とは相反する意識形態が出現するばあいも少なくない。またそうした事情もあって、上部構造が土台を「規定」してしまうような現象もけっして珍しいことではない。

(ii)については、国民国家を規定する世界史の構造をもっと前景化しなければならないということは、いまでは自明だと考える。少なくとも一九世紀以降、世界システムの構造のなかにすべての地域は組み込まれてしまうから、そうした条件のもとでそれぞれに独自の特徴をもった国民国家と国民社会が形成される。国民国家と国民社会は、資本主義的世界システムに対応するためにいわば上から人為的に構築されたものだから、その内実は多民族国家・多文化社会とならざるを得ないのであって、それが現代世界の構造にほかならない。戦後歴史学は、明治維新は絶対主義権力の成立、近代天皇制は絶対主義国家権力とするような一国単位の発展段階論的歴史像をほとんど自明視して出発し、若いころの私もそうした認識枠組に従っていた。しかし、いつのころからかそうした発展段階論的普遍主義のなかに近代日本を位置づける捉え方は私には縁遠いものとなり、近代天皇制も、いわゆる社会主義国家も、イスラム教を正統イデオロギーとする国家も、資本主義システム内部における国民国家編成のそれぞれの類型として捉える立場に転換した。こうした捉え方は、近代化、産業化、民主主義化などの指標をどのように組み合わせるにしろ、結局はどの社会も広い意味での近代化の方向に進化する、あるいはそうあるべきだとする近代化論的歴史像と対立する(15)。

(iii)については、歴史研究が政治権力や階級闘争として現象する政治の問題に焦点を結ぶことについては、必ずしも反対ではないが、しかし私はそこでの政治の捉え方がもっと複雑に媒介された深層的なものでなければならないと考えている。表相は政策や政局として現われても、それははるかに縦深的な社会構造とのかかわりでその特徴が捉えられる、社会文化史的政治史のようなものでなければならないのではなかろうか。

マルクス主義歴史学を中心において、戦後歴史学への私のスタンスを測りなおしてみると、きわめて粗雑ながら右のような整理が可能になりそうだ。そしてそうした整理をしてみると、私は戦後歴史学を母斑のように継承しているとはいえ、その内実においては戦後歴史学とは遠く離れた地点に立ってしまっていると実感する。私は、戦後歴史学についても、最近の歴史学界の大勢ともいうべき実証主義についても、批判的な立場をとりたいのだが、しかしそれにもかかわらず、歴史学というディシプリンを頑固に守り抜きたいと、これまで一貫してのべてきた。私の歴史学は、学界の大勢や通念からすれば奇妙で逸脱的なものかもしれないが、なぜそうした内実のものとなってしまったのかということについて、本稿では率直な説明に努めたつもりである。とはいえ、自分のことは誰にとってもあまりうまく理解できていないものであり、本当は深い闇なのであろうが。

(1)『新しい歴史学のために』八一・八二号、一九六二年。なお私の著作についての詳細は、「安丸集」第6巻所収「安丸良夫著作目録」(大谷栄一作成)参照。
(2) W・W・ロストウ『経済成長の諸段階』(木村健康他訳)、ダイヤモンド社、一九六一年、一九九―二〇〇頁。
(3)「日本の近代化についての帝国主義的歴史観」(本巻―六)、一八四―一八五頁。
(4)『文明化の経験』「序論　課題と方法」(「安丸集」第6巻―三)、五四頁。
(5) 深谷克己「百姓一揆の思想」『思想』五八四号、「百姓一揆の意識構造」と改題して、深谷『百姓一揆の歴史的構造』(校倉書房、一九七九年)に収載。
(6) 拙稿「黒田俊雄の中世宗教史研究――顕密体制論と親鸞」(本巻―二)、同「佐々木潤之介さんの人と学問」(佐々木潤之介『江戸時代論』吉川弘文館、二〇〇五年所収)参照。
(7) 拙著『近代天皇像の形成』四一―四二頁。
(8)「〈方法〉としての思想史」はしがき」(「安丸集」第6巻―一)、一四―一五頁。
(9) 拙著『現代日本思想論――歴史意識とイデオロギー』一六七頁。
(10)「〈方法〉としての思想史」はしがき」(「安丸集」第6巻―一)、一九―二〇頁。

(11) P・L・バーガー＝T・ルックマン『日常世界の構成——アイデンティティと社会の弁証』(山口節郎訳)、新曜社、一九七七年、一七三頁。
(12) ヴィクター・W・ターナー『儀礼の過程』(冨倉光男訳)、思索社、一九七六年、一七五—一七六頁。
(13)『近代天皇像の形成』二七六—二七八頁。
(14)「『文明化の経験』序論 課題と方法」(『安丸集』第6巻—三)、五二—五三・六九—七〇頁。
(15) 日本の近代化の問題を強く意識しながら、大きな近代化論的歴史理論を提示した作品として、ここでは、富永健一『日本の近代化と社会変動——テュービンゲン講義』(講談社学術文庫、一九九〇年)、同『近代化の理論——近代における東洋と西洋』(同、一九九六年)、中村政則『経済発展と民主主義』(岩波書店、一九九三年)を念頭においている。

◈安丸良夫・磯前順一編『安丸思想史への対論』ぺりかん社、二〇一〇年、所載。

この書物の執筆者のうち、ちょうど半数が『戦後知の可能性』と重なり、刊行年も同じ二〇一〇年で、ともに歴史・宗教・民衆研究会の活動がふまえられている。しかし、この書物に寄せられた論文はいずれも新稿で、その点が『戦後知の可能性』の場合と異なっている。だがそれよりももっと大きな違いは、この書物には二人の編者の名が記されているけれども、この本の企画を実質的に推進したのは磯前氏で、磯前氏が歴史・宗教・民衆研究会以外の研究者にも広く働きかけて、この書物が成立したということである。各論稿の安丸説への対応と評価には、かなり大きな違いが見られるが、大雑把にいって賛否相半ばというところだろうか。きびしく否定的な評論が少なくないことに留意したい。なお、『安丸思想史への対論』には、各論文への私なりの応答が「コメント」として付記されている。私自身による自分の研究歴の回顧にあたる本章「回顧と自問」は、「安丸集」本巻—一「戦後知の変貌」に何ほどか対応する、私の側からの語りである。

五 歴史意識の黄昏？

1 コメモラシオンの時代へ

ピエール・ノラは、『記憶の場』の「序論 記憶と歴史のはざまに」を、記憶と歴史(学)との分離から論じはじめている。かつてはそれぞれにふさわしい価値を保持し伝達する共同体が存在していて、その共同体の記憶が歴史認識の内容にほかならなかったのだが、「歴史が加速して」共同体の記憶と歴史(学)とのあいだには埋めることのできない断絶が成立してしまった。記憶は「生ける集団によって担われる」もので、「たえず変化し、想起と忘却を繰り返す」生命ある実在である。これに対して歴史(学)は、記憶からその聖性を奪い、分析と批評を行う。「歴史は、すべての者に属するがまた誰のものでもなく、それゆえに普遍的となる使命をもつ」、「歴史の真中には、自発的な記憶を破壊するような批判主義が働いている」(『記憶の場』①三〇―三二頁。以下、『記憶の場』からの引用は、①〇〇頁などと記す。『記憶の場』日本語版は、谷川稔監訳、全三巻、二〇〇二―〇三年、岩波書店)。

記憶と歴史(学)とのこのような分離・対立は、最近の歴史(学)のひとつの帰結である。かっての歴史(学)はなによりも国民史であり、歴史(学)は国民の記憶の「中枢」を占めていた。そこでは国民の記憶と歴史(学)は一致しており、かつて歴史家たちは、「以前の記憶よりも実証的・包括的で、より多くを説明できる記憶を作り上げることこそみずからの役割なのだという意識で満たされていた」(同、三三頁)。記憶と歴史(学)とこの幸福な予定調和の崩壊の過程について、ノラは、国民と国家から社会を区別した一九三〇年代のアナール派にひとつの画期を見ているが、とりわけ一九七〇年代から八〇年代にかけてのフランス社会の変貌のなかで、歴史意識に根本的な転換がおこったのだと述べている。

ところが、『記憶の場』全体の総括にあたる「コメモラシオンの時代」という、最後におかれた文章を、ノラは、記憶と歴史(学)の対抗という、この企画の出発点にあった前提がすっかりくつがえってしまったと述べることからはじめている。

記憶のおよぼす影響力は今日きわめて強力で、そのため、コメモラシオンを求める今という時代の激しい欲求が、コメモラシオン現象の統御を目的とした試みまでも呑み込んでしまった。そして、「記憶の場」という表現が世にだされるやいなや、批判的な距離を取って解明するためにつくられたはずのこの武器が、すぐれてコメモラシオンの役に立つ道具に転化してしまったのだ(③四二七—四二八頁)。

このように述べるとき、ノラは、企画の目論見が外れた、もっときびしくいえば失敗したと自認したのだろうか。あるいは国民史的な記憶に似たものがすこし形を変えて戻ってきたとのべているのだろうか。もとよりそうではない。

右のような記述にすぐつづいて、ノラはフランス革命二〇〇年祭をもちだしているが、フランス革命二〇〇年祭は、その盛り沢山の企画にもかかわらず、「記念するかどうかということそれ自体についての議論の中で行われた」(同、四三二頁)、「国民的なコメモラシオンの古典的モデルが覆され、崩壊したのだ。そして、調和を欠いた多様なコメモラシオン言語からなる分散化したシステムが、この古典的モデルに取って代わった」(同、四三五頁）のだという。「フランスがフランス革命の成果を、落着いて、ほぼ国をあげて、みなともに祝うことができたのは、すでにこの国が革命の方程式から完全に抜け出していたからであった。フランス人は、非革命に身を置きつつ、かつて革命が生じたことをよしとすることができたのだ」（同、四三五頁）、とノラは辛辣に述べている。現代社会の意識状況に根ざした記憶が、歴史を圧倒し、歴史を身勝手に流用してしまったのである。

フランス革命二〇〇年祭を事例に述べられているのは、一九七〇年代なかばを境とするフランス人の社会意識と歴史意識の根本的で大きな変容のことである。この変容を規定している要因は、ノラによれば、第一に農民的世界の最終的終焉、第二にドゴール流の偉大さの追及からの撤退、第三にマルクス主義的な革命の論理との訣別である。大きく見渡せば、それは「深刻な方向喪失の事態」だったが、しかしそれは他方で身辺的な細部と特殊性に目を注ぐ新しい歴史学を産み出し、多様な顕彰行為をもたらした。フランスでは一九八〇年が「文化遺産年」と定められ、地方で文化遺産の探索や保存をめざす多様な運動が展開した。「遺産」という言葉が「予想外の反響を呼び始め」、「その言葉は、大聖堂や城館の高みから降りてきて、忘れられた慣習や古い作法、上等のワインや歌謡や地域の方言のうちに逃げ込んだ」（同、四五一頁）。日本でも大きな影響力をもったアナール派第三世代の研究は、ほとんど無自覚のうちにもこうした事態に照応した歴史研究だったとされているから、ノラ自身がその流れに属するというアナール派第三世代の多彩な研究が、批判的反省的に捉え返されていることになろう。

このように「コメモラシオンの時代」の論旨をたどってみると、それが時期をおなじくする日本の状況にも、ほとんどそのまま当てはまっているように思えてくる。日本でも社会意識と歴史意識の転換の大きな画期は一九七〇年代なかばにあり（安丸『現代日本思想論』岩波書店、二〇〇四年、第一章参照）、そのころから地域に即した歴史研究がいっそう盛んになって、自治体史の刊行、地域の歴史民俗博物館の建設、公的機関に援助された調査や発掘などが頻繁に行われるようになり、「個人史」やオーラル・ヒストリーなども活発になった。最近では、国と自治体財政のゆきづまりから、博物館などの予算はきびしい制約を受けているが、科学研究費やCOEプログラムなどを利用した研究と成果の刊行があいついでおり、私のような旧世代の者には思いもかけないような詳細稠密な調査報告書などが、公的資金の援助を受けた共同研究組織によって刊行されている。また、歴史小説やテレビの歴史ドラマなどへの関心、名所旧跡への観光旅行なども、いっそう盛んになってきているように思われる。しかし、こうした動向の全体をどのように位置づけ意味づけるかということは、わが国ではほとんど論じられることがない。多様な記憶が拡散的に分化・自立して、私たちの歴史意識は断片化しているのだが、しかしまたそれらの多様な全体がゆるやかなまとまりを構成して、国民意識の統合へと回収されているとでもいえようか。

2　記憶のあらがい

原著に比べてかなり縮約されている日本語版『記憶の場』だが、それでも浩瀚な三巻本で、たとえば私のような専門外で怠け者の読者には、通読するにはかなりの忍耐力が必要である。しかしそれだからといって、もっと簡約化すればよかったかというと、そうでもない。本書の魅力はなによりもまず多くの第一線の研究者を動員して書かれた個々の項目ごとの記述にあり、私たちはそこに記憶と歴史と人びとの現実意識との、複雑に交錯しあうドラマを見ることができる。本書の価値の大部分は、そうした記述の具体的な面白さにあるといえるだろう。それは、ノラが述べているように、「集合的記憶が根付いている重要な「場」を分析することによって、フランスを象徴するものの広大な地勢図（トポロジー）を創りだそうというもの」であり、そのような方法による「フランスの国民感情」の研究なのである（①一五頁）。私たちは日本語版監訳者の見識に助けられてこの書物を読むことになるわけだが、とりあげられている主題は多面的でバランスのとり方がうまく、叙述は生彩に富んでいるという印象を、私はもった。しかしそれでも、フランス人の歴史意識に基本的な枠組を与えているのはフランス革命の記憶であり、フランス革命の記憶をめぐって複雑な葛藤がつづけられてきて、現在の状況もつくりだされたということになるらしい。そのため、本書全体を通じてフランス革命をめぐる記憶のあらがいをとりあげた論稿が多い。そこで、そうした論稿のいくつかをとりあげることで、本書の具体的な内容の一端に触れてみたい。

クリスチャン・アマルヴィ「七月一四日　〈怒りの日〉から〈祝祭の日〉へ」は、フランス革命がどのように記憶され記念されてきたかを主題にしている。七月一四日は、いまでは「『国民祭」と呼ばれ、革命の記念日ではなく国民の祝日とされている」（訳者解題、②一四二頁）が、しかしそれは革命から一世紀近くのちの一八八〇年に国会等での議論を経て制定されたものである。どの日付を革命の記念日とするかは、革命の内実をどのように捉えどのように記念するかということと不可分であり、それはきびしい党派的対立と結びついていた。七月一四日という日付を選べば、フランス革命はアンシャン・レジームの専制に対する民衆蜂起による勝利となり、二つの時代を分つ象徴的事件を記念したことになる。それでも七月一四日を「無秩序」のはじまりと見るイポリット・テーヌのような立場もあったが、しかし共和派は、七月一四日を選ぶことで革命のその後の推移とそこに表出している対立を無視することができた。一八八〇年代の共和派は、七月一四日を戦闘的かつ叙情的に祝ったし、一九三五年と三六年には反ファシズム運動のなかでも七月一四日は熱狂的に祝われ、「人民戦線の勝利に貢献」した。しかしこの祝祭が成功した「最大の理由」は、「おそらく遊びの要素がうまく組み合わさっていた点だろう」、とアマルヴィは述べている。「七月中旬の好天は、パレード、宴会、ゲーム、競技、ダンスパーティ、花火など屋外の行事にとってきわめて好都合」であり、この日が「バカンスの出発の合図」になっているのだという(②一六三頁)。かってはきびしい政治イデオロギー的対立の渦中におかれていた七月一四日は、こうして型にはまった祝祭儀礼となり、観光客向けの雰囲気のなかで行われて、「党派的あるいは闘争的な性格」は見られなくなった(同、一八八頁)。それが、一七八九年革命の現代フランスにおける帰結なのである。

アマルヴィ「七月一四日」が、フランス革命の記念のありようを主題に政治イデオロギー的せめぎあいを歴史的にたどっているのに対し、パスカル・オリイ「フランス革命一〇〇年祭　一七八九年による証し」は、一八八九年の革命一〇〇年祭そのものを歴史叙述・記念建造物・記念式典という三つの領域での対抗として捉えている。共和派の内部にも見解の相違や対立があったが、共和派は大同団結して敵を圧倒し、「これらすべての聖化する装置のおかげで、国民の統一とダイナミズムと威光を明らかにすることができた」(②二三〇頁)のだという。ラウル・ジラルデ「三色旗　白旗でも、赤旗でもなく」も、フランス革命のなかで生まれた三色旗＝国旗が、白＝王党派、赤＝革命派に対抗して、国民国家フランスの団結と和解とを表象するにいたったことを論じている。ミシェル・ヴォヴェル「ラ・マルセイエーズ　戦争か平和か」は、一七八九年にライン方面軍の軍歌としてつくられた「ラ・マルセイエーズ」が、革命歌と軍歌という両面をもっていて、禁止されたり熱心に歌われたりした過程を詳細にたどっている。一八八九年に国歌になった「ラ・マルセイエーズ」は、たとえば長引く第一次世界大戦の末期には「うんざりするもの」となったが、レーニンがロシアへ帰国したときには

「インターナショナル」とともに歌われたのだという。この論文は該博な知識をふまえた長大なもので、「ラ・マルセイエーズ」という特殊な「場」を素材に、一九世紀と二〇世紀のフランス史を政治イデオロギー的抗争のなかで捉えてみせているといえるだろう。

フランス革命そのもの、また革命を構成する諸契機としての「三色旗」・「ラ・マルセイエーズ」・革命一〇〇年祭などは、典型的な「記憶の場」であり、その表象をめぐって多様な分岐・抗争・調整や妥協などがあるのだから、こうした「記憶の場」をめぐってフランス人の国民意識の歴史が構成されうるわけである。それは、フランス革命そのものがなんであったかという歴史学的な問いとは区別されるが、しかし近代フランスの歴史と社会とのなかにはっきりとした根拠をもった社会意識の歴史である。フランス革命は特定の理念を掲げてとことん戦われたから、それをどのように表象するかということについても分節化されたあらがいの歴史がたどれるのであり、そうした過程がまた近代フランス史の重要な構成契機なのである。しかしこうした過程が具体的に分析されるためには、記念行事や記念建造物、文学や美術品の表象、メディアや歌謡その他についての具体的で詳細な知識が必要であり、表象の歴史についての自覚的な探究がなされなければならない。わが国の歴史学にもよく似た動向が展開しているとはいえ、『記憶の場』の達成度はとても高く、教えられることや興味深いことが多い。

たとえばジェラール・ピュイメージェ「兵士ショーヴァン」は、ショーヴィニズムの語源となったショーヴァンという架空の農民兵士についての身元追及の探索とその政治神話としての造形のあとをたどった論稿である。戦場で武勲をたてたのちに故郷へ隠遁した農民兵士ショーヴァンというイメージは、一九世紀フランスの愛国主義にぴったりで、そうした国民意識がショーヴァンという「文化モデル」を育んだのだという。実際にはまったくの幻想であるショーヴァンという表象を追跡することで、国民意識のある側面が明快に摘出されるわけである。また、ダニエル・ミロ「街路の命名」は、街路の名称といういかにも表象の歴史学にふさわしい主題をとりあげて、その命名の具体例のなかに「民衆のイニシアティヴから国家の独占へ」という流れが存在したことを明らかにしている。中世の街路名は卑猥なものも少なくない民衆的なものだったのだが、一八世紀には個人の名誉や栄誉が街路名にとりつき、とりわけ革命を境として大変貌を遂げた。「君主制や教会を思い出させる名前は地図上から消され、革命的な名前に変えられた」(③一九四頁)。とりわけパリでは命名の変遷がはなはだしく、それは「つまり、フランス史をちょっと教科書的に要約したようなものである」(同、二〇八頁)という。その他、考古学的遺跡にかなり勝手なイデオロギー的役割が与えられる様相が論じられたり、パリの彫像、カテドラル、フランス一周の自転車ロードレース「ツール・ド・フランス」、さらにはフランス人好みの美食趣味(ガストロノミー)なども多彩に論じられていて、素人の読者である私には、いずれもとても面白かった。

しかし、記憶をめぐるあらがいのなかで、一般に少数派、具体的には宗教的異端、下層民、ユダヤ人、外国人、植民地などについての記憶は、他の「記憶の場」に比べていっそう深刻な葛藤をはらむ問題のはずである。ノラを迎えて東京外国語大学で開催されたシンポジウムでは、植民地の問題が強い関心対象となったが、ノラは、「正直に告白しますが、この問題ばかりはうまく取り込めませんでした」と述懐している。この書物の企画されたのがポスト・アルジェリア戦争の「重い沈黙の時代」だったこと、この問題を本格的に論ずるためには別の一冊の書物が必要なこと、適切な執筆者を得られなかったことなどを、ノラはやや弁解的に述べている(*Quadrante*, No. 6 四五頁)。ノラはまたたとえば経済や科学史も抜けていると述べているが、しかし私はもう少し視野を広げて眺めなおしてみると、さまざまの風俗や習慣の変遷、娼婦、犯罪、衛生、精神障害など、アナール派が得意とする社会史や心性史の領域についても、『記憶の場』ではなにも論じられていないと思う。そこで私たちはおそらく、「娼婦」も「カテドラル」や「エッフェル塔」に負けないほどに重要な「記憶の場」ではないかと問いかけてみることができそうだが、しかしそれはこの書物にとってはあまりに外在的なないものねだりだろう。ここではもう少しこの書物の内容に即して、少数派や異端のとりあげ方に注目してみよう。

フィリップ・ジュタール「プロテスタント　荒野の博物館」は、カミザールの反乱(一七〇二―〇四年)の指導者を記念する博物館がつくりだされていく状況や博物館を中心とするその後の記念行事などをとりあげている。カミザールはユグノー派の農民集団のことで、彼らは実際上も記憶のうえでもきびしく抑圧されるような状況にあったのだが、一九世紀中葉に大きな転換があって、カミザールの反乱は共和主義的国民主義の流れのなかにくみ込まれ、フランス革命の先駆ともいうべき自由のための闘争とされるようになったのだという。カルヴァン主義のもとでは、世俗的な記念は拒否されるはずなのに、じつはこの場所で秘密の集会がつづけられてきて、少数派であるプロテスタントの方に「歴史的記憶への固執という特徴が見られ」(①二五二頁)、それがのちに国民主義的な歴史意識のなかへくみ込まれたというわけである。こうした統合の前史については、この論文はほとんど触れていないが、それが宗教的異端へのきびしい迫害と苦難にみちた抵抗の歴史だったことは明らかだと思われる。百姓一揆などのことも想起させる興味深い事例である。

ピエール・ビルンボーム「ユダヤ人　グレゴワール、ドレフュス、ドランシー、コペルニック街」は、ユダヤ人についてのおぞましい否定的なイメージから書きはじめて、フランス革命を境にユダヤ人がフランス社会に統合され、フランコ＝ユダイスムが形成されたことを明らかにし、フランスは「ユダヤ人の同化」に成功した国だという。一九世紀から二〇世紀にかけて、フランスのユダヤ人にはすぐれた知識人が多く、ユダヤ人であるエミール・デュルケームやマルク・ブロックなどは、「フランコ＝ユダイスムを無条件で支持した」。しかしドレフュス事件に集中的に表現されているように、反ユダヤ主義の根強い底流があって、反ユダヤ主義暴動もおこっており、ロマン・ロランのような一流の知識人もそうした動向と無縁ではなかった。ヴィシー体制のもとではきびしいユダヤ人迫害が行われたのだが、第二次世界大戦後には迫害されたユダヤ人への支援の記憶の方が想起され、抑圧に荷担した記憶は隠蔽されて、ユダヤ人とフランスとの結合が再建された。しかし、現代フランスでは、古くからフランスに住んでいた「厳格だが控えめな」ユダヤ人アシュケナジーに代わって、北アフリカから大量に流入してきた「行動的で情熱的な」ユダヤ人セファルディの活動が活発になって、彼らが街頭で大規模な示威行動を組織し、「公然とイスラエル国旗を振りかざ」すような状況も生まれたのである（①三三四頁）。

こうして、右にとりあげた二つの論文では、ユグノーとユダヤ人という異端・異分子が結局は共和主義的フランスに統合されたとしているのではあるが、フランス革命以前のユグノーやまたより一般的にはユダヤ人は、けっしてフランスという国民国家に同化してしまったわけではない。統合という記憶の衣から、葛藤・亀裂・抗争・抑圧のきびしい過程と構造が見え隠れしていることになる。そうした過程と構造は、歴史家が容易に見出しうるようなものなのだが、しかしこうした歴史家の営みは、共和主義的国民主義的統合というフランス社会の欲望とのあいだで大きな亀裂をはらんでいることになる。「記憶の場」を分析の焦点にしてあれこれ探索していくと、社会意識の自明性が覆されていくのだが、異端やユダヤ人問題に姿を現す亀裂は、そのもっとも明快な徴表である。

3　「国民史」という記憶装置

「記憶の場」は、さまざまの記憶が錯綜しせめぎあう不安定な「場」である。すこし長い時間をとって観察すれば、「記憶の場」がなにをつくりだしてなにを抑圧してきたかを観測することができるが、そのことはまた記憶する主体の立場性を露わにする。「記憶の場」という捉え方は、唯一の正史を拒否して歴史の語り方の多声性を明らかにしようとする試みであり、そのようにして反省的な歴史記述をめざすものである。それは、それぞれの歴史記述が無自覚的に持ち込んでいる認識論的前提を明るみに出して捉えかえすことを目ざす史学史的方法である。『記憶の場』のような壮大な企画ではないにしても、日本においても史学史への関心が高まり、歴史をさまざまな記憶の錯綜として捉えなおそうとする気運が、歴史研究の新しい潮流となってきている。管見に入ったもののうちから、二、三の事例をとりあげてみよう。

阿部安成「横浜歴史という履歴の書法――〈記念すること〉の歴史意識」（阿部安成他編『記憶のかたち　コメモレイションの文化史』柏書房、一九九九年）は、横浜における開港記念という問題をとりあげて、記憶のされ方を主題化した意欲作である。一九〇九年の横浜開港五〇年祭、誰を「開港の恩人」とするかということとその記念のされ方をめぐる対抗、井伊直弼像の建設などを具体的に論じて、それらの問題がいずれも国民国家日本の発展を象徴するような存在としての貿易都市横浜というイメージに回収されているとする。開港以前の「寒村」としての横浜や庶民の語りなどもとりあげられているが、個々の「〈わたし〉の記憶」もまた「〈正史〉にみあう〈公共の記憶〉」へ回収されているのだという（四五―四六頁）。こうした語られ方に対峙しうる立場として阿部が提示するのは、〈わたし〉の語りをいっそう複雑化することで歴史を平板な現状肯定の保守主義へ帰結させないことである。とはいえ、こうした〈わたし〉の語りは、それだけでは個々人の記憶に媒介されることでいっそう念の入った現状肯定への回路ともなりそうな気配なのだが。

右の阿部論文に『記憶の場』が参照されているかどうかはわからないが、分析の手法は『記憶の場』にとてもよく似ていると思う。これに対して、宮沢誠一の二つの作品『近代日本と「忠臣蔵」幻想』（青木書店、二〇〇一年）と『明治維新の再創造——近代日本の〈起源神話〉』（同、二〇〇五年）は、忠臣蔵と明治維新という日本人にとってもっとも代表的な「記憶の場」をとりあげて、そこに近代日本の精神史を読み込んだものである。宮沢は近代日本社会の歴史的推移に留意しながら、歴史学的な著作、伝記、小説、演劇、映画など、さまざまな素材を用いて論を進めてゆく。忠臣蔵と明治維新という典型的な「記憶の場」は、それぞれの時代状況と記述者・製作者の立場や視角の相違によって繰りかえして読みなおされていく複雑な素材なのである。そのばあい宮沢は、小説・戯曲・映画などの作品としての造形によく注意を払っており、歴史書には出現しないフィクションの側面も大切にしている。主要な登場人物そのものが架空の人物だったり、主要な人物の周辺に一般の生活者、女性、下層民などを配して、史料には記されていない細部を画いたり心理描写などをとり入れることで、作品がつくりだされた時代状況や作者の捉え方の独自性が際立ったものになる。宮沢からすれば、こうしたフィクション作品の方に近代日本精神史上の価値があるともいえる。

宮沢にとっては、国民国家的な大きな物語、とりわけ国体史観や薩長中心史観的な維新史像は批判され相対化されなければならないものだが、しかしそれだからといってさまざまな記憶が噴出してきて分散的な記憶にだけリアリティがあるというような見方ではない。『明治維新の再創造』では、歴史学も文学もあわせて、「幕末維新史像は、文化史から社会変革史へ発展するなかで、維新の動乱によって翻弄された武士や民衆の生活を基底におくことによって、漸次「深さ」と「幅」を増しながら国民の歴史意識を形成していった」(二〇四―二〇五頁)、と前向きにまとめられている。

最近の日本史研究の状況をいわば「史学史的段階」の到来と捉えて、新しい研究スタイルをつくりだそうとしてきたという点では、成田龍一の一連の作品がもっとも自覚的・意欲的なものであろう。成田は、歴史研究の対象の自明性が崩壊したとし、視座を転回して歴史叙述の様式に注意を集中しなければならないという。成田が例証の場に選んだのは、一九三〇年前後の歴史研究の状況で、成田によれば、そのころの日本史研究はナショナリズム、アカデミズム、マルクス主義という三派鼎立状況にあった。

平泉澄、黒板勝美、羽仁五郎にこの三派を代表させて、成田はまず羽仁と平泉とは、立場が正反対のように見えて、じつはある立場から歴史を捉える「構成主義的な歴史観」という共通の立場を選んでいるのであり、「平泉と羽仁との距離は予想以上に近く、同じ「歴史家の夢」(苅部直)をみることとなる」(『歴史学のスタイル』校倉書房、二〇〇一年、八〇頁)、とする。羽仁は「正しく科学的客観的な」解釈を選びとったと述べているのだから、成田の批評と異なるようにも見えるが、成田からすればそうではない。羽仁は「近代的プロレタリアートの理論的意識」なるものを先験的に持ち込んでいるのだから、やはりきわめて先験的な立場からの「構成主義」にほかならないということになる。黒板のばあいは、制度史と政治史を基調としながら「総合的事象の移り変りを考察」するというのだから、一見すれば羽仁や平泉に比べてずっと客観的でバランスのとれた歴史研究＝アカデミズムの立場をとっているように見えるけれども、しかしじつは「皇室と国土と国民」の時代を超えた実在を前提においているから、やはりそれは無自覚のうちにも特定の前提を持ち込んで構成された歴史像にほかならないということになる。

歴史叙述に注目する成田は、歴史研究と文学の境界をやすやすと越えて、歴史小説もおなじような手法で批評し批判する。というより、文学作品の方が作品としての造形のメリハリがはっきりしているから、成田の批評と批判によりふさわしい対象といえるかもしれない。島崎藤村の『夜明け前』や司馬遼太郎の歴史小説のいくつかは、こうしてきびしく批評されていくが、その基本視角は、文学作品にふさわしい個人や家族や地域などの細部がどのようにして国民史にくみ込まれているかを暴きだすことにおかれているといえるだろう。成田はいわば国民史の脱構築という手法で『夜明け前』や『坂の上の雲』を読んでゆくのであって、これらの作品の内的なコンテキストに分け入りながら進められる成田の読解には、明快な論理性がある。しかしそれでも、一九三〇年前後の日本史研究の状況を捉えて、鼎立する三派は「構成主義的な歴史観」として共軛的だとされると、三派の対象設定と認識方法の違い、したがってまたそのイデオロギー的立場の違いが、歴史認識の内実にもたらすものの違いが、成田のなかでどのように考えられているのだろうかという素朴な疑問が浮かんでくる。歴史叙述を前景化する成田の方法では、歴史認識の内容は捨象して論じてよいとされているように見えてしまうが、そのようにいい切ってもよいものだろうか。成田が、大江健三郎のノーベル文学賞受賞記念講演をひいて、日本文化の「特殊性」を強調する谷崎潤一郎、川端康成、三島由紀夫らの流れと、講座派的日本近代史像とが、日本の「特殊性」を強調する点では「相同性」をもっていると論じている(前掲『歴史学のスタイル』九四—九五頁)のを読んで、驚いた記憶が私にはある。

おなじ一九三〇年前後の歴史叙述を論じても、宮沢のばあいは、幕末維新史の捉え方が国体史観や薩長中心史観に収斂しない多元的な方向へと発展し、正史がズラされ異化されてきたことを強調していることになる。こうした多元的な見方も大きく概括すれば国民国家の歴史をもっと複雑に媒介された内容で再構成しているのだといえるとしても、しかしまた宮沢からすれば、こうしたズレや多様性の発見のためには歴史家や文学者のゆたかな想像力と探究の努力とが必要であり、それこそが近代日本精神史の重要な内実だということになる。またノラは、一九三〇年前後のフランスの歴史学を、アナール派による国民史からの「構造的断絶」として捉え、そこに大きな画期をおいているが、日本におけるマルクス主義歴史学の成立も、なにほどかはこうした「構造的断絶」にあたるのではなかろうか。初期アナール派を代表するマルク・ブロックが、ユダヤ人でありながら（あるいはそのゆえにいっそう）熱烈な愛国者であったことを、二宮宏之が論じている。ブロックの三つの代表作は、なおフランス国民史の枠組のなかにあるといえるとしても、しかしブロックは比較史と構造的把握のなかでフランス史を捉えなおして相対化しており、より開かれた歴史認識への道を切り拓いたのである（二宮宏之『マルク・ブロックを読む』岩波書店、二〇〇五年、とくに二二六頁以下参照）。

おわりに

永原慶二『20世紀日本の歴史学』（吉川弘文館、二〇〇三年）は、成田とおなじ一九三〇年前後の日本の歴史学界の状況を論じて、「〝無思想〟〝脱政治〟の実証主義歴史学への批判と不満は、はじめ羽仁五郎と平泉澄とのあいだで共有されていた」と述べて、そのかぎりでは成田とおなじ見方をとっている。しかしそのことは永原にとっては問題の出発点にすぎないのであって、永原にとっては、歴史発展の社会科学的理論である「マルクス歴史学」（マルクス主義という用語は、主観的イデオロギー的なものの見方を想定して「混乱」を生じやすいので、「唯物史観」とか「マルクス主義歴史学」という用語は採らないのだ、と永原は述べている。同書、八九頁）とゆたかな実証とを結びつけたものが、歴史学の未来でなければならない。永原は、敢えて名前を挙げないことで、羽仁と平泉との「形式的」な共通性だけに注目する成田たちに対して、断定的な拒絶を表明している（同書、一二六―一二七頁）。

この永原の書物は、永原たちが中心になって推進してきた戦後歴史学を輝かしい成果として確認し、そうした認識のうえに立って日本の歴史学の未来を展望しようとするものである。『歴史評論』二〇〇四年二月号は、この書物を中心にした特集を組んでいるが、この特集やそのほかの機会からの印象では、日本の歴史学界の大勢としては、永原史学史は肯定的に受けとめられているのではないかと思う。この書物で永原は、一九五〇年代から六〇年代にかけてのさまざまな研究動向をとりあげて、

これらは、いずれもさまざまな歴史観と方法をもつ研究者の協力の上に成るものであるが、それらを通じて一九六〇年代には諸時代にわたり、それぞれの社会の基本的構造とその推移ともいうべき時代認識の大枠について一定の共通認識が形成され、戦後の日本史研究が、一つの通説というべきものを系統的に形成するに至った。（一九八頁）

と確信にみちた記述を残している。

ほんのすこしのちの時代が念頭におかれているのかもしれないが、フランス歴史学の状況について、ノラは、

古典的モデルは、何から何まで一つの秩序、一つの序列に基づいていたが、この秩序、この序列が崩れてしまったのだ。代って現れたのが、軸心を失った多種多様なイニシアティヴである。そこでは、メディア的なもの、観光的なもの、遊戯的なもの、商業的なものが交錯し、部分的に重なり合っている。（③四三六頁）

と述べており、永原とは対照的な見方となっている。

史学史的段階の到来を強調する点で、成田はノラに近いが、成田からすればノラのいう「多種多様なイニシアティヴ」も国民国家に共軛されているということになるはずで、その点で両者の強調点には大きな違いがあるようだ。しかしノラからすれば、自己同定できない国民意識の状況、「みずからに自信を持てない意識こそ」が、『記憶の場』という企画の成功をもたらしたのだということになる（*Quadrante* 前掲、一三頁）。ノラからすれば、成田のばあいは、国民国家的枠組の解体という大きな「夢」にとらわれていて、「多種多様なイニシアティヴ」の存在という現実状況に正面から向き合っていないということになるのだろうか。ところがノラはまた、こうした状況の終結を予見することができる、「記憶の温床は、無限大に拡大できるものではない」、「記憶の専制は、一時代で終わりを迎えるだろう。だが、それは、われわれの時代なのだ」と述べて、『記憶の場』の結語としている（③四七〇頁）。批判的歴史意識における未来の可能性を望見しながらも、少なくともさしあたってのところは、メディア、観光、大衆消費社会などの方が圧倒的に有力で、批判的歴史意識の可能性を呑み潰してしまっているというのが、『記憶の場』から得られるひとつの帰結のように思われる。そしてそれは、日本の歴史意識の状況にもぴったり照応した見方ではなかろうか。

日本史研究の現状に戻って眺めなおすと、成田と永原に代表されるような二つの立場は、いまのところは、ほとんど対話不可能なほどに対極的であるように思われる。私には、歴史学をなによりも実証的科学とする人たちのほうが圧倒的に大きな流れのように見えているけれども、しかしまた「言語論的転回」以降の方法論論議を武器に旧世代の歴史学に異議申立てを遂行しようと決意している若い世代の研究者たちも少なくないように思える。だがじつのところは、二つの研究原理のはざまで、私たちの多くは「自信を持てない意識」をさ迷っているというべきかもしれない。私自身の方法的立場のあらましは、『現代日本思想論』（前掲）の第二部「方法への架橋」で暫定的に述べておいたが、それをすこし離れた位置から観測すれば、「自信を持てない意識」の素朴な告白にほかならないと見えてしまうようなものなのかもしれない。

◆未発表。

二〇〇二年から二〇〇三年にかけて、ピエール・ノラ編、谷川稔監訳『記憶の場』全三冊が岩波書店から刊行され、東京外国語大学で同書をめぐるシンポジウムが二回開催された。このシンポジウムには、ノラ自身が来日して出席したり、監訳者の谷川氏が出席したりして、熱心な討論が行われた。このシンポジウムの成果をもとにして『歴史学にとって記憶とはなにか』と題する論文集の刊行が企画され、私も遅ればせながら原稿を提出した。私が原稿を提出したのは二〇〇五年六月のことで、受領した旨の応答はすぐに送られてきたが、その後の連絡が途絶してしまった。本論文は、『記憶の場』に触発されて歴史意識について書いたものなので、勝手ながらここに収載した。

II

方法意識とイデオロギー

六　日本の近代化についての帝国主義的歴史観

日本の近代化の歴史的性格をどのように考えるかという問題は、現代日本の未来像の問題である。したがってまた、それはイデオロギー闘争の問題である。

この小論でとりあげようとする日本の近代化のとらえ方のひとつの傾向――近代日本社会を主として急速な経済発展という見地から肯定的にとらえる傾向が生まれたのは一九五六年頃であることは、注目に値しよう。一九五五、六年は、日本経済がいわゆる高度成長を開始した時点であり、日本帝国主義復活の重要な画期である。それはまた、六全協とスターリン批判の時代であり、思想界とジャーナリズムの世界におけるマルクス主義の権威が凋落し、「戦後は終った」という言葉が流行した時期であった。このような時点に立って、鋭敏な時代感覚をもった批評家たちは、これまで主としてマルクス主義によって構成されてきた日本の歴史像に疑問をもちはじめた。マルクス主義者はあまりに厳しく日本の過去を糾弾しすぎるのではないか、源氏物語や浮世絵以外に日本の過去は誇るものをもたないのだろうか、日本の近代化は現在の経済発展をもたらしたものとして偉大な成功だったのではないか、世界に類を見ない高度成長こそ日本の歴史のもっとも重要な帰結ではないかなどという疑問が批評家たちの脳裏に浮かんだが、このような疑問は、急速な経済発展にともなう日常的な幸福のささやかな実現の可能性に生き甲斐を託すようになった民衆の実感をなにほどかその背景としていた。

経済危機が克服され、封建的なものが戦後の諸改革によって一掃されたことを確認したとき、革命の予言は誤っていたように見え、太平ムードの時代が訪れた。このような時代感覚の推移に、さらにほぼおなじ時点における歴史学界の事情も加えねばならない。歴史学界では、国民的歴史学の運動が性急な危機意識を情熱的に爆発させながら方法的な結実をみせることができなかったためにみじめな終焉をとげ、それ以後個別実証的な研究方向が高まり、マルクス主義歴史学のアカデミズム化と思想性の衰退が顕著になった。マルクス主義が仲間言葉のやりとりのなかで創造性と思想性を失う過程は、知的影響力を失う過程にほぼ照応していた。さらに、安保闘争以後ことに強化されたように見える学界へのアメリカ資金の導入と、いわゆるライシャワー路線が、研究者たちを結集しようとしていることも、問題の背景として附加すべきであろう。

日本近代社会の歴史的研究は、昭和初期以来主としてマルクス主義者かそれに近い立場の人たちによって推進されてきた。太平洋戦争にいたる理由を構造的に説明し、日本社会の前近代的な特質を鋭く暴きだし、そこから敗戦と民主主義革命の必然性を予言した講座派は、戦中から戦後にかけての歴史過程をもっとも正しく見透していたといえよう。そして、講座派的歴史分析の基本的な正当性は、敗戦と戦後の諸改革によって証明されたかに見えたから、その後の研究が主としてこの系統の人たちによってなされたことは当然であろう。マルクス主義者ではないが、大塚久雄の経済史、丸山眞男の思想史と政治学、川島武宜の法社会学のような日本の社会科学を代表する業績も、日本社会の前近代的な諸性質の究明と民主主義革命の推進を基本的なモチーフとする点で講座派理論と共通していた。そして、日本社会の全域にわたる民主化が社会的風潮であり国民的課題とされていた時期においては、これらの研究は基本的には反論しがたい正当性をもつものと見え、良心的な人びとの歴史像の大枠は講座派に依存していた。「日本人というものの民族としての低さ。やりきれない思いをするほどの実際の低さ。負けたからではなしに負けるまえからの桁《けた》ちがいの低さ。敗戦の原因ではなしに、開戦の原因でさえあったところの、国としての低さ。……そういう低さというものの実体と根元を、一度でも静かに考えてみただろうか」(大熊信行『国家悪』一九五二年、中央公論社)というような言葉が、痛切な自己省察の言葉として人びとの胸の奥深くに訴えかけた時代に、講座派系の歴史学はそのような時代感覚を支えるものに見えた。

右のような時代感覚が、高度成長と太平のムードのなかに消え去ると、あらたな時代感覚を基礎にこの小論にのべようとする帝国主義的歴史観が登場しはじめた。だからこのような歴史観の登場は、一面では新しい時代感覚の質を示すものであるとともに、他面ではマルクス主義史学が現代日本の問題状況に訴えるように歴史像を構築しえていないということを反映するものである。おそらくのちにのべるような歴史観が、帝国主義的本質をもっていることは論証しやすい事柄に属すると思う。困難であるが重要なのは、こうした歴史観のうちに表現されているはずの現代日本の問題状況を明らかにすることであり、そのような問題状況を鋭い論争的な問題にまで高めて思想闘争の主題にすることである。この小論に登場する人たちは、近代日本社会の厳しい諸矛盾を忘れ去り日本帝国主義を弁護しているが、その弁護の仕方の歴史的個性が問題であり、それと民衆的実感との触れあいや断絶が問題であり、そこに示されている時代の特質が問題であり、さらにその克服と変革的な歴史意識の形成が問題であろう。

この小論で念頭においているのは、「明治の再評価」(『朝日新聞』一九五六年一月一日)以来の桑原武夫のいくつかの論稿、梅棹忠夫の「文明の生態史観序説」(『中央公論』一九五七年二月号)と「東南アジアの旅から」(同上、一九五八年三月号、両論文とものちに『文明の生態史観』所収)、日本文化フォーラム編の『日本文化の伝統と変遷』

（一九五八年、新潮社）と『ロストウ理論と日本経済の近代化』（一九六二年、春秋社）、坂田吉雄編『明治維新史の問題点』（一九六二年、未来社）、『思想の科学』一九六一年十一月号、E・O・ライシャワーの「日本歴史研究の意義」（『朝日ジャーナル』一九六一年十一月）、「近代史をみつめる」（同上、一九六二年六月）など（のちに『近代史の新しい見方』橋場武一訳、一九六四年、原書房）、R・N・ベラー『日本近代化と宗教倫理』（一九六二年、堀一郎他訳、未来社）、スカラピーノ・升味準之輔『現代日本の政党と政治』（一九六二年、岩波書店）などである。一言断っておくが、これらの論稿がすべて頭の天辺から足の先まで帝国主義的だとも共通した理論をもっているとも私は思っていない。たとえば、ロストウはアメリカ帝国主義のもっとも雄弁な代弁者の一人であるが、桑原は敗戦後一貫して革命思想がロマンチックな独りよがりになる傾向を批判して合理主義的現実主義的なコースで日本の民主革命を実現しようとする立場にあったと思う。梅棹もいくらか桑原に近く、日本文化フォーラムに結集した人たちの間には重要な見解の相違がある。しかし個性あるこれらの論客たちの論点の相違や共通性をひとつひとつ忠実に追跡することは、このような小論では不可能だし必要でもない。この小論の目的は、日本の近代化についてのこれらの人たちの発言のなかにみられるある種の傾向を指摘しそれに方法的な批判を加えることにある。そこにみられる傾向が、現代日本のどのような問題状況とどのように触れあっているかは、私がさきに指摘したように諸事情をふくめてべつに詳しく検討されるべきである。

1　近代化のとらえ方

右にのべた人たちは、日本の過去がこれまであまりに否定的に評されたのではないかという疑問から出発している。『日本文化の伝統と変遷』はまずその序文で、「終戦以来日本は……専ら範を外国に求め日本伝来のものを一括して無視する傾向が強かった」とのべ、すぐつづいて「われわれは、独特の文化的伝統を生んだ日本人の活力を正当に評価して、その力によって日本の民主々義を押しすすめ」(傍点安丸、以下おなじ)、世界に寄与しなければならないとのべているが、おなじことを桑原は「欠点があろうとも、それ(近代化)に成功して独立を守った私たちの祖父たちを認めることなしに、日本の伝統を語ることは無意義であろう」(「伝統と近代化」『現代思想』XI、一九五七年、岩波書店)とのべている。いくらでも例を挙げることができる右のような発言は、彼らのモチーフをよく示している。彼らによれば、これまでの歴史学は、日本の過去をあまりに否定的に評価しすぎ、日本人の「活力」や能力の高さを無視してきたのである。そして、近世以降、とくに明治維新以降の日本歴史の研究はこれまでほとんどすべてマルクス主義的立場からなされたから(そのこと自体が興味ある研究テーマになりうる)、彼らの発言はマルクス主義歴史学の批判をつよく志向しており、しばしばマルクス主義一般との対決にゆきついている。しかし彼らのうちでは、ロストウその他のアメリカ人は指導的な帝国主義国の理論家にふさわしく明確な社会科学的な理論構築をしてマルクス主義との体系的な対決を試みており、日本人論客は問題意識ないし発想の次元にとどまることが多く、あまり体系化されていないという相違がある。

それでは、日本の近代化が肯定的に語られるとするならば、それはどのような観点からであろうか。

この問題を明快な論理でさばいたのは桑原であるから、まずその問題の立て方を検討してみよう。彼は合理主義者らしく「近代化」を分類して「およそ近代化とは基本的に、(1)政治における民主主義、(2)経済における資本主義、(3)産業における手工業ないしマニュファクチュアから工場生産への移行、……(4)教育における国民義務教育の普及、(5)軍備における国民軍の成立、(6)意識における共同体からの解放、個人主義の成熟」という六つの要素に分けられるとし、敗戦までの日本は(1)と(6)では成功しなかったが、(2)〜(5)において成功した、そしてこれらの要素のうちどれに力点をおくかによって評価が変るが、「もっとも基本的と思われる生産力において」世界史に空前のスピードで進歩したとのべている（「伝統と近代化」）。このような立論の仕方をみればさきにのべた私たちの祖父たちの努力や成果を認めなければならないという主張は、日本は生産力の発展＝資本主義の発展において明治維新以来急速な発展をとげたということを主要な論拠にして日本の近代化を肯定的に評価する立場であることがよくわかるであろう。桑原は六つに分類しているが、(2)〜(5)が本質的に結合しており、(1)と(6)が(2)〜(5)と異質であることは明らかであろう。教育の普及という問題をとりあげても、肯定的に評価しうるとすれば(1)や(6)と結合した側面ではなく、(2)や(3)と結合した側面を強調しなければならず、近代的な軍事力の創設が(2)や(3)ともっとも深く結合していることはいうまでもない。だから桑原のいう六つの要素のうち、成功したという(2)〜(5)は生産力の発展＝資本主義の発展を中核としてそれに結合したものであり、桑原の近代日本にたいする高い評価が近代化の主要な示標を産業化におくからであることがわかる。べつなところはつぎのように要約している。

> 個人主義の発達とかあるいはデモクラシーの発達というのをふつう近代化の要素にしますけれども、そういう点では十分なことがなされたとは思いませんけれども、しかし、工業化とか、資本主義化あるいは資本の集中とか国民教育の普及とか、それから国民軍の創設とか、そういう意味での近代化ではいい成績をとっている。それで総合評定して近代化に成功したと見るわけです（討論「明治維新の意味」『中央公論』一九六二年一月号、での発言）。

桑原は民主主義や個人主義の発展も資本主義の発展や国民軍の創設も同一平面に並列して入学試験の採点のように総合評定しようというわけだ。ところで、産業化という見地から日本の近代化は大成功であったが、マルクス主義史学にとってはそのような近代化こそが民主主義と個人主義をおしつぶし対外侵略をひきおこしたのだということが問題であった。マルクス主義の立場からは、入学試験の採点のような桑原の「総合評定」は受けいれがたいものであり、日本の近代化＝産業化と民主主義の抑圧や対外侵略との構造的な連関を明らかにしなければならない。桑原は並列することによって構造的に関連したものを切り離す。そしてもし、近代日本の急速な近代化＝産業化が、民主主義と個人主義の抑圧や対外侵略に関連と責任をもたぬなら、近代日本の近代化＝産業化こそ世界に誇るべきものではないか。

近代化＝産業化＝生産力の発展という視角から近代史を把握しようとする立場の代表者はロストウであるが、成長段階論という名称が示すように近代化とはなによりもまず経済成長の問題であるとされている。「マルクス主義の近代史解釈に代るものである」と自称するこの理論は、国民総所得の一〇％以上が投資にまわされるということを「伝統社会」から近代社会への転化の唯一の指標としている。そしてこの投資率の増大がどのような「刺戟」によってもたらされ、いつどのようにして規則的成長がもたらされるようになり、こうした経済成長はどのような結果をもたらすか等々を論ずる（杉本昭七「ケネディ政権の理論的背景——W・W・ロストウの見解について」『新しい歴史学のために』八〇号参照）。そして成長段階論の立場からは、日本は「団結して、機敏に、気力にあふれ」（『ロストウ理論と日本経済の近代化』、以下ロストウの見解は同書による）て外圧に反応し近代化に成功したものとして、きわめて肯定的に評価されている。経済成長段階という観点に立てば、「団結心」（国家主義のこと？）、「機敏さ」、「気力」などという道徳外的（？）な人間能力が高く評価され、自由や平等や正義は登場する場所を失ってゆく。

近代化＝産業化というとらえ方を精神史的に試みたのは竹山道雄であった。竹山によれば、近代化とはなによりもまず精神における現世化、世俗化、合理化などのことであった。竹山によれば、一六世紀を境として日本と西洋において宗教の支配がくつがえされ、精神の現世化、世俗化という現象が起こり、そのような精神態度が近代的な経済制度と政治制度をつくった。精神的要因を「経済関係や権力関係などの他の要因に還元し」、そこからすべてを演繹的に説明する唯物史観は誤りであり、精神的なものが「経済関係や権力関係を生みだした」(『日本文化の伝統と変遷』、以下竹山の見解はすべて同書による)。日本と西洋をのぞく地域(梅棹の第二地域)は宗教的な聖なるものに究極的な価値観をおいたために、現世における世俗的な活動を重んじてそれを合理的に遂行することができず、そのために近代化＝産業化することができなかった。

竹山のいう現世化と世俗化とはほぼおなじ意味であり、合理化とはそのための手段の有効性の問題であろう。そうすると現世化、世俗化、合理化は急速に発展する産業社会として実現されるものであり、人間生活のさまざまな側面は現世化、世俗化、合理化において急速な経済発展に従属しそれに収斂することになる。こうしてそこにもまた道義的理想の喪失という問題が生まれる。竹山は現世化のことを論じて、「西欧でも日本でも、やがて現世の実力がすべてを決定する近世となった」とのべているが、「現世の実力」とは経済的ないし政治的な力、支配力や権力であり、竹山によればそのような実力が支配する社会が近代社会なのである。そして右の言葉はまったく肯定的にのべられているが、「現世の実力がすべてを決定する」とはあまりに露骨でドライな実力主義の立場ではなかろうか。「宗教も伝統もそれだけでは無力となり、以後はむしろ現世の力を装飾するものとして利用されるようになった」とのべるとき、竹山は「力は正義である」という立場から近代社会を画き、近代社会においてどのような道徳や理想が形成され運動しているかを発見できない。

坂田吉雄が明治維新史における知的要素の重視を主張し、源了円が実学史観を提唱するとき、知的要素とか実学とか呼ばれているものは究極において日本の産業化とそれにともなう諸制度や文化を推進するものであるし、ベラーが儒学や心学を論じてそこに合理主義や世俗内禁欲主義を発見しているのも、近代化、産業化に宗教（ベラーによれば儒学も心学も国学も宗教である）がはたす積極的な役割を明らかにすることであるが、ベラーの著作についての詳しい論評は別の機会に試みたい。

ところで、近代化の問題を主として産業化という観点からとらえるべきものであるとするなら、社会体制の相違は近代化＝産業化のための手段の相違にすぎなくなる。スカラピーノと升味によれば、現代は基本的な価値が普遍化しつつある時代であり、「コミュニズムとの対立について重要なことは、歴史の眼で見れば、両者の相違ではなくして両者が同じ目標を追求しているということである」。そして共通する基本的価値ないし目標とは、彼らによれば進歩と産業化と科学とデモクラシーであり、この四つの目標のためにどの体制がより有効であるかという立場から二つの世界は争っているのである。右にあげた四つの価値ないし目標のうち、進歩はなんのための進歩なのかよくわからぬが産業化以下の進歩だと考えれば、(自然)科学は広い意味では産業化の手段なのだから、社会的にみて基本的な価値は産業化とデモクラシーに要約される。そして産業化とデモクラシーにおいてアメリカと西欧の「自由主義」の社会体制がコミュニズムのそれよりも有効であると主張することが、現代アメリカの「進歩派」の価値感覚であるらしい。彼らは、一方においてコミュニズムの問題を道徳的な善悪の問題からとらえる狂信的な反共家を抑えるために、他方においてともすれば共産主義に傾きがちな後進諸国の人びとを味方につけるために、西欧的自由主義の有効性(高い生産力)を証明しなければならない。ライシャワーが『近代史をみつめる』その他で展開していることも、ロストウがいくらか論理的にのべていることも、結局は右にのべた意味で現代の欧米的な社会体制がもっともすぐれたものであり、後進諸国はそのような体制にいかにして近づくことができるかを論じたものといえよう。

ライシャワーによれば、現代の先進国は経済的にいずれも高度成長と混合経済(自由経済と統制経済の混合)によって特徴づけられ、ソ連と欧米諸国には統制の強弱において程度の差があるにすぎない。根本的に異なるのは民主主義の存否であって、一八〇〇年以降欧米社会は次第に完全な民主主義に近づいたのにロシアは不完全な民主主義からますます専制主義へとすすんだ。では、政治的にはなぜこのような対極的な現象が近代化の過程で生まれたか。そのことを考えるさいに重要なのは近代化の時点である。すなわち、早くから近代化の方向を歩んだイギリス、フランス、アメリカなどは、資本主義の発展と民主主義の発展とが相ともなったのに、より遅く近代化をはじめたドイツ、日本、ロシアでは産業化の発展が国家権力の主導のもとに強力的に行われ、そのために産業化の発展は民主主義の発展をおしつぶしてしまった。ところが近代化＝産業化の発展は高い教育水準とマス・コミの発展を必然的にともなうものであるから、近代化がすすめばすすむほど高い知的水準をもつにいたった国民の民主主義への要求は強まる。したがってドイツや日本のようにこの要求を認めて、たとえば敗戦を契機に民主主義化の道を歩むか、さもなければロシアのように次第に自覚しつつある民衆を抑圧するためにより厳しく専制的になるかしなければならない。ソ連社会は、近代化＝産業化すればするほど自覚しつつある民衆を抑えるためにより強く専制的になるか、民衆の要求を認めて欧米社会のように民主主義化するほかない。以上がライシャワーの考えであるが、ソ連論ではロストウもよく似た理論である。ロストウによれば、共産主義は「富裕で企業心旺盛な」産業的中産階級を欠いたロシア社会が近代化を効果的に推進するためにとった権力的組織である。それはさまざまな欺瞞にもかかわらず「おそるべき力を発揮する」「権力の技術」であり、近代化を効果的に推進する前提条件を欠いた後進諸国がとりつかれやすい病気である。ところがこのような社会形態は産業の高度化がすすみ、豊かな生活を求める民衆の要求が強まると崩壊の危機にさらされる。「共産主義は成長問題の供給面にだけ妥当する奇妙な社会形態であり、高度消費時代に衰微する見込がある」。だからソ連社会は民衆の高度消費時代への要求を抑えるためにたえず対外危機を強調し対外侵略を試みなければならない。ソヴェトの好戦的外交政策を生みだす根源はこのような社会体制にある。

なかなかみごとなアメリカ帝国主義の弁護ではないか。彼らの議論に従えば、ソ連社会がアメリカ化することによってソ連社会はその宿命的な矛盾を解決し、この矛盾が解決すれば世界の平和が実現される。戦争の原因はアメリカ資本主義にも日本の資本主義にもない。産業化＝資本主義化はそれ自体では戦争と植民地獲得の原因ではありえず、マルクス主義者の帝国主義論は誤っている（たとえばストレイチも、第二次大戦後に植民地を失うことによって欧米経済はかえって急速に発展したと強調している）。だがそれなら、かつてもっとも好戦的であったドイツや日本の帝国主義はどうなのか。たとえば近代日本に一貫する侵略の衝動はなにによって説明されるのか。

それは、ロストウによれば反応的ナショナリズム（反応的というこの奇妙な言葉は、reactive の訳語である。最初は反動的と訳されていたが、日本文化フォーラムの人たちによって誤訳とされた）のせいであり、ライシャワーによれば国家主義と軍国主義のせいである。だがそのような反動的国家主義こそ日本資本主義と不可欠に結合したものではなかったか。

ここで私たちは、日本の財閥は侵略戦争にたいしてどのような責任をもっているのか、という日本近代史のひとつの重要な論争問題に到達する。これはまた、戦争責任論の核心問題であり、東京裁判の歴史的性格の問題でもある。ライシャワーはこの点について早くから、日本の財閥には直接の戦争責任はないことを歴史的に明らかにしようとしている。たとえば敗戦直後に書かれた著書のなかでのファシズムの擡頭を論じたさいに、たとえば「実業家と官僚とは、反動的な超国家主義者、軍国主義者の一団の人々が、その維持してきた覇権に対して最も直接的な脅威となっていることを見損ったことによって、運命的な過誤を犯した」(『日本――過去と現在』岡野満訳、一九四八年、時論社)とのべている。つまり、資本家と官僚の責任は軍国主義に断固として反対せず、軍国主義や国家主義者に覇権をゆずりわたしたという点にのみある。したがって彼らの責任は、反戦のために充分に有効な手段をとらなかったという間接的な責任にすぎない(ついでながら天皇については、「穏健派に入るもう一人の人物は天皇自身であった……多分自由主義者であった」と右の本はのべている)。

結局のところ、戦争の問題は二つの方向から論じられているように思う。ひとつは、戦争の原因をナショナリズムに求め、後進国における近代化が強いナショナリズムと結合したために戦争がしばしば起こったのであり、近代化の推進にともなって国家主義的要素が少なくなると戦争もなくなるという考えである。ロストウが「選択の型」ということを主張して、高い経済発展にともなってそれぞれの社会は対外侵略でも高度の消費経済でも福祉国家でも任意に選択できるのだ、というのは右の立場である。この考えでは、対外侵略は遅く近代化をはじめたドイツ、日本、ロシアのような近代社会に特有の、ある程度やむをえなかったにしても、頭の悪いやり方であり、ちゃんと頭を働かせて考えればなくすることができるものである。もうひとつはこの小論に登場する日本人論者がしばしばのべているものであるが、戦争は近代国家が一般にやっていることで、日本だけが悪いのではないと考える立場である。この立場の人たちは、日本の近代化が対外侵略と結合していたというマルクス主義者の主張をいちおう認めたうえで、それを近代化のためにはやむをえないことであったと容認する。たとえば竹山はあからさまな口調で語っている。

明治日本の国家主義を中軸とする進歩は大成功をおさめた……侵略的膨張主義は当時のすべての活力ある国がやったので、日本の罪はそれを遅くはじめて無理をしたということだった。

これ以上赤裸々に語ることは不可能ではなかろうか。竹山にとっては「活力ある国」であることが最高の価値であり、それこそ近代的ということの内容なのだから、侵略的膨張主義をもっとも勇敢に遂行した日本はもっとも「活力ある」、したがってもっともすばらしい国ではなかろうか。血気にはやりすぎて「無理」をしなければ本当によかったのに！

『ロストウ理論と日本経済の近代化』の討論に参加した人たちのうちで、高橋正雄は主として労農派理論の立場からほぼ一貫した反対論を唱えているが、気賀健三、馬場啓之助などはマルクス主義的歴史観への敵意に燃え、近代日本のいくつかの戦争についても、欧米諸国やロシアの東洋進出をあげ、日本帝国主義だけが原因ではない、財閥には直接の戦争責任はない、と強調している。そこには、かつての「持てる国」と「持たざる国」の対抗の理論を見る思いがするが、「持てる国」も「持たざる国」も「持たれる国」(加藤周一の用語による)にたいしては侵略的帝国主義国だということが忘れられてしまう。おなじような見解は桑原にも見られる。桑原によれば、資本主義国はどこも侵略戦争をやったのだから、日本だけがとくに責められる理由はない。なるほど南京虐殺のような特殊な暴虐事件にたいしては戦争責任を問わねばならないが、資本主義の発展と侵略戦争が必然的に結合しているものであるなら、人間は必然的なことにたいしては責任を負いえないのであるから、戦争責任を論ずることはできない(『日本史研究』五九号のシンポジウム参照)。

以上のような戦争問題のとらえ方は、彼らの近代化のとらえ方と必然的に結合しているように思える。たとえば、竹山においては、近代化とは現世化、世俗化としてとらえられ、「現世の実力がすべてを決定する」社会になることであったが、侵略もまた「実力」のうちであるから実力あるものが支配するのは当然であろう。合理化とは実力を有効に発揮する方法にかかわるものであるから、侵略を「無理」をせずにうまくやりとげることも合理的であることのうちである。私は最近、『徳川時代における人間尊重思想の系譜』(一九六一年、福村書店)という本を読んだが、そこではたとえば織田信長があらゆる伝統的権威を無視して行動したことをさしてヒューマニズムだとか人間尊重の精神だとかのべられているのをみて驚いた。そこでは、自分の実力を信ずるがゆえにいくらでも暴虐になりえた人間が、その実力という地上的なものへの信仰のゆえにヒューマニストだとか人間尊重の精神だとか呼ばれているのであった。彼らは、人間とは「欲に手足のつきたるもの」であるという西鶴の定義に近づいている。

桑原の広範な評論活動の全体をここで論評する必要はないが、かつて民主主義の確立という国民的課題の実現のために現実生活の上に立った合理主義的な思想を培うことを目的としていた桑原の基本的な立場は、民主主義へのパトスをいつか切りおとして日本人の有能さ(トランジスターとか猿の研究の成果とか)を誇ることにおいて合理主義と鋭い現実感覚を発揮する立場に移行しつつあるように思える。ナショナリズム論の提唱を私は無意義であるとは思わないが、産業化やそれとむすびついた学問・技術の分野での急速な発展という視角からのみ日本の伝統が把握されるとき、そして民主主義や個人主義や平和の問題が「そういう点では十分なことがなされたとは思いませんけれども」と簡単にいいすごされるとき、私たちはそこに池田勇人流の大国主義の臭いをかぎつけ、公式主義という蛮刀をふりかざしてさえ騒ぎたてざるをえないのである。

2　近代化の推進主体

近代化を主として産業化という観点からとらえるならば、その推進者は誰であったか。近代化＝産業化という観点に立てば、その推進者は資本家であり、日本のような後進国においては資本家とそれを援助した明治政権の指導者たちということになる。そうすると、民衆は日本近代化においてどのような役割をはたすのか、武士階級は明治維新と資本主義の担い手であったかどうか、またそうだとすればどうして武士階級のなかからそのような担い手が生まれたのか、などという周知の論争問題にゆきつく。

この問題、あるいは一連の問題にたいする右にのべた人びとの見解はみごとに一致しているようである。まず、明治維新は武士、ことに下級武士出身のインテリによってなされた。松田道雄は、明治維新がインテリによってなされたことをはっきり認めるべきであり、階級的基盤の問題よりも志士たちの「精神における共通性」の方がより大切であると主張しているが（「日本の知識人」『近代日本思想史講座』4、一九五九年、筑摩書房、のちに『日本知識人の思想』）、右にのべた人たちもほぼ同様の見解である。竹山が明治維新を論じて、「国内的な好条件は何といっても活動した下級武士出身のインテリが高いモラルと知力と精力をもった人々だったことにあった。このことを認めなかったら不公平だと思う」とのべるとき、彼らが「高いモラル」をもっていたかどうかは大いに疑わしいけれども、明治維新の主体が主として下級武士にあること、しかも下級武士が階級としてではなくインテリとしてとらえられていることにおいて、右にのべた人びとの公約数的な見解が示されている。右のような見解は、さらに「明治の建設者」一般に拡大されている。

明治の建設者たちは、合理的な知力と冷静な意志力の持主だった……かれらは歴史を大切にする儒教の教養を身につけてつねに事実に即して判断する能力をもっていて、空理空論にはしらず、責任ある地位についてからは慎重な漸進主義をとった。国民も怜悧で勤勉だった。

つまりは儒教の教養を身につけた武士階級のなかからいかに有能な近代化の推進者が現れたかということにつきているが、民衆については申し訳のように一番最後に一言だけ附加されているところが面白い。

『ロストウ理論と日本経済の近代化』の討論に参加した人たちのうちで、ロストウ理論に好意をもつ気賀、武藤、馬場は、近代化の担い手については、ほぼ右にのべた竹山の見解に等しい。たとえば、高橋の労農派的な立場からの報告は馬場の気に入らない。そこで、「この報告書(高橋の報告書)の中にあります武士団というものの規定の仕方が搾取階級という形で規定されているわけです。単なる搾取階級であってはその中から産業の統率者を生み出すような役割を果すことができないのじゃないか」、武士は高度のプロダクティビリティをもった階級ではないか、そのような単なる搾取階級でない武士の社会であった江戸時代は封建制とはいえないのじゃないか、「商業資本に欠けておったような生産的投資へのモチーフというものが、実は政府並びにそれと連関する士族によって代行された……そう考えるとやはり日本の近代化における武士の役割を相当に重く見なくちゃいけない」、と馬場は論ずる。この議論は直ちに儒教をプロテスタンティズムに対比し、そこに資本主義のエートスを見ようとする議論につづくのだが、それはのちにのべよう。ただここでは、近代化の推進者が武士階級とされ、その武士階級が有能さという見地からとらえられていることを確認しておこう。私は、有能さという基準でとらえられていることを重要だと思う。なるほど竹山は「高いモラル」ともいっているが、重点はモラルにはなく、幕末明治の指導者がいかに知的にも活動力においてもすぐれていたかということにある。もし有能さということが歴史をとらえる基準であるなら、有能なものが歴史を推進するといえるなら、有能なものが勝利を収めるのだ、有能なものが支配するのだという結論は直ちに生まれる。そしてこのような歴史のとらえ方は、大和魂や道義的生命力を基準とする精神主義的ないし道徳主義的な歴史把握(国体史観その他)とも、階級闘争の観点からする史的唯物論の立場とも根本的に異なっている。それは、自分の能力とそこから生まれる巨大な物質的な力にもっぱら信頼をかけるある階級の歴史観ではないか。

下級武士出身のインテリが明治維新の直接的な担い手としてもっとも重要であり、彼らはまた維新以降の近代化に重要な役割をはたしたことは、歴史的事実であると私は思う。そして彼らがなかなか有能であったことも事実だと思う。しかし問題は有能さの質であり、特別に有能な少数のエリートを指導者とした社会の歴史的な性格であり、そのような有能さのはたした歴史的役割にあるのだから、有能さということ自体は超歴史的な抽象概念であって歴史分析の武器にはならないと思う。たとえば源了円が「実用に役立つ」学問という超歴史的な抽象概念をもって実学を定義し、そのような実学に日本の近代化を担わせて「実学史観」というひとつの歴史観を提唱するとき(『思想の科学』六一年一一月号)、実用とはなにか、その実用はどのような歴史的諸矛盾の解決でありまた発展であるのかと問い、実用一般は歴史的存在でないと主張しなければならない。右のような主張にたいしては、実用や有能さは日本の独立のためのあるいは近代化のための実用であり、有能であるとちゃんと規定しているではないかと反論されるかもしれない。それなら私はまた独立と近代化一般は存在しないと主張し、したがって日本の独立と近代化がどのような諸矛盾との対決であり、どのようなあらたな諸矛盾の形成であったのかと問い、有能さや実用だけでなくさまざまな愚かさや非合理や宗教や道徳もまたそのような諸矛盾のなかから生まれて歴史発展を規定しており、特有な形態での日本の独立と近代化を推進しまた歪めたことを主張しなければならない。有能さや実学一般は、日本近代化と独立を近代化と独立一般にすりかえさせ、近代化と独立一般は明らかに善いことであるから、したがってそこにふくまれる諸矛盾の分析は回避されてしまう。有能さや実用に役立つ学問一般を歴史のなかから抜きだして歴史の推進力と考えることは、その人びとの価値意識を端的に物語るものであり、したがってひとつの世界観の歴史分析への実用主義的な適用であると思う。

ロストウによれば、近代化とは投資率が国民総所得の一〇％以上になることにほかならないが、しかし投資率を高める要因こそ問題の核心である。そこで大切なのはつぎのような「ひとびと」である。

投資率を高めるためには、近代科学と有用な費用節約的発明を操作し、かつ利用することのできるひとびとが、その社会に存在しなければならない。また一連の発明を資本ストックへ生産的に向けることにたいし、指導者としての負担と危険に耐える覚悟をもったひとびとも存在しなければならない。さらに革新的企業家を援助するために、大きな危険を冒しても、長期貸付をおこなう用意のあるひとびとも存在しなければならない。そして一般民衆はひとつの経済制度の運営を学ばなければならない。

右の引用がいう近代化を推進した「ひとびと」とは資本家をさすことは明らかであるが、彼らは有用な発明を利用する有能な「ひとびと」であることがまず主張され、さらに彼らはかならずしも利潤をもとめて活動するのではなく「負担と危険」に耐えて（おそらく社会正義のために？）そうしたのであるとされている。さきにのべた討論のなかで、日本近代化をすすめた資本家たちは利潤動機から活動したのかどうかが論争されているが、気賀や武藤はロストウにしたがって利潤動機からではなかったといいたいらしい。桑原が「伝統と近代化」という興味ある論文において、「欠点があろうとも、それ（近代化）に成功して独立を守った私たちの祖父たちを認めることなしに、日本の伝統を語ることは無意義であろう。上からの資本主義化というようなコトバにのみとらわれて、たとえば金子直吉、武藤山治、藤原銀次郎、こうした産業資本家の創意と努力を、彼らが資本家であったというだけの理由で否定するような心性からは、国民の伝統の創造的把握は生まれないにちがいない」とのべてその結論としたとき、桑原は竹山やロストウとともに資本家たちの「創意と努力」のゆえに生まれた暴虐と悲惨に眼をつぶるのである。

このように、近代化の推進力を主としてエリートの有能さに求め、さらに有能さの上に基礎をおいた彼らの責任意識等々に求めれば、近代化の過程における民衆の役割は必然的に無視されることになる。民衆は自分らの手で維新政府をつくったのではないし、資本家になったのでもない、民衆はしばしば視野の狭い非合理的な行動にかりたてられており、エリートに比較してはるかに無能であったことはまぎれもない事実ではないか、とこの人びとは考える。そしてこのようなとらえ方が、農民的な商品経済の発展と一揆や打ちこわしの発展を基礎にして、階級闘争の見地から近代化の問題をとらえようとする立場と根本的に異なることは明らかであろう。坂田吉雄編『明治維新史の問題点』は、こうした立場に立って階級闘争史観を打破する体系を打ち立てようとした最初の首尾一貫した研究であろう。この本は(その方法はのちに検討するが)、近代化をすすめた知的要素の研究がもっとも大切だという立場に立ち、佐久間象山、横井小楠、蛮書取調所などから維新政府の官僚や明六社グループなどに連なる「実学」の系譜に、日本の近代化の主要な推進主体としてもっとも高い位置を与え、尊攘討幕運動は右にのべた実学的エリートの活動を準備するものとして、「名望家層」はそれらに協力する地方の有力な指導者として、それぞれに重要な位置が与えられる。これにたいして民衆運動は、黒正巌の見解を援用して、革命的な動向はまったく読みとれない前近代的な反抗であり、近代化になんらの積極的な役割をはたすものではないとされている。この本には、維新史に登場する主要な勢力がほぼ網羅されており、それなりに緻密な研究から実証的に明治維新史の全体像を組み立てようとしているが、右にのべたような各勢力の位置づけは知的要素の重視、したがってエリートの重視という方法論のなかにすでに含意されている（私の同書書評、本巻―七、参照）。

竹山はエリートの尊重と民衆の役割の否定という点でもずけずけいっている。

> 世の中を動かすのは、つねに活動的な少数者である。はじめは微々たる一群の動きが、圧迫をうけながら時と共に力を得、激動のなかに勢力を増して、ついに全体を左右して次の時代の性格をつくる。つぎつぎと時代を作ってゆくのは、表面に立った波であり、その下には一般国民の前代から変らない深い層がある。これはニュートラルな受動的なものであって、あたらしい形成力をもっていない。故にこの変らない深い層中に沈んだものをとりあげて、歴史の動きを説明することはできない。

3　「史的唯物論」＝経済決定論の批判

この小論で帝国主義的歴史観と呼んだものの特徴を、以上にのべたかぎりで要約するなら、第一に日本の近代化の問題を主として産業化という見地から肯定的にとらえていること、第二にそのような近代化＝産業化の推進者を武士出身のエリートに求め、主として有能さという見地から彼らを高く評価することであるといえよう。侵略戦争の肯定、民衆闘争の役割の否定、社会体制と階級対立の問題の無視、民衆抑圧の弁護などは、右のような立論から必然的に生まれるコロラリーであった。そこで最後に、このような立論の理論的な根拠を検討してみよう。ところがこの理論問題を検討してゆけば、個々の論点の背景に私たちはおそらくT・パーソンズの社会学理論を見出し、さらにその背景にM・ウエーバーその他を見出し、日本の近代化をめぐる個々の論争点も一九世紀以来のマルクス主義と社会学諸理論の論争史にかかわる重要な理論問題と結合していることを発見しうるであろう。竹山や桑原は、もし欲するなら、その立論の根拠をロストウやベラーに見出し、ロストウやベラーの背後にパーソンズ、ウエーバー、デュルケームなどの社会学の伝統を見出しうるであろう。だがここでは、もとよりそのような広汎な問題を一挙に論ずることは筆者の能力をはるかに超えるから、右のような事情を一応念頭におくだけで、坂田とロストウが史的唯物論を批判しながら構築した方法論をとりあげ、のちにはベラーも論じよう。

『明治維新史の問題点』において、坂田は独特の方法論を展開している。坂田によれば、まず第一に、人間は目的をもって主体的に行動するものであるから、人間の行動およびその結果としての歴史を理解しようとするならば、人間行動の目的を知らねばならない。そして第二に、人間は目的をたてるために認識し、この認識にもとづいて目的を立てるのであるから、目的は認識から説明されなければならない」。したがって、「歴史学では、まずどのような環境の下でどのような対象に関してどのような認識が生まれたかという事実を叙述することからはじまって、認識から目的を、目的から行動を、行動から結果を説明するという方法がとらるべきである」。このようにして認識の問題がもっとも重要になる。「歴史学では特に、主体である社会的勢力がもっていた認識の内容が明らかにされなければならない」、しかし「認識が問題になる場合、重要なのは環境との関係ではなく内容そのものである」。

右のような方法論にもとづけば、歴史学はそれぞれの社会勢力の認識内容を明らかにすることに還元され、高い認識をもつのはエリートとエリートを生んだ特定の集団なのだから、歴史の推進力はエリートとエリートが属する特定の集団の認識能力にかかっていることになる。私の考えでは、このような方法の誤りを発見するためには、人間は「正しい（客観的な）認識」にもとづいてのみ目的を立て行動するものであろうか、と問うてみればよい。そうすれば、人間はしばしば誤った認識にもとづいて行動するばかりか、感情や道徳的信念等々からも目的を立てて行動するものであるから、「認識から目的を、目的から行動を、行動から結果を説明」できるのは、ごくごく限られたばあいであることがわかる。なるほど人間は主体的に目的を立てて行動するものであり、存在によって決定されるものではないという点で、坂田と史的唯物論は一致する。しかし、人間の意識は、正しい（客観的科学的な）認識をもひとつのモメントとしながら、さまざまの主観的願望や意志や自己欺瞞や信念やをふくんだひとつの世界観なのであり、このような世界観にもとづいて人間は行動する。そしてその世界観は歴史的なものであり、世界のなかにふくまれる客観的認識や人間の願望や意志や自己欺瞞なども歴史的に特有な構造をもっているから、人間を行動にかりたてる歴史的に特有の構造をもった世界観を分析しなければならない。さらにまた、世界観が右のようなものであるからこそ、歴史の客観的な過程はそれに参加した人間の意識とは独立に進展し、そこに意識過程とは独立した客観的過程（意識過程も研究者の立場からはひとつの客観的過程であるが）の研究が必要となる。坂田は、人間がしばしば誤った認識にもとづいて行動するという問題を試行錯誤の問題として処理し、正しい認識をもったものがいつも勝利をうるとは限らないが、正しい認識をもったものが主導権を握らなければ矛盾は解決されぬから、「何時かは正しい認識をもったものが主導権を握ることになるのであろう。その時点で変革の歴史は終る」とのべている。これはどこか「現実的なものはすべて合理的である」というヘーゲルの命題に似ているようだ。明治維新は正しい認識をもつものが主導権を握る過程であり、彼らが正しい認識をもっていたことは彼らが主導権を握って社会を安定化させたことによって（「変革の歴史は終」ったことによって）証明されている、というわけだ。そこでは、虚偽意識（イデオロギー）はなぜ生まれるかという問題が前もって回避されている。

右のような方法論がその欠陥をはっきりと示すのは、民衆運動の評価であろう。この本が黒正厳の見解を採用して民衆運動にまったく否定的な評価を与えていることはさきにのべたが、運動している人間の意識に現れている知的水準を問題にするという方法をとれば、右のような結論に到達するのは必然的であろう。民衆は知的水準においてエリートよりも遅れており、その運動はしばしば非合理的で復古的なものとなるから、そのような民衆を意識の現象面(典型的な例としては、右の書物があげている学制反対一揆や藩主の復帰を求める一揆)からみれば、遅れた反動的なものとすらみえる。しかし民衆は、そのもっとも遅れた現象形態をとることによってすら、客観的矛盾を暴きだして攻撃をしかけており、学制反対一揆というような一見反動的な目的を掲げることすら、民衆的自覚の一形態である。封建社会においては、肉体労働と精神労働は厳しく分裂しているのであるから、民衆の知的水準がエリートのそれより遅れるのは当然であり、そのような歴史的に与えられた条件のもとにおける階級闘争や民衆の自覚の歴史的に特有の形態が研究されねばならない。人間の意識の歴史的に特有な形態を研究するということは、人間が意識していることをその人間の主観によりそってそのまま認識するのではなく、その主観は特有の歴史的形態をとった世界観であると考え、その主観が未だ充分に把握していないその世界観の隠れた意味も合せて把握することである。もし人間の意識をその現象面(主観)にぴったりくっついて研究するなら、民衆闘争はしばしば遅れた反動的なものであり、またこの書物がのべているように封建支配者はしばしば熱烈な愛民主義者だったことになるだろう。しかし人間は、自分自身にもまだ隠されている動機にもとづいても行動し、行動を通じて(最広義には全人類史を通じて)いつかその真の動機や真の意味を明らかにしてゆくことができる。だからこそマルクス主義者は、人間の意識の問題を虚偽意識や可能意識(L・コルドマン）の問題としてとらえるのである。

ロストウは、史的唯物論を論駁するためにとくに「人間方程式」なる一節を設けているが、ロストウ理論と史的唯物論のもっとも根本的な相違は「人間の動機」をどうみるかという点である、とされている。ロストウによれば、史的唯物論とは経済決定論のことであり、マルクス主義の人間論は経済的利益の追求者ということに還元される。しかしロストウによれば、「人間はもっとも複雑な単位」であって、人間は経済的利益を求めるだけでなく、権力や余暇や冒険や安全や文化価値や愛情をもとめて行動するものである。だから、近代化を推進する人間の主体的な力も、経済的利益の追求とそこから生まれる階級闘争だけによって説明することはできず、右にのべたようなさまざまな動機によって説明しなければならない。ここでロストウは、史的唯物論における下部構造の規定性という考えを、人間の意識構造における経済的利益追求欲の優先という意味に解しているが（さきにのべた討論の参加者も高橋を除けばおなじ意味に解している）、ひどい曲解であろう。ロストウがいう権力や余暇や冒険や安全などを求める人間の意識は、そのような形態であらわれた下部構造の意識化現象であろう。もし階級関係が、人間の歴史において直接的にかならず階級関係、生産関係として意識されるものであるとしたら、人間の歴史はどんなに単純なものであったろう。人間は階級関係をふくめて全体の社会関係を権力や安全や道徳や宗教等々の問題として間接的に特有な形態で意識してきたのであり、私たちは歴史学において、権力や安全や道徳や宗教等々として主観的に意識されたものの真の意味を彼らの主観的な意識とは独立して明らかにしようとしているのである。

知的要素を重んずる坂田とさまざまの動機を主張するロストウは、一見ひどく異なるようだが、人間が現に意識していることを重んずる点で共通している。彼らは人間をその人がいま現に意識しているとみずから信じている意識からとらえ、そのような意識現象を支えるまだ意識化されていない全体的な人間構造をとらえない。ロストウは、人間のさまざまな動機を重んじ、その動機が行動を決定するものと考え、そこから「固定的、必然的な発展段階」ではなく、「選択の型」を導き出す。つまりロストウによれば、人間は自分の意志決定によって、対外侵略でも福祉国家でも高度消費時代でも任意に選択できる。このような「選択」においてはエリートの役割が重要であろうが、こうしてロストウによれば、人間は歴史発展のモメントを全体として自由に操縦できるのであり、坂田によれば、エリートの知的認識が歴史発展の全モメントを掌中にしている。いずれにしてもエリートの意識が歴史発展の全モメントを握っているのである。エリートが日本の独立をめざして努力すれば独立が得られ、産業化をめざせば産業化が得られ、民衆の幸福を求めれば民衆の幸福が、平和を求めれば平和が得られる。

以上のような理論が、エリートを生みだした諸関係から切り離してエリートをそれ自体として重視する前述の考え方にふさわしいことは明らかであろう。そこではエリートの有能さが高く評価されるばかりか、有能さを支えるエリートの意志や願望や努力も肯定的に評価されることになる。ところで、これまでのべた人たちの大部分が下級武士革命論(明治維新、近代産業、諸制度、文化すべてにおいて)であること、そして下級武士の役割が彼らの階級的立場や民衆運動との関連からではなく、彼らの主観的な意識自体から高く評価されていることはすでにのべたが、そのように考えるなら、下級武士の世界観を支えていた儒教の意義が高く評価されることになるのは当然であろう。

『ロストウ理論と日本経済の近代化』の討論参加者のうちで、馬場や武藤が武士階級に担われたものとしての日本の近代化を積極的に評価することに努め、武士階級を「単なる搾取階級」と定義してはならない、などとのべていることはすでにのべたが、このような立論の背景にあるのは、儒教の高い評価である。馬場も武藤も日本の儒教をウエーバーの意味でのプロテスタンティズムに類似するものと考え、そこにはパブリックなものに対する責任意識、世俗内禁欲主義、合理主義などがみられるとしている。そして国家主義は、このような儒教によって内面的に基礎づけられたものであって、ウエーバーの意味での近代化への動機づけをもったこの国家主義が、日本の近代化のエートスであったとされている。

右のような考えを、もっとも体系的にのべたのは、ベラー『日本近代化と宗教倫理』である。

ベラーによれば、日本の近代化の基礎は西欧のそれとはまったく異なる。西欧の近代化をひき起こしたものは、個人主義およびそれと結合した利益社会の志向であり、日本においては伝統的社会の特殊な構造であった。日本の「近代化の過程は、革命的要素によって明らかにすることはできず、伝統社会自体の構造によって明らかにしなければならない」。そして伝統社会のなかでベラーが注目するのは、「経済的要因や社会階層」ではなく、社会価値であるが、社会価値はそれぞれの社会で経済構造や政治構造よりもはるかに恒常性をもった特有のものであり、日本ではそれは忠である。この忠の対象を国家に集中させ、忠を「最高度の能率と最少限のエネルギー」をもって、目的合理的に、世俗内禁欲的に遂行することによって日本は近代化したのであり、「富の増大は(忠の実現のための)単なる手段にしかすぎなかった」。こうしてベラーも下級武士革命論であり、この忠意識を支えた理論として儒教、国学、心学などが高く評価される。ベラーが高く評価するものは、まさに私たちが封建的とか前近代的とかいって批判してきたものにほかならないが、彼は、「もし私が伝統的日本社会の肯定的側面のみを過大に強調する誤りを犯したとしても、日本の戦後の知識人は、反って一般にその否定的側面のみを強調する誤りを犯すものといえよう」とのべている。そしてさらに、「明治以後の日本の近代化の過程は、特殊でもゆがんだものでもなく、きわめて自然な事実それのみが可能な道だった」。

尊攘討幕派の指導者、明治政府の官僚、代表的な資本家などは、しばしば自分は儒教的な忠意識にもとづいて行動しており、資本主義の発展も官僚制の発展も自分が大金持になったことも忠誠の結果にすぎないと信じていたが、ベラーの理論はこのような明治の指導者の主観にぴったりとより添っている。それは、当該社会に支配的な社会的価値(日本では忠)を社会発展の主要な原動力とするベラーの方法から必然的に生まれる結果である。だがそれならば、近世の儒学や国学のなかに深く根ざした忠意識がかならずしも合理化の方向だけをたどらず、心情的呪術的な天皇信仰へと収斂し、前近代的な精神構造を再生産(しばしば拡大再生産)したのはなぜか。この問題を丸山眞男は右の書物の書評のなかで追求しているが、私の考えでは、旧い社会構造という場でなされた近代化=合理化=産業化こそがあらたな矛盾を生みだし、その諸矛盾にたいする批判や隠蔽として前近代的な精神構造が再生産されるのである。読者はたとえば、「現世の実力がすべてを決定する」という竹山の言葉を思いだしてみればよい。現実社会がもしそのように実力主義であるとするなら、社会的タテマエとしてはかえってあまりに赤裸々な実力主義は隠蔽しなければならず、したがってそこに非合理的でおそらく心情的な共同体的イデオロギーが形成されやすいことがわかるであろう。近代化のひき起こす諸矛盾にたいする批判が、なぜ前近代的な思想構造をとりやすいかは別の機会にのべてみたいが、その諸矛盾の隠蔽の役割をはたす儒教思想について、いくらか唐突だが漱石の『それから』の主人公代助の父、長井得の場合について考えてみたい。代助の父長井得は、藩の財政整理から頭をもたげて、維新のどさくさのなかで、「大分の財産家」になった人物であるが、彼は旧藩主に書いてもらった「誠者天之道也《まことはてんのみちなり》」という額を麗々しくかかげて、自分は国家社会のために尽くす以外に余念がなかったように思い込んでいる。ここで長井得は、自分の資本家らしい功利欲をみごとに隠蔽する虚偽意識を身につけており、だから近代人代助からみれば、「父は自己を隠蔽する偽君子か、もしくは分別の足らない愚物か、何方かでなくてはならない」のである。

このような例において、長井得の主観に即してみれば忠意識にもとづいた目的合理的な行動であるものが、近代人代助からみれば偽君子か愚物か「何方かでなくてはならない」ことが大切である。そして忠という社会的価値が人びとを行動にかり立てた原動力であったとするベラーは、長井得の主観をそのまま代弁しているのであり、その虚偽意識性を暴いて彼の生活原理の隠された意味を明らかにしようとしないのである。なるほどその主観に則して考えれば、長井得のような人物は道徳的に正しいばかりか目的合理的であり、私たちは彼の偉大さにうたれるばかりかもしれぬが、しかしこうした主観の実現過程にひき起こされている諸矛盾は、そこではみごとに隠蔽されている。

右にのべたような見解が、史的唯物論を経済決定論であると考え、それにたいして主観的または主体的なものの重要性を対置していることは明らかであろう。E・H・カーによれば、「ヘーゲルとマルクスと決定論に知ったかぶりの軽蔑の態度」を見せ、主観的要因や偶然的要因の重要性を強調することは、現代のアメリカとイギリスの歴史学者においてはほとんど例外のないほど一般的現象であるが(『歴史とは何か』一九六二年、岩波書店)、こうした史的唯物論の歪曲は、マルクス主義のなかに燃え立っているヒューマニズムと理想主義が広範な民衆をひきつけてゆくことにたいする彼らの秘かな恐怖を表わすものかもしれない。しかし、このような歪曲自身が、それを充分に論破しうる理論構築をマルクス主義者に迫っているのだともいえよう。

＊

右にのべた人たちの多くは、現代日本を経済的には高度成長のゆえに満足でき誇るべきものと考える。ただ、すでにのべたような近代化の特質のために、欧米的なデモクラシー＝議会主義が確立せず、政治的に不安定なところが不安である。桑原を別とすれば、おそらく右にのべたすべての人たちは、急速に発展する日本経済と大衆社会化を基礎として、ある程度の福祉国家化をすすめ、欧米的民主主義（議会制、多数決、少数意見の尊重、秩序の尊重、漸進主義など）の習慣を確立し、現代日本社会が欧米社会に近づくことによって安定化されてゆくことを望んでいる（このような願望をもっとも端的に表現しているのは、スカラピーノと升味の『現代日本の政党と政治』であるが、これにたいする江口圭一のすぐれた批判（本誌『新しい歴史学のために』七八号）を参照されたい）。彼らは、世界にほとんど類をみない高度な経済成長という日本社会のひとつの現実をふまえて、テレビと電気洗濯機を買い入れて自家用車の値段と型について噂しあっているような日本の民衆のささやかな幸福感をくすぐり、民衆が日常的なささやかな幸福の追求のなかで、平和と民主主義と生活の破壊者が、かつて日本帝国主義であったし、やがてまたあろうとしていることを、忘却するようにと呼びかける。こうした動向がどのように専門的な研究領域に浸透しつつあり、思想的影響力をもっているかは、べつに詳しく論じなければならぬが、マルクス主義者もふくめていわゆる進歩的歴史学者たちの多くは、彼らの主張を一つのナンセンスとのみ考え、彼らの主張もまた歴史事実のある側面をふまえており、民衆の日常感覚に訴えうるということを無視し、みずからの問題設定と方法に深く自足して、うむことを知らぬげに洪水のように大量の論文を製作しつつあるようにみえる。

〔追記〕

三〇年以上も以前に書いたこのような内容の文章について、年老いた現在の私がなにかを付言しようとすれば、後知恵による弁解か、慚愧か照れ隠しか、いずれにしてもとても落ちつきが悪い。また、ソ連と東欧の社会主義体制の崩壊や現代中国の動向などをもって、近代化論の勝利、性急なイデオロギー的批判の失敗と思う人も多いはずで、そうした視角からすれば、この小論も戦後日本の進歩主義が残した累々たる残屍の一片ということになろう。だが、この小論でとりあげているような近代化論が一方的に勝利すれば、それは人類にとってもっとも悲惨な結果をもたらすだろうと考える点では、いまの私もたいして変りばえしていない。それに、さまざまの稚拙さはともかくとして、この小論には研究者としての私の出発点が、善かれ悪しかれ、端的に表現されていると思うので、恥を忍んで本書に収録することとした。たとえば、この小論中の「3「史的唯物論」＝経済決定論の批判」における意識研究の方法論や民衆運動への言及が、その後の私の重要な関心対象となって今日に及んでいることは、今回の収録にさいして読み返してみて明らかだった。また、恥の上塗りとなりそうなことをつけ加えると、この小論に先立って発表した二論文、「近世思想史における道徳と政治と経済――荻生徂徠を中心に」(『日本史研究』四九号)と「近代的社会観の形成」(同五三号、「安丸集」第4巻―六)では、「生産力」という視点を日本思想史研究の新しい分析視角として押しだしているが、それは戦後日本の進歩主義にしばしばみられたある種のリアリティの感覚の欠如への批判で、近代化論的リアリズムを私なりに受けとめようとする立場のあらわれであった。

◈『新しい歴史学のために』八一・八二号、一九六二年、所載。
　右の〔追記〕は、『〈方法〉としての思想史』(校倉書房、一九九六年)収録に際してのもの。

七　(書評) 坂田吉雄編『明治維新史の問題点』

この本は、マルクス主義的な立場から書かれた明治維新史研究を論破しようとする、それなりに系統的体系的な研究である。この本の著者たちは、ずっと以前からマルクス主義的な維新史研究に対して闘志を燃やして、いくつかの個別研究を発表してきたが、ここにそれらを集大成して理論と実証を兼ねそなえた全体像を構築しようと試みているのである。このような試みが、一九六二年という時点でなされたことは、いくらか重要な事実であって、著者たちの方法と主要な結論のうちには、現代日本の思想状況がなかなか見事に反映されていると思う。

日本の近代化についての本書に示されているような把え方が、最近しだいに力を得て一つの傾向となりつつあること、およびその理論的な特質については、別の機会に簡単な素描をしたが(民科京都支部歴史部会『新しい歴史学のために』八一・八二号所載の拙稿「日本の近代化についての帝国主義的歴史観」(「安丸集」本巻—六))、この本の特質は、そのような傾向をたんなる思いつきや問題意識の次元にとどめず、問題意識と方法と実証とが、それなりに緊密に結合した研究成果にまで結実させていることにある。著者たちは、実証的な態度を固執するとともに、しばしば闘志にあふれた論争家となっており、一貫した問題意識に支えられているが、問題意識と方法と実証の相互に補足しあったこの結びつきをみるとき、この本が反マルクス主義的な歴史家たちの一グループの長い間の共同研究の成果であることはあきらかである。

1

この本は七人の著者による七つの個別論文を収めているが、それらは相互に密接に結びついて著者たちの構想する明治維新史の全体を、ほぼカバーしているのであるから、著者たちが全体として何を言いたいか、明治維新史の大筋をどのように把えているかをあきらかにすることから始めるべきであろう。

まず坂田「明治維新史の問題点」が、著者たちの方法と明治維新史の全体像のスケッチをやっている。坂田の展開する方法論は、あとでやや詳しく論及したいが、要するに知的認識を重んじて、それが歴史発展の主要な推進力であるとするものである。この立場から坂田は、「当時の日本国民の知的水準」(三三頁)をあきらかにすることが、もっとも大切であると主張するのだが、こうした立場は以下の諸論文においても根本的な視角となっている。

つぎに坂田は、後期水戸学から始めて明治維新史の概略を論ずる。明治維新史の始点を後期水戸学におくのは、この本の一つの特色であるが、それは幕末における基本的な矛盾を幕府独裁対諸藩におき、幕府独裁に反対する運動は後期水戸学に始まると考えるからである。そして尊攘・討幕運動を経て、王政復古に到る過程は幕府独裁が打倒される過程であり、したがって王政復古は幕末政治運動の帰着点ではあるが、しかしそれはあくまでも「封建社会体制内での政治的な運動」であって、「封建体制の変革」という性格はまったくもっていなかった(二四頁)。

封建体制の変革は、王政維新のスローガンのもとに明治二年から三年にかけて、大蔵官僚を中心とする新たな社会勢力によって突如として実現され、それ以後の日本は王政維新——殖産興業のコースを歩むことになった、と坂田は考える。坂田たちによれば、こうした過程を推進したのは、ほとんどまったく指導者たちのすぐれた能力、ことに知的能力であって、商品経済の発展と階級闘争に歴史変革の原動力を求める唯物史観は誤っている。したがって著者たちにとって、幕藩領主対農民という生産関係から出発することは誤りであり、農民一揆や打こわしの問題を扱った本山論文は、マルクス主義史学への反論を主要なモチーフとして本書の構成上からは最後（実際には政治史を扱った論文の直前）に位置づけられることになった。

右にのべたようにこの本の著者たちは、意識的な要素、ことに知的認識をもっとも重視しているために、坂田論文のつぎに収められている本書の中核をなす四論文は、思想史的なアプローチをやっている。この四論文は、それぞれ相互に補いあって維新史に登場する主要な勢力にほぼ論及しているが、まず源了円「明治維新と実学思想」は、明治維新と日本の近代化の主要な推進力としての実学思想を論じている。

源によれば、幕末維新期に支配的な思想として従来は尊王論が重視されてきたが、尊王論と深くからまりあって展開する「実学思想」こそ日本の近代化の実質的な推進力である。源によれば、実学とは煩瑣で非現実的な伝統思想を批判して成立する「実用的」「実践的」な学問のことであるが、それは後期水戸学と洋学に始まり、佐久間象山、横井小楠、尊王攘夷や討幕の思想において継承発展させられ、杉田成卿や箕作阮甫を先駆者として明六社同人の思想に代表される「近代的実学の勝利」に到る。すでにのべたようにこの本の著者たちは、王政復古においてはなんら近代的諸改革を志向していなかった明治政権が、明治二、三年に到って急速な社会変革へと進むと考えるのであるが、この後者の方向を準備し推進したものこそ実学であり、実学的な意味における「学問と教育とが日本近代化の最も大きな推進力であった」（一一八頁。傍点安丸、以下同じ）、殖産興業＝資本主義化＝近代化が、日本社会の基本的な発展方向として設定されたことに実学の勝利が示されている、と源は考える。源はかつて「実学史観」を提唱したことがあるが(『思想の科学』一九六一年一一月号)、この本では明治維新の「多元的性格」をあきらかにするために実学の問題を検討するのだと慎重に断わっている(一一七頁)。しかし右の引用が示すように、日本の近代化の「最も大きな推進力」が実学だとするのであるから、多元的性格云々は逃げ口上を一寸言ってみただけで、源の真意は一貫している。

著者たちによれば、明治以後の近代化の主要な推進力は源のいう実学であるが、この実学の活動舞台を準備したのは尊攘・討幕運動――維新政府である。だが、実学の活動舞台を整えうるためには、尊攘・討幕運動もまた近代的政治意識に到達しなければならない。そこで近代的政治意識の源流を尊攘・討幕運動における政治的リアリズムの成立のうちに求めようとしたのが、松本三之介「尊攘運動における近代的政治意識の形成」である。

松本によれば、後期水戸学もなるほど幕末日本の危機を主要な課題として取りあげたけれども、後期水戸学は朱子学的名分論にもとづいた封建反動を主張したにとどまり(この否定的評価において源たちと異なっている)、近代的政治意識の形成は名分論的な尊攘論が次第にリアルな現状認識を含むようになって討幕論へ転化する過程にみられる。尊攘運動の指導者真木和泉における激しい行動性は、たしかになお著しく名分論的精神主義的ではあるが、行動への強い志向を中核とするかぎり、最少限にでもリアルな現状認識と政治的リアリズムを含むことによって、こうした方向へ第一歩を踏みだしている。象山はリアルな現実認識の面で、吉田松陰は真木流の実践的情熱と象山流のリアル・ポリティックスの交錯のなかで、真木を継承発展させている。そして高杉晋作と大久保利通は、割拠論の立場から藩と結合してこれを利用し、明治維新政権をつくるが、そこには右のようにして発展してきた政治的リアリズムの全面的な開花が見られる、と松本は考える。

名分論的オプティミズム対政治的リアリズム、あるいは旧き道徳主義対新しき権力主義という考え方は、かつて鹿野政直が『日本近代思想の形成』において展開したものとほとんど同一であって、鹿野のやや過文学的な美文とともに、このシェーマは当時専門課程に入ったばかりの学生であった私のいくらか観念的な情感に巧みに訴えたが、このような考え方をすれば、文久から慶応初めにかけての高杉→慶応から明治にかけての大久保というラインが政治的リアリズムの最高の到達点とされ、維新政権はこの政治的リアリズムの成果として描きだされることになる。そしてこの政治的リアリズムの体得者は、討幕運動から維新政権にかけて指導権を握っているごく少数のエリートであり、このエリートのリアリスティックな能力が、当時の日本における歴史発展の主要な契機を掌中にしていたという結論に到達することになろう。

こうして、右にのべた実学や政治的リアリズムの担い手となったのは、ごく少数の先覚者とエリートであったから、源や松本は、日本の近代化の推進主体はごく少数の優れた認識をもったエリートであった、豪農商層も含めて一般民衆は大した役割を果さなかった、と主張していることになる。ことに源論文は、これら先覚者の顕彰論文という性格さえもっているが、実学的な知的水準というような見地からすれば、民衆思想と民衆運動はきわめて否定的に評価されることにならざるをえない。そこで右の二論文につづいて、伝田功と本山幸彦は、源、松本の論旨をうけて民衆運動とその思想を否定的に位置づけているが、そこにはこの本を一貫する方法と問題意識がよく表われている。

まず伝田「名望家層の歴史的意義」は、「名望家層」の「比較的高い知性的水準」が、幕末維新の変革期と維新以後の社会において果たす積極的な役割をあきらかにすることを主題としている。ここに伝田が「名望家層」と呼んでいるものは、地方都市の問屋や廻船業者、ことにそのうちでも上層のしばしば特権をもった大商人たちのことである。伝田は、知的水準の高さと「国民意識」を相互に支えあうものとして論じているが、伝田によれば「在郷商人や生産農民」を、そのような課題の担い手とすることはできない。なぜなら彼らは、狭い封鎖的な社会に閉じこめられてコミュニケーションの方法をごくわずかしか持たなかったから、国民意識の形成においても知的水準においても著しく遅れていたのであり、名望家層が「近代的な国民《ネーション》に当面代位する社会的な役割を果たしていた」（二一五—二一六頁）。そして、「いうまでもなく、思想の形成は意志の自由を有する主体的な人格によってはじめて可能とされるものであり、封建社会における庶民階級の如き、被支配階級としての社会的地位を余儀なくされた社会層においては、一部の上層階級においてのみその地位によって、思惟や反省や理解の能力を持つことができ、僅かに主体的な意欲や決断による能動的な行動を可能とせられたに過ぎない」（一七七頁）と論ずるのであるが、右の引用がいう主体的に行動し思考しえた「一部の上層階級」すなわち名望家層とは、いわゆる村落支配者層や豪農商層のことではなく、さらに上層のしばしば特権をもった大商人たちを指すことが注目される。さらに伝田によれば、彼らこそが維新以後においても日本の国際的地位を認識して富国強兵政策に協力し、地方政治の掌握者として政府の近代化政策を下から支えた人びとであった。

「名望家層」よりもさらに下層の民衆の意識は、本山「幕末・維新期における庶民の意識と行動」が扱っている。本山によれば、従来の明治維新史研究は庶民の行動や意識の進歩性を高く評価してきたが、それは実証を経ない独断であって、当時の民衆の意識にも行動にも「近代日本をつくり出すほどの進歩性」（二四二頁）は見られない。幕末期に農民一揆や打こわしが増大するのは、貿易の開始に伴う物価騰貴と軍備増強のための貢租の増徴が、民衆の伝統的な生活様式や生活習慣を破壊したためであって、一揆が目ざしたものは伝統的生活を守ることであった。本山は黒正巌の見解に従って、農民一揆はただ「物理的な破壊力」としてのみ封建機構を動揺させたのであり、近代的な政治意識の萌芽さえもみられない非政治的な遅れたものであった、と考える。豪農商層については、彼らの政治運動の歴史的性格は、彼らの階級的立場から説明することはできず、その政治的自覚から説明しなければならないが、そうすれば彼らが豪農商としての身分意識をのりこえ、武士的な意識に接近することを通じてのみ幕末の政治運動に参加したことがわかる、と本山は主張する。

以上の四論文が、維新史に登場する主要な政治勢力を順次に検討して、彼らの立場からの明確な位置づけを行っていることはあきらかであろう。そして梅溪昇「明治維新史における長州藩の政治的動向」は、従来の維新史がもっとも詳細に研究してきた長州藩の政治過程の研究によって、以上の四論文が展開している論旨を全体として補足し支えるものである。

詳しい紹介は省くが、梅溪は、瀬戸内地帯を中心とする商品生産の発展を背景とした農民および豪農商層の動向との関連で幕末長州藩の政治過程を理解しようとする従来の研究動向を全面的に否認した。そしてそのような経済過程およびそれを背景とする民衆の動向は、政治過程と直接の関連はなく、「政治を政治そのものから把握」しなければならぬこと、尊攘・討幕派は長州藩においてもブルジョア性や民衆性をまったく持たぬこと、藩内戦における正義派の勝利と征長戦争における長州藩の勝利は民衆の主体的な支持によるものではなく、軍事力の優越によるものであることなどを主張し、指導者と大衆との間には「政治意識の上で特に大きな懸隔があった」(三五二頁)という主張をもって結論としている。

最後に谷口澄夫「明治維新史における岡山藩の政治過程」は、幕末維新史における岡山藩の動向を概括的に知るには便利であるが、特に論ずる必要はない。ただ、「政治史的現象の動向は、それほど基本的には経済構造に規制されているものとも思われず、政治過程の中心たるべき権力の推転過程（の）……相対的な独自性は特に強大であった」（四一八―四一九頁）とかなり唐突にのべてその結論とし、坂田らにいくらか草卒な同意を表明していることに注意しておく。

2

以上の紹介において私は、主要な論点を明確に押しだすように気をつけておいたが、この本はおそらく一〇年にもおよぶマルクス主義史学に対する敵意に燃えた研鑽の成果なのだから、ひとつひとつの実証、方法論と全体像、問題意識などの全域にわたって検討すべき問題が沢山ある。以下においては、方法論的な問題に焦点をおきながら若干の問題点を指摘してみたい。

(1)　本書の強みは、人間の意識を実証的に追求してその実証的な成果から行動とその結果の歴史的性格をあきらかにしようとしたことにある。人間を行動にかりたてる直接的原動力は人間の意識であって、客観的存在形態は意識を通じてのみ人間を行動にかりたてるのだから、人間の行動をその意識から説明するという方法には、ある正当性が含まれている。たとえば、尊攘・討幕運動における政治プランは、きわめて未成熟なものであって、公議政体論にもとづく雄藩連合の構想がせいぜいの到達点であり、社会変革の構想は明治に入ってから急速に具体化すること、豪農商層が政治運動に参加する場合に、彼らは草莽ブルジョアとしての階級的自覚にもとづいて行動するのではなく、ほとんどの場合に武士的意識にもとづいて行動するということ、また農民は客観的存在としては領主階級と真正面から対立しているのに、農民一揆の意識には領主の温情を乞うたり封建復古を願ったりする面があって、必ずしも封建領主の打倒→近代的市民社会の建設という方向を目ざしていないことなどは、意識を実証的に検討するとき、事実であることを認めなければならない。

とは言っても、幕末の政治運動には近代的な社会構想がまったくみられず、農民闘争には近代的政治意識の成長がまったくみられないというのは、実証的にもあきらかな誇張であり一面化ないし歪曲であると思う(長州藩についての田中彰による本書への詳細な反論(『歴史評論』一四六号)参照)。しかしこの問題については、厖大な研究成果があるのだから、事例の羅列はやめて方法的な問題から近づいてみよう。

人間行動の直接の原因である意識の研究から、その行動を理解するという著者たちの方法は、ある次元では実証的な確実さを持ちやすい。ところがそれは、行動者の主観にぴったりとより添ったその主観の理解における実証的確実さであって、主観の底に隠れた真の意図や行動の客観的役割をあきらかにするのにはまったく不充分である。

典型的な一例は、水戸学の愛民主義に関するものである。この本は、後期水戸学の人々は愛民主義者であり「愛民主義者に反抗する百姓一揆というものはなかった」(二五頁)とのべている。なるほど後期水戸学者たちの主観においては、彼らはしばしば熱烈な愛民主義者であったかもしれないが、彼らはその愛民主義を民衆に対する厳しい統制と強制によって、つまりは封建反動によって実現しようとするものであった。水戸学も含めて一般に封建思想は、しばしば主観的には愛民主義であることを標榜し、自からもそのように信じたのであるが(そしてこのような信念が封建的善政の一つの基礎となったことも事実であろうが)、彼らはこの主観的な信念と、それにもとづく努力を通じて収穫物の半分以上も搾取しているという根源的事実(この本の著者たちがまったく問題にしていない根源的事実)のもっている意義を、他人にも自分にも瞞着しているのであるから、愛民主義は虚偽意識（イデオロギー）にほかならない。だからまた愛民主義者徳川斉昭は均田の実施に際して、百姓が騒ぎたてたら「廿人卅人は首をはね申すべく……何れ迄も押抜力にこれ無くては決して出来仕り申さざる事に候」（『水戸藩史料別記下』、岩波講座『日本歴史近代Ⅰ』の芝原拓自論文所引による）と主張したのである。そして水戸学の階級的性格について、右のような完全な誤解が生まれたのは、思想を主観的な意図ないしタテマエからつかみ、政治思想の具体化である政策を、歴史的現実のなかで検討しなかったからである。

こうして著者たちの方法は、実証的であるがゆえにきわめて主観主義的になった。源の実学の把え方にも類似の問題があると思う。源によれば、煩瑣で非現実的な伝統思想を批判して幕末維新期の日本の歴史的課題に立ち向ったものはすべて実学であり、したがって水戸学、洋学、象山や小楠、明六社同人などは幕末維新期の現実的課題に立ち向ったということ自体（主観的な意図）において、同じように実学なのである。ところが、現実的課題に立ち向う方策は、それぞれまったく異なっており、この方策の相違（歴史的課題の解き方の相違）において、その思想の階級的性格、歴史的に果しうる役割、諸矛盾などが示されている。源のいうような実用に役に立つ学問的認識の発展史という側面を、幕末維新期の日本に見ることは不可能でないとしても、そうした把え方によって源は、それぞれの実学の組み立てた政策論のうちに示されている歴史的な諸矛盾諸対抗を忘れ去ってしまう。たとえば、源は後期水戸学と洋学に実学の出発点をおき、両者の「学問の課題としたものがいかに……類似しているかに驚かざるを得ない」（五〇頁）とのべているが、私からすれば幕末日本の歴史的現実のなかにあって学問の課題が類似していたことは、むしろ当然のことであり、その課題の解き方（後期水戸学の封建反動と洋学における近代諸科学の導入）が、どのような歴史的意義や役割や諸矛盾をもって、政治的諸対抗にくみこまれているかが重要なのである。

同様にして本山は、農民一揆の意義と役割を彼らの主観的な意識から直接に引きだすだけで満足せずに、しばしば伝統的生活の擁護として現象した運動の隠された意味を探求すべきであった。たとえば、藩主の復帰を願う一揆や学制反対の一揆は、要求内容を表面的に見ればあきらかに反動的であるが、要求内容から行動を貫く原理に眼を移せば、民衆がいまや自分らの要求を自からの手で広汎な同盟のなかで、主体的に実現しようとしていることがわかる。知的認識という見地からすれば、右のような要求が遅れたものであることはあきらかであるが、自分たちの要求を武力=暴力によって実現しようとしたのは、討幕派と一揆・打こわしだけだという変革志向のラディカルさに注目してみてもよい。そしてこのように考えれば、藩主の復帰を願ったり学制に反対したりする遅れた目標をかかげた場合にすら、一揆はそのような要求を通じて社会的矛盾を鋭く発きだし、主体的な政治勢力としての自己形成をおこなっていることが理解される。

一般的に言って、近代社会の形成期における民衆的諸思想が、復古主義的な性格をもつことはきわめて多く、それは近代社会の形成期において、民衆はなお歴史発展の客観的な方向の認識能力において著しく遅れていたことを示しているが、しかし、だからと言って、そのような諸思想と、それに影響された運動が近代社会の形成に積極的な役割を果たすことを否定することはできない。たとえば安藤昌益は、商品経済も学問も芸術も厳しく否定してラディカルな農本主義的復古主義を主張したが、こうした主張が知的認識としてはまったく誤っていたからと言って昌益の思想の意義を否定することはできない。

こうした科学的には完全に誤った主張によって、領主対農民という基本矛盾が鋭く発きだされており、こうして基本矛盾が発きだされるや、そこに農民的な立場の自己主張と主体の形成が可能になるからである。だから私は、本山の農民一揆に対する低い評価は、方法的な誤りによると思うのであるが、明治元年の越後南蒲原郡下田郷における明確な政治意識がみられる一揆についてさえ、「若干の政治性」はもつが、それは豪農層が指導したからであり、一般農民には政治的要求はまったくなかったと主張されると（二八一―二八二頁）、こうした結論がどうして生まれたのか、まったく理解できない。この一揆は、同じころおこった会津領の一揆と一連のもので、もっとも高い政治意識をみせているが、そのことは、著者が引用を省略した右の一揆の基本要求十ケ条や、庄司吉之助『世直し一揆の研究』所載の会津領におけるいくつかの例にあきらかだと思う（なお本山は、この一揆の非政治性をあきらかにするために『越後佐渡農民騒動』所載の史料の原著者の見解を援用しているが、原著者は本山と異なって「人類生存上の権利に着想し大いに治政の革新を促して止まず」とおおいに政治意識の成長として評価していることを附言しておく。一揆・打こわしの史料解釈については異論のあるところが多いが、この書評の性格上挙例は省略する）。

方法的に言えば、著者たちのように人間の意識を、もっぱら知的認識に還元せず、知的認識も不可欠の構成要素としつつ、道徳や信念や欲求等々を含んで構造化されている世界観として考察されなければならないが、しかもこの世界観の歴史的に特有な形態を分析しなければならない。この本の著者たちも反マルクス主義者の通例に倣ってマルクス主義は経済決定論であると考え、意識の存在による規定性というテーゼを、その階級の経済的利害が、そのまま意識の主要な構成要素となっているという主張だと理解し、それは歴史的事実に反すると主張する。だが私は、客観的な社会経済的構成が鏡のように意識に反映されるのではなく、たとえば特有の歴史的形態をもった宗教、哲学、道徳など――結局は特有の歴史的形態をもった世界観として存在することが大切だと考える。

私にとって、意識の存在による規定性とは、意識が階級的利害に貫かれているということ自体を意味するだけではなく、その特有の貫かれ方＝形態をも意味するのであり、その特有の形態の分析が歴史学の課題なのである。当面の対象である日本近代社会の形成期において、武士階級、絶対主義者、豪農商層、一般農民などは、それぞれ特有の形態で自己意識と自己主張を試みるのであって、知的認識や政治的リアリズムは絶対主義的な支配者か、それに奉仕するインテリが得意とする領域または方法であった。したがって知的認識をあきらかにするという本書に一貫している方法は、絶対主義的な支配者か、それに近い人びとの意識をあきらかにするに応わしいものであって、このような方法を駆使すれば絶対主義的支配者の眼で歴史を眺めることにならざるをえない。民衆思想の歴史的特質は、まったく別の見地からとらえなければならない。

　たとえば「ええじゃないか」は、「根拠なき迷信」であり「盲目的な衝動」にもとづくものである、とまったく否定的に評価されているが（二九八―二九九頁）、このような評価は「ええじゃないか」の歴史的評価というよりも、近代的な価値観の一方的な投入に近い。現代人の常識において、「ええじゃないか」が「根拠なき迷信」であり「盲目的衝動」にもとづいていることはあきらかだとしても、現代人の常識にあっているかどうかが問題なのではなく、神道説と結合した大衆的な熱狂において封建的な束縛が「なんでもええじゃないか」と打破され、乱痴気騒ぎのなかに一時的な解放がかちとられるという反封建闘争の特有の形態と意義が問題にされなければならぬ。「根拠なき迷信」のなかに迷信と不可分に結びついて特有の形態で含まれている歴史的真実が分析されねばならない。

　さらにまた、たとえば吉富藤兵衛や白石正一郎が豪農または豪商としての経済的利益を実現するために行動したのではなく、志士意識にもとづいて行動したのであるというこの本の主張は、それ自体としては正しいと思うが、だからと言って吉富や白石が豪農または豪商であったということの意義を否定することにはならない。

豪農または豪商としての階級的自覚が、さしあたりは封建的な志士意識として現われることも充分にありうることであり、事実吉富は明治以後も地方に止まって高杉、木戸らの討幕派の領袖とは異なった道を歩んだ。

(2) ところで著者たちがエリートの意識を重んじ、それを歴史の推進力と考えるからには、エリートの意識は客観的な矛盾と諸関係を正しく認識していなければならない。もしエリートの意識が客観的矛盾と諸関係を正しく捉えていないとするなら、歴史の現実の過程を推進するものは、エリートの意識以外の何ものかとなり、著者たちの方法は破産するからである。さてそこで著者たちによれば、幕末においては基本的な社会的矛盾は幕府独裁対諸藩にあったが、後期水戸学に始まる幕末の政治運動は、この社会的矛盾を正しく意識して幕府独裁の打倒に向ったとされている。このような基本矛盾の設定は、いうまでもなく、封建領主と農民の対立に基本矛盾を求めるマルクス主義史学を実証のないドグマとして斥けるためになされたものであるが、どのようにしてその正当性を論証しうるだろうか。

坂田によれば、幕末日本の内部的な困難は諸藩の財政窮乏と、それに伴う武士と農民の困窮であったが、この困難は商品経済の発展によってもたらされたものではなく、幕府独裁によってもたらされたものであった。坂田によれば、「商品経済の発展の程度にくらべて幕末における社会的矛盾の程度はあまりにも大きかった」（一〇頁）のであるが、商品経済の比較的な未発展にもかかわらず、右にのべたような経済的困窮が生まれたのは、「全国諸藩が幕府権力によって収入以上の支出を強制されていた」（一〇頁）からである。なぜなら諸藩の支出の最大の部分は江戸の滞在費、参覲交代の路費、幕命による土木工事費など幕藩関係によって強制されているものであり、しばしば問題になる奢侈も参覲交代の制度を媒介として発展したものだからである。もし右のような義務が幕府によって強制されなかったとすれば、諸藩の財政はあれほど破綻しなかったはずであり、したがって諸藩財政の破綻→武士と農民の困窮の原因は、幕府独裁にあって農民的商品経済の発展や農民一揆にはなかった、だから幕府独裁を修正しようとした水戸学の認識は正しかったのであり、後期水戸学は明治維新史の出発点となった、と坂田は考えた。

右のような坂田の考えは、実証的にある正しさをもっているが、当時の人びとも幕末日本のさまざまな困難は、究極的には領主対農民という基本矛盾に由来するものであるとは考えず、幕府独裁や朝廷を尊崇しないことや、人びとの誠意が足りないことなどによると考える傾向があった。ところが坂田の〝実証〟も含めて右のような考え方は、生産物の半分以上もの搾取というもっとも根本的でもっとも巨大な歴史事象について何も触れていない。

人間と自然との対決としての生産そのものを別とすれば、この封建的搾取ということほど大量的で根源的な事実はないのであるが、この事実が何故に可能であったかと問うことによって、坂田の〝実証〟も含めて右にのべた考え方が、どれほど皮相で現象にのみとらわれたものであるかがわかると思う。なぜなら、右のような搾取を可能としたものは、封建支配者の全国的な権力組織としての幕藩体制であり、封建領主階級は封建搾取を実現するための権力組織として全国的な集中性をもった幕藩体制を形成したことによって幕府対諸藩、朝廷対幕府などという内的矛盾に陥り、またその支配体制の全国的な統一性のゆえに商品経済との深刻な矛盾に陥るものだからである。いくらか形式論理的に言えば、特定の歴史的発展段階における領主対農民という基本矛盾が存在したからこそ、幕府独裁対諸藩という副次的な矛盾も存在したのであり、その逆ではない。そしてマルクス主義者が封建領主対農民の基本矛盾の叙述から始めるのは、幕府対諸藩、朝廷対幕府の対立抗争などという矛盾の現象形態が基本矛盾に規制され貫かれているからである。

このような問題は、歴史学において論理性を重んじ全体の構造的な説明を目ざすか、それとも部分的でもよいから直接に実証できることに満足するかという方法的態度の問題である。もし構造的な全体像を求めるなら、一見バラバラに見える諸事実の間に内的連関を探らねばならず、その場合には論理という抽象物を用いることは避けられない。坂田によれば、歴史学の課題は認識の成立過程の概略の筋道を「叙述」することであり、それを「説明」する必要はない（六頁）。ましてや認識以外にどのような力が歴史を動かしてゆくか説明する必要がないのであろう。

このような「説明」＝論理の回避（実証主義）を意識の研究において実行すれば、それは意識主体の主観の実証的研究に止ることになり、当事者たちにはまだ自覚されていなかった歴史社会のさまざまのモメントも、今日方法的な歴史研究によってあきらかにすることができるその意識の真の意味もあきらかにできない。著者たちの意識の研究は、意識主体の主観により添ったものであってイデオロギー的分析ではない。

以上のように考えてきてことに興味があるのは、著者たちが理解する王政復古と王政維新の関係であろう。著者たちによれば、王政復古は幕府独裁制の打破ではあるが、なんら新しい社会革命ではなかったのに、ほんの一―二年の間に「誰も想像していなかった……王政復古運動の指導者自身も考えていなかった」王政維新＝近代的諸改革が突如として実現されたのであり、それはすべての人にとって「意外のもの」であった（二四―二五頁）。王政復古と封建制の破壊を分離する考えは、すでに実証的な見地から尾佐竹猛がのべているが、マルクス主義者が試みたのは、一見すれば――当時の人びとの主観からは――意外のもの、突如としたものの必然性をあきらかにすることであった。

明治二年以降における近代的諸変革を意外なもの、突如としたものと考えるのは、当時の人びとの意識の水準でだけ思考することであるが、歴史研究にとっては当時の人びとの眼には、なお定かにはみえなかった諸モメントを含む全体が問題なのである。当時の人びとにとって「意外のもの」が、私たちにとってもやはり「意外のもの」に止まり、それに満足するなら、それをしも歴史研究と呼びうるだろうか。

(3) 何度かのべたように、著者たちは人間の意識を重んじ、意識のうちでもとくに知的認識の側面をもっとも重視している。坂田はこの本の冒頭で独特の方法論を展開しているが、それは要するに歴史の推進力を人間の知的能力に帰着させるものである。坂田によれば、まず第一に、人間は目的をもって主体的に行動するものであるから、人間の行動およびその結果としての歴史を理解しようとするならば、人間行動の目的を知らねばならない。ところで第二に、目的は現実生活のなかから生まれるものではあるが、「現実生活のなかから機械的必然的に決定されて現われて来る」ものではなく、「人間は目的を立てる前に認識」し、その認識にもとづいて目的を立てるものであるから、「目的は認識から説明されなければならない」。したがって、「歴史学では、まずどのような環境の下でどのような対象に関して、どのような認識が生まれたかという事実を叙述することからはじまって、認識から目的を、目的から行動を、行動から結果を説明するという方法がとらるべきである」。このようにして認識の問題がもっとも重要なのであるが、「歴史学では特に、主体である社会的勢力がもっていた認識の内容が明らかにされなければならない」、しかし「認識が問題になる場合、重要なのは環境との関係ではなく内容そのものである」(五―六頁)。

重要なのは、正しい認識――高い知的水準をもったものが、終極的には政治過程の指導権を握り支配してゆくのだという立場が、右のような考え方に含意されていることである。坂田によれば、なるほど政治過程に登場する人間が、つねに正しい認識をもっているとは限らないが、試行錯誤を経て必ず正しい認識をもったものの勝利に帰着する。なぜなら、「正しい認識をもったものが主導権の争奪に勝たないかぎり矛盾は解決されず、矛盾が解決されないかぎり争奪戦は続けられて何時かは正しい認識を持ったものが主導権を握る」ことにならざるをえないからである。そして「その時点で変革の歴史は終る」（八頁）。したがって、明治政権の指導者が正しい認識をもっていたことは、彼らが主導権を握って彼らの支配を安定化させたことによって証明されているということであろう。「現実的なものは合理的である」というわけである。

このような方法論に立つなら、日本近代社会に特有の非合理的で前近代的な思想や諸関係が、どのように評価されているかが私たちの関心をひくのだが、そうした側面はエリートたちの場合には、やがて克服されてゆく残り滓として、民衆については、彼らがそのように前近代的で非合理的なものであるがゆえに近代化に積極的な役割を果しえなかったのだと考えられている。たとえば源は、水戸学と洋学→象山や尊攘派や小楠→維新政府官僚と明六社という実学の発展過程の考察において、実用的な認識が徐々に郵便貯金のように積み重ねられ、それにしたがって前近代的なものは次第に減少してゆくものであるかのように描きだしている。そこには、連続的な認識の発展過程があっただけで、前近代的なものと近代的なものとの絡みあいや矛盾や抗争は描きだされない。

源はたとえば明治二年六月の昌平学校への通達をあげて、そこに示されている国学や儒教と固く結合していた実学が、やがて国学や儒教を切り捨てて洋学的要素だけとなり、近代的実学の勝利に結果するとのべているが（一〇六頁）、それならばなぜ同じころに神道国教化政策が巨大な社会的影響力をもち天皇制イデオロギーが支配してゆくことになるのだろうか。著者のいう「近代的実学の勝利」にもかかわらず(勝利のゆえに?)、なぜ西欧的な市民社会が実現されず天皇制を頂点とする前近代的な諸関係が長く存在することになったのか。「健康、知識、富有の三者を人生の三宝」(一一七頁)とするような近代的実学、つまりは市民社会的な原理が明治初年の日本において勝利したというのは、あまりに楽観的にすぎないだろうか。また松本がいうように、尊攘・討幕運動から維新政権への展開にはたしかに政治的リアリズムの発展がみられるのであるが、一部のエリートにおける政治的リアリズムの急速な発展にもかかわらず(いなそのゆえに?)、非合理的前近代的な諸観念が人びとを行動にかりたて、また生活の原理となったのはなぜか。だがこのような疑問は、この本の著者たちのあずかり知らぬことであるらしい。著者たちによれば、近代的実学の勝利——殖産興業政策の定着こそ明治維新史の総決算であり、しかもこのようなコースは輝かしい希望にあふれたものであった。

そこで最後に、近代化=産業化という把え方が問題である。

著者たちのいうような知的水準の問題を中心とした考察とは、結局のところ富国強兵——殖産興業——資本主義化=近代化という系列で考察してゆくことを意味している。知的水準とは、近代化=資本主義化に有用な知識の水準のことであり、実学も結局は同じ意味である。だから源や伝田は、近代化=資本主義化に有用な学問や認識の発展を描きだしているのであり、実学とは実用に役に立つ学問のことだなどという非歴史的抽象的な定義から出発せずに、実学とは近代化=資本主義化のための学問であるというような限定的な定義から出発したなら、問題はもっと明晰になったと思う。たとえば源が、「学問と教育とが日本近代化の最も大きな推進力であった」(一一八頁)というときの「近代化」とは産業化=資本主義化とほとんど同義語であり、民主主義化や個人主義化のことを指していない。そして日本の産業化=資本主義化が、国家権力の庇護のもとに特権的な方法でエリートの指導のもとになされたことを考えるなら、この本が一般に実学的知識において優れていた少数のエリートをもっぱら高く評価して、近代化に果す民衆の役割を否定的に評価していることもよく理解できる。知的認識という面では西欧文化に触れることができた少数のエリートが優れていたことは当然であるから、知的認識の重視という方法と、知的エリートの重視および民衆の軽視という大体の結論と、日本の近代化＝産業化という問題視角は相互に結びついている。別の機会にのべたように（前掲拙稿（「日本の近代化についての帝国主義的歴史観」）参照）、日本の近代化＝産業化という問題意識は最近の日本近代史研究において一つの傾向となりつつあるが、この問題意識は少数のエリートの知的能力を中心とした主体的な力量を高く評価するという方法と結合しており、本書もその一つの典型である。

現代の日本社会は明治維新に出発した急速に発展しつつある資本主義社会として存在しているのであるから、この本が試みているように、近代化＝資本主義化という視角に立って事実をなるべく丹念に跡づけて行く方法に一分の理があることは否定しえない。しかしまたこのような立場が、日本の近代化＝資本主義化とその指導者を賞讃し、そこにひきおこされている諸矛盾を隠蔽することも必然的である。その意味で、この本における明治維新史の終点が殖産興業政策の定着と近代的実学の勝利としてのみ描きだされ、したがって文明開化の一色に塗りつぶされ、同じ時点における神道国教化政策や天皇制イデオロギーの形成も、大久保や木戸がなぜ専制的＝開明的であろうとしたのかも、地租改正の役割や自由民権運動への展望も、まったく触れられていないことは特徴的である。この人びとにとっては、日本の独立とそのための近代化＝資本主義化が幕末日本の課題であり、その成果が現代日本の高度に発展した産業社会として存在している以上、近代日本における遅れた側面と諸矛盾は歴史の大筋には関係のない消え去るべきものであるらしい。

そして、知的認識の高い評価という方法にもとづく近代化＝資本主義化という把え方を、現代日本の高度な経済発展に対する深い満足感につないでみれば、なぜ彼らが実証主義的であろうとしたかもよく理解できる。というのは、多くの場合に実証主義的であるとは、事実にそのまま満足して事実の流れに身をゆだねることであり、現実に対しては保守主義的であることを意味するからである。実証的に事実を叙述するが説明しないという彼らの立場は、説明というすぐれて論理的＝主体的な操作によって歴史的現実に対決することを回避し、日本近代社会の現実は充分に満足するに足るから歴史の方向は事実の流れに任せて、自分は事実の自然な流れに安心してついてゆく、ということを意味する。このようにしてこの本にのべられているような歴史観と方法が、現代日本における高度の経済発展というすばらしい事実を背景として成立したものであり、それを擁護し諸矛盾を隠蔽していることはあきらかだと思う。著者たちは、安心して事実の流れに身をゆだねることのできる安楽な日々がいつまでも続くように心から祈っている、と附言さるべきではなかったろうか。

◈『歴史学研究』二七二号、一九六三年、所載。

この時期の坂田吉雄氏は、京都大学人文科学研究所教授で、『明治前半期のナショナリズム』（編著、一九五八年）、『明治維新史』（単著、一九六〇年）、『明治維新史の問題点』（編著、未来社、一九六二年）、などを相次いで刊行して活発に活動していた。『明治維新史の問題点』は、右の研究所において坂田氏が主宰する共同研究会の研究成果なのであろう。マルクス主義からの転向者である坂田氏は、講座派マルクス主義に対してきわめて戦闘的な論争家であり、この書物の序論にあたる論稿にも、坂田氏のそうした立場性が表現されていた。その頃の私は、坂田氏を近代化論的な論客の一人であり、「日本の近代化についての帝国主義的歴史観」（本巻―六）の論旨にぴったり当てはまる人物だと考えており、本論文はそうした私の立場性を強く押し出したものとなっている。

八　日本マルクス主義と歴史学

かつて三木清は、人間の意識の世界を、基礎経験―アントロポロギー（人間学）―イデオロギーという三層構造としてとらえようとした。ここで核心におかれているのは、いうまでもなく基礎経験であって、あらたな基礎経験とは、既存のロゴス（言葉）によっては救済されない「ひとつの闇」として出現し、あらたなアントロポロギーとあらたなイデオロギーの確立へと人間をつき動かしてゆく、人間と社会におけるより根源的な現実性のことだった。そして三木は、現代の基礎経験としての「無産者的基礎経験」について語り、マルクス主義をその理論化された「自己了解」＝あらたなイデオロギーとしてとらえようとした（「人間学のマルクス的形態」『思想』六八号、一九二七年、のちに『三木清著作集』第三巻）。

こうした「人間学」的マルクス主義は、マルクス主義を第一義的には対象的客観的な知の体系としてとらえる立場とは異なっていた。三木は、時代意識の「不安的動性」に訴えて、人びとの不安や閉塞の実感をマルクス主義というあらたな世界観の必然性へつなごうとしたのであって、そこには三木なりの時代の意識状況についての鋭い直観があった。とはいっても、三木が「無産者的基礎経験」というとき、それは日本の労働者階級の現実の意識状況に着目しての発言ではなかったろう。三木の理論が説得性をもちえたのは、たとえば大正期の教養主義などによって救済されえないこの時期の知識層の「不安的動性」にたいしてであり、こうした「不安的動性」にかられた若い知識人は、この時代にはひとつの層をなしていた。

現実の労働者階級の「基礎経験」の方は、もっと大きな「闇」として横たわったままだったが、その「闇」をリアルに見つめ、時代のさまざまなイデオロギーとの裂け目を問題にしてゆく方法を、三木がもっていたようには思われない。だが、それにもかかわらず、三木のこうした理論活動は、歴史のなかにおける人間の意識の問題を、まず第一義的には、土台に規定されたイデオロギー的上部構造としてよりも、たしかに土台＝経済構造に照応しているのではあるが、論理や体系にまだ到達していない動的な意識状況としてとらえようとしていたという点で、特徴的なものだった。

だが、周知のように、日本のマルクス主義は、三木のこうした構想を継承する方向には発展しなかった。一九三〇年、三木の入獄中に正統派マルクス主義者たちによる三木批判がすすめられて、出獄した三木はプロレタリア科学研究所から離れ、それにともなってマルクス主義からも離れていった。三木にかわって活躍したのは戸坂潤だったが、戸坂の立場は三木とは対照的といってよいほど異なっていた。戸坂は、たとえば日常生活の場に存在している「常識」をとりあげたのだから、彼もまた現実の意識状況を問題にしたともいえるだろう。しかし、ここに「常識」と呼ばれているものは、戸坂にとっては、じつは現実を正しく見ることのできない非常識にほかならなかった。この非常識である「常識」に科学的批判的方法を対置して、科学的認識を人びとに身につけさせることが戸坂の課題だった。そこでは、民衆とその「常識」は、外からの啓蒙の対象とされており、社会的現実の一部を構成している多くの人びとの情念やそこから編成されたものとしての民族主義や農本主義などを、ひとつの必然的な意識過程や意識形態として認識することは、戸坂の課題ではなかった。今日、『日本イデオロギー論』を読むとき、圧倒的に優勢な、しかし内容的には「殆ど全くのガラクタ」である現実の意識状況を前において、戸坂の剛直な啓蒙的理性の立場は、どこか孤独で、いらだっているように見える。

ところで、服部之総や永田広志による三木批判をへて、戸坂の活動にいたる時期は、日本におけるマルクス主義歴史学の成立期にあたっており、こうした哲学史的背景は、マルクス主義歴史学の性格を大きく規定することになった。この時期以降、マルクス主義歴史理論が日本の歴史研究において基本的パラダイムとしての役割をはたしてきたこと、その成果はきわめて巨大なものであり、私たちの歴史意識のもっとも大きな部分が、さまざまのかたちでその影響下にあった(ある)ことなどは、公平な観察者なら承認しなければならない。だが、日本のマルクス主義歴史学は、社会経済史の領域でもっとも大きな成果をあげ、政治史や権力論の領域ではこれにつぐ成果をあげたのに、思想史や文化史の領域では大した成果を残さなかった。

このことを一人の思想史研究者として反省しようとするとき、マルクス主義の土台―上部構造論とそのなかでのイデオロギーのとりあつかいについて、私のような一知半解のものでさえない知恵を搾らざるをえず、そのさい、三木の理論活動のなかにはらまれていたかもしれない可能性に思いをいたすことになってしまうのである。

講座派マルクス主義の代表作として知られる山田盛太郎『日本資本主義分析』(一九三四年、岩波書店)には、旋盤工の「透視」についてのべた印象的な箇所がある。すなわち、旋盤工は、日本資本主義の労働力編成においてもっとも基幹的なものであるがゆえに、「最もよく透視の利くものとして現はれ」、「諸々の労働力群の序列＝陶冶＝集成を総体としての基本的展望に向けさせる規定点＝必然性となる」という。「透視」という奇妙な言葉は、合法的に出版されるための苦心の用語で、革命的展望とかプロレタリア的世界観とかを意味するのだろうが、奇異なのはこうした用語法ではない。『分析』がきわめて特異な用語と文体で書かれていることは、右の短い引用からだけでもよくうかがえるが、しかし、その用語や文体自体は重苦しい時代状況とあざやかに照応していて、その魅力でさえある。だが、旋盤工であることは、なぜもっとも「透視」の利く存在たることの根拠となりうるのだろうか。おそらく、ここでも労働者階級の現実の意識状況にはなんのかかわりもない立言がなされているのであって、ただ土台による意識の被規定性という公式がきわめて機械的に具体的分析の中身にまでとりこまれているだけなのである。

もちろん、右のいくらか珍妙な事例をあまりに強調することは、あげ足とりに類しよう。マルクス主義の立場からの思想史研究の成果は、永田広志の三部作(『日本唯物論史』『日本封建制イデオロギー』『日本哲学思想史』)にもっともよく代表されるものであり、羽仁五郎のいくつかの著作にも留意しなければならない。だが、これらの成果にもかかわらず、マルクス主義の立場からの日本思想史研究の成果は、全体としてはいちじるしく貧しい印象のものであって、戦中から戦後にかけての思想史関係の業績の主なものは、マルクス主義とのある緊張関係のなかで生みだされた。

マルクス主義歴史学における意識や思想のとりあつかい方の特徴は、一九一〇年代以降の日本の歴史学のあらたな動向との対照のなかで考えるとき、いっそうきわだったものになってくるだろう。というのは、マルクス主義歴史学の成立にすぐさきだって、またやがて雁行して、清新な成果をつぎつぎと発表してきたのは、ひろい意味での文化史や精神史の方法をよりどころとする人たちだったからである。たとえば、津田左右吉『文学に現はれたる我が国民思想の研究』は、今日では歴史学の一分野としての思想史関係の業績と考えられているけれども、おそらく津田自身にとっては、歴史的全体性についての研究そのものであったろう。津田は、歴史を形成してゆくものとしての人びとの生活を生活意識からとらえようとしたのであり、文学作品その他の文献を駆使したのも、そうした観点からであった。柳田国男の民俗学が、常民の心意現象を重視するものだったこと、西田直二郎の文化史が、歴史学の一部門としてのそれでなく、歴史発展における普遍的側面を文化や精神としてとらえようとするものであったことなども、ひろい観点に立ってみれば(共通して見られる民衆への関心とともに)、方法的には、時代のなかにおける意識や精神を通して歴史というものに迫るという大きな流れのなかにあったと考えることができよう。

津田や柳田の学問が、ちょうど成熟と体系性とに向かいつつあったその時に、知的な若者たちの関心を十分にひきつけることができなかったのは、彼らの学問には、〝現実把握〟としては迂遠なところがあったからであろう。社会科学、とくに経済学的分析を欠いていたこと、そのゆえもあって明治維新以降の近代史研究は相対的に弱い領域だったこと、彼らの思想と体制イデオロギーとの切れ目は、青年たちが希求しているほどには明快でなかったことなどが、マルクス主義と対照したばあいの彼らの弱みだった。そして、こうした弱さに対比したさいのマルクス主義の優位性は、ほとんど自明だった。だが、そのことが自明であればあるほど、これら先学からの継承は、個別の具体的知識などはべつとして、学問やその方法に内在したものとはなりえなかった。社会経済史を歴史分析の基軸におき、その上に政治史を配し、人間の意識や思想の問題はイデオロギー的上部構造として処理するという方法的序列への確信は、人びとの情動や心意を重んずる津田や柳田の立場を、〝非科学的〟として一蹴するに十分だった。

だが、土台―上部構造論は、いずれにしろ、人間の意識や思想を歴史理論的な抽象と媒介の場へもちだすものであるから、もし粗笨にとりあつかわれるなら、個我意識の経験から切りはなされたところで人間の意識や思想を裁断してしまうことになる。そのことをもっとも早く見ぬいたのは、おそらく小林秀雄だった。日本のマルクス主義が確立してゆくちょうどそのころ、小林は、「常に生き生きとした嗜好を有し、常に溌剌たる尺度を持つといふ事だけが容易ではないのだ」(「様々なる意匠」『改造』一九二九年九月号、のちに『小林秀雄全集』第一巻)として、「自意識」への誠実な固執を説いたが、それはマルクス主義へのアンチ・テーゼを意味していた。「現代人の意識とマルクス唯物論との不離を説くが如きは形而上学的酔狂にすぎない」という「様々なる意匠」の一句は、おそらく三木への批判であり、マルクス主義批判は、小林の立場が確立されるさいの不可欠の媒環だった。昨今、名著の名を独占したかの感がある小林『本居宣長』(一九七七年、新潮社)は、こうして成立した小林の立場の、今日的状況と小林自身の成熟のはてでの再確認とでもいうべき作品である。『本居宣長』が一冊の名著というに足ることを私も否定しないが、しかしそれが宣長学のイデオロギー性のいっさいを撥無するものであり、小林好みの反歴史主義的な宣長像であることは確実だと思われる。小林は、公式的な土台—上部構造論のちょうど逆をおしすすめたのであって、人間の意識や思想は個我の経験の場だけで追跡され深められた。思想や学問のなかから社会意識とイデオロギー性の認識への通路を拓く可能性は注意ぶかく回避され、個我意識の自足性が、結果的には現状肯定的な意識につらなるような仕組になっている。

そこに、今日の状況にたいする小林のイデオロギー的立場があると私は思うのだけれども、進歩派の歴史学者たちの主宰する学会誌などに、小林『本居宣長』への本格的批評がないのは残念なことだ。おそらく、昭和初期以降の現代日本の思想史には、小林秀雄問題とでもいうべき問題があり、それは日本のマルクス主義の性格と対応しあっているのだが、そのことがどのような意味を歴史学の問題意識や方法に提起するものであるかということについて、もっとよく考えてみてもよいのではなかろうか。「名著」がひとり闊歩するのは、小林個人にとってさえ虚しいことであろうが、私たちの文化の全体にとってはいっそう名誉ではない。

◈『世界』四〇〇号、一九七九年。

九　方法規定としての思想史

はじめに

いくらか奇妙に見えるかもしれないこの拙文の標題は、『近代日本思想史講座』（一九五九年―、筑摩書房）の「講座をはじめるに当って」からの借用である。この短い文章は、ユニークなその講座の意図と方法とを端的な表現で規定したもので、他の編集責任者たちとの討論にもとづいて、竹内好が書いている。「方法規定としての思想史」というのは、思想史を歴史研究の一部門とする（「対象規定としての思想史」）のではなく、「思想において、あるいは思想を方法として歴史をあつかう」という意味である。そのことを、竹内たちの意図にそってべつな言葉で説明しなおせば、歴史を因果律だけに頼って理解してはならない、因果律による説明では淘汰されてしまうような人びとの意志や願望や構想力などを歴史のなかから掘りおこし、歴史を「可能性の幅」においてとらえなければならない、そして、このような「可能性の幅」は、歴史のなかで人びとがどのように思想形成したかを探ることを通して知ることができる、ということになろう。歴史は、いずれにしろ、人びとの意識的な働きかけを通して展開してゆくものなのだから、思想のなかに人びとの主体的な働きかけの方向性を読みとってゆけば、実際には稔らなかったさまざまの可能性が歴史のなかに再発見され、そこに、現代に生きるわれわれの歴史形成への示唆をも得られるはずだ、というわけである。

思想というものについてのこうしたとらえ方には、戦中戦後の激動を生きた知識人たちの現実への緊張感と気魄のようなものがこめられている。スターリン批判やハンガリー動乱をへて、一九五〇年代後半から六〇年代はじめにかけての時期には、「近代主義」者と呼ばれた人びとの活動はもっとも高揚したが、右の講座もその成果の一つだった。

だが、歴史の因果律と人間の意識とを二分法であつかい、後者の役割を強調することでマルクス主義の土台―上部構造論をのりこえようとし、そこから主意主義的に歴史のべつな可能性を発見しようと試みることは、もはや今日の私たちの立場ではありえないだろう。また、たとえば、思想というものを、より整序された理論や世界観や学説などに限定せず、「生活と未分離の、まだ思想化されないムードのようなもの」も含めてとりあつかい、それらの全体を包括しうる「精神構造史」を構想しようという提言は、一般的概念的な枠組の問題としては、私の立場に近いが、この点では、ほとんど言葉だけの揚言にとどまるほかなかった右の講座に比べて、今日の私たちの方が、いくらかひろい視野に立って、具体化してゆく可能性に恵まれているともいえよう。それに、私個人の精神史を一般的にかえりみても、右の講座の執筆者たち、とりわけその編集責任者に名をつらねたような人びとにあまりに多くを負っているとはいえ、私は、彼らの嫡出子としての地位を誇りうるような人間ではない。この小文でも、私はただ、思想――というより人びとの精神ないし意識の動態といった方がずっと適切だが――をとらえることで歴史というものの見え隠れしている真実に迫ってゆこうとした、彼らの志だけをうけつぐにすぎない。

みずからの位相を右のように思いえがいてみれば、一九六〇年代のいわゆる「民衆思想史」研究が歴史研究に示唆した可能性とは本当はなんであったのかと問いなおしてみることが、私にはよりふさわしいということになろう。以下には、今では古典的名著といってよい色川大吉『明治精神史』（一九六四年、黄河書房、のちに講談社学術文庫）を手がかりに、歴史学の方法としての「民衆思想史」について、ささやかな考察を試みてみたい。

1　『明治精神史』の方法

> ひとつひとつの章は、それぞれ学界に当否を問うことができる一定の水準をもった研究論文であるが、それをいったん叙述しようとするときは、私はできるかぎり研究者の立場をはなれて、読者を意識し、「歴史叙述」の機能をはたそうとつとめてきた。それは、私の歴史学への興味が、いわゆる真理とか法則とかの探求にあるのではなく、主として歴史の中に生きる人間の運命、その限られた世界の中で傷つきながらも全力的に生きる人間の健気さ、そして、それら諸個人の関係の厖大な集積によって形成されている非情な歴史のドラマ——の叙述にあったためであろう。

原『明治精神史』の「まえがき」は、右のように書きはじめられているが、そこには色川の問題意識、方法、叙述スタイルがほとんど完璧に要約されているといってよい。読者を意識した歴史叙述への積極的な関心、歴史的な真理や法則性よりも、歴史のなかで生きる人びとの生きざまを描くという目的意識、そして、人びとの健気な努力や願望や意志などを呑みこんで展開してゆく歴史というものの非情なドラマ性への注視など、いずれをとっても、これまでの日本の歴史学では、無自覚に、したがってなしくずし的にとりこまれることはあっても、明確な課題意識としては見失われていたものである。三多摩地域の無名の民権家を掘りおこす作業を通して、『明治精神史』所収の諸論文は、右のような特徴をもったものとして成立していった。

たとえば、同書中でももっとも高い密度で書かれている「自由民権運動の地下水を汲むもの」から、その主人公石坂公歴をとりあげてみよう。神奈川県自由党の領袖石坂昌孝の長男、のちに北村透谷と結婚した美那子の弟にあたる公歴は、民権派の青年たちを集めて読書会を組織し、新聞や新刊書をひろく読んで新知識の吸収につとめるが、東京大学予備門への合格をめざして、受験勉強にもはげむ。彼の内面では、すさまじいまでの功名心と上昇願望が、儒教的なモラリズムや克己主義とないまぜになっており、近代的な自由や権利の思想も、伝統的な志士意識や愛国心と複雑にからみあっていて、老荘的な隠遁願望や清貧の理想さえも、むきだしの私利の主張のすぐ隣に同居している。疾風怒濤の時代に目覚めた意識をもって生きようとする青年にふさわしく、彼の内部では、思想形成のさまざまの契機が渦をまき醱酵している。しかし彼は、こうした思想形成の諸契機をみずからの内部で成熟させ、整序し、一貫性と説得性とをもった新しい世界観や人生観へと育てあげることができない。受験の失敗におそらく民権運動の敗退という情勢もからまりあって、彼は渡米に自分の未来をかけなおす。しかし、事業にも失敗して、北米大陸を放浪し、悲惨な最期をとげる。

このようにえがかれる石坂公歴には、民権家としての輝かしい実践があるのでもなく、まとまった思想やすぐれた思索があるのでもない。社会的にも思想的にも、みずからの課題を成熟させることのできなかった失敗の歴史である。しかし、公歴にとって、思想や運動というものは、頭で理解して、やがてあっさり忘れ去ることのできるようなものではなかった。自由民権の思想と運動にかかわり、大学予備門の合格もめざしたということが、もしそうした経験がなければ地域の名望家として静謐な生涯を送ることになったかもしれない公歴をつきうごかして、彼の生涯を確実に規定しつづけたのである。おなじ論文で色川は、民権運動がどのようにその後の時代に受けつがれたかを論じて四つの伏流を指摘しているが、公歴の生涯はそのいずれとも微妙に異なっており、波瀾にみちた彼の人生を知ることで、私たちは、近代化してゆく日本社会の、これまではどんな歴史家も（おそらく作家や詩人も）思いもかけなかったような一つの断面をのぞき見ることになる。

色川は、青年期の日記や雑文の類いを実証的な歴史家の眼で精査するとともに、公歴の行動の軌跡を可能なかぎり詳細に探ることで、こうした分析を切り拓いてゆく。その事実発掘への熱狂ぶりは、のちには、訪米中にわざわざ公歴の小さな墓をたずねて、デンバー郊外のふかい雪のなかをさまようというようなところへまでおよんだ。へまをすれば、ひとりよがりの考証癖に堕しかねないこの手法は、断片的な史料や行動の軌跡のなかにこそ、陳弁の余地なくその人間が生きた精神が表出されているという確信にもとづいており、通念的な予想を裏切るような事実の連鎖そのものを通して、迫力に富んだ歴史叙述が展開されることとなった。

こうした方法のゆきつくところとして当然のことともいえるが、色川は、思想的内実のある記録をほとんど残していない人物についてさえ、あざやかな思想像を造形することができた。透谷と交友のあった地方文人秋山国三郎を論じた一章はその典型で、秋山は、川口村の豪農で刀剣の鑑定にすぐれていたこと、武芸もたしなんだ義太夫の師匠であったことなどは、色川が紹介した史料から確認できるが、さてその思想的（精神的）な特徴はとなると、透谷の「三日幻境」における記述などから間接的に推察しうるにすぎない。しかも、「三日幻境」における秋山像は「老侠骨」であって、透谷の記述から、飄逸、風雅、反俗、反権力などの姿勢は明瞭に読みとることができるが、それを自由民権の思想や運動とどのようなかかわりにおいて理解すべきかというこ とになると、『明治精神史』を読むかぎりでは、確実な史料をほとんど欠いているといってよいだろう。秋山が、みずから製作した車人形に大きく「自由」という刺繍文字を縫いこんだという、『新編明治精神史』（一九七三年、中央公論社）に紹介されている事実は、このかかわりを推定させるに足るただ一つの確実な史料かもしれないが、色川自身も、この車人形を見て秋山像がひらめいたのだろうか。それはいずれにしろ、義太夫を愛し地域の豪農として生きた秋山は、色川の独特の史眼を通すと、彼自身が思想表現した史料をほとんど欠くにもかかわらず、彼の精神形態と行動形態への洞察から、伝統型・土着型の豪農民権家の典型というあざやかなイメージへと造形されることになるのである。

こうした色川の方法をやや一般化して規定してみると、手堅い実証主義的な手法と歴史学的な想像力とを巧みに結びつけて、歴史という場における思想主体の体験の意味を内在的に分析するものだといえよう。色川が思想という言葉より精神という用語を選ぶのも、主体の体験のなかに生きている意味や価値の混沌とした生《なま》の姿態をとりだそうとする立場からして当然のことだし、まとまった思想作品よりも、日記、手紙、雑文、若書きの未定稿などを重んずるのも、おなじ立場からであろう。さらにまた、当該人物の分析を民権期だけにとどめずに、その生涯の生きざまをたずねて、そこから民権体験の意味を逆照射しようとしているのも、やはりそうした方法意識に由来することであろう。史料が断片的であったり、未熟で矛盾する表現を含んでいたり、生涯が思いがけぬ転変をはらんでいたりすることは、かならずしも研究の障碍であるとはかぎらず、むしろ、主体の体験の意味を表相に見えるものよりももっとふかく問うための絶好のカギでさえありうるものとしてとりあつかってゆけるところに、色川の方法の独自な鋭さと非凡さがあるともいえよう。

こうして色川は、地域の民権家たちの「精神動態」についていきいきとした記述をすることができたのだが、それは、私たちの誰にとっても、思いもかけないような内実をともなうものであった。色川は、自分は歴史的な真理や法則には関心がない、そこに生きる人間の健気さや歴史というものの非情なドラマ性に関心があるのだといったけれども、しかし、人間の健気さやドラマ性に近づくためには、人びとの経験の意味を内在的にふかく探ることが必要だったのであり、他の歴史家には欠けていたこうした独自な関心のあり方が、じつは、ゆたかな発見性へとつながっていたのだと私は思う。そこには、ほとんど西川長夫のいう「叙述が歴史認識と一致せず、歴史認識を裏切る、叙述が歴史認識に満足しない」(西川「歴史叙述と文学叙述——叙述の理論のために」、後掲)状態があって、色川は、独自の方法を駆使することによって、みずからのはじめの意図さえもこえたゆたかな発見性へと到達してしまったのであろう。そして、こうした事態のなり行きは、たいして不思議なことではない。ステロタイプ化した「通常科学」の発想からは見えないものが、独自な関心をもって知的彷徨をかさねた人の目に思いがけずはっきり見えてくるということは、もっともありそうなことだ。歴史という対象には、そうした発見性への可能性が、かぎりなく包含されているのであろう。

2　旧い理論と新しい発見の狭間で

周知のように、色川は、故服部之総と親しく、マルクス主義歴史学の成果をふかく学んだ人で、マルクス主義の歴史認識の理論に依拠することは、『明治精神史』でも明言されている。服部の業績は多岐にわたるが、その最重要な成果は、絶対主義の性格やその成立のための経済的条件、ブルジョア革命やボナパルティズムについての基本的な規定など、史実と歴史理論とを結びつけて、マルクス主義的な発展段階論による日本歴史把握の大枠を構成したことにあると、いまは考えておこう。色川が服部に関心をよせたのは、こうした理論家としての側面ではなかったかもしれないが、しかし、明治維新を絶対主義国家の成立とおさえ、自由民権運動を絶対主義国家に対抗するブルジョア民主主義革命運動ととらえる大枠は、すくなくとも『明治精神史』や『近代国家の出発』の段階においては、ほとんど自明なものとして受けいれられている。そして、この点については、下山三郎、大石嘉一郎、後藤靖、江村栄一など、自由民権運動についての代表的な研究者たちと色川とは、見解を異にするところはない、*と考えてよかろう。

＊　この点は、あるいは、なかったと、過去形でいうべきかもしれない。最近の色川には、マルクス主義の歴史理論を「モダニズム」として社会科学の諸理論とともに一括して拒否するようなところがあり、すぐあとに触れる「特殊東洋的、伝統日本的な変革の道」の提唱などは、そうした傾向の表現である。だが、こうした新しい立場からの理論的展開はまだ整序されておらず、「私たちが表現に使う言葉は、学界で既に証明済みのルールを尊重して使わなくてはならない」(『歴史の方法』一九七七年、大和書房)などというとき、主として念頭におかれているのは、依然としてマルクス主義歴史学の成果のことらしい。自由民権運動についても、「近代ブルジョア民主主義」と見る立場は、「日本のナショナリズム」(岩波講座『日本歴史』近代4、一九七六年)などにも見られる。こうした概念についての形式論理的な整合性にこだわることは、歴史叙述のみごとさに賭ける色川にとって枝葉のことかもしれないが、曖昧だという印象は残る。

『明治精神史』「まえがき」を、「私の歴史学への興味が、いわゆる真理とか法則とかの探求にあるのではなく……」と書きはじめるとき、そこには、マルクス主義歴史学の成果を一面ではほとんど既定的な真理として承認しながら、しかもなおそこに帰属したり安住したりできないのだという、緊張をはらんだ立場が表現されているのであろう。歴史のなかの人びとの生を印象的にえがきだす歴史叙述の実現という色川史学の立場は、この困難からの脱出路として選ばれたものだともいえよう。私のこの小文でのモチーフは、見方によってはもっと不遜でもあろうし、はるかに小心な試みでもあろうが、すでに既定的なものとなってしまっている法則観も、色川の発見をふまえてつくり変えてゆけるのではないだろうか、ということである。

だが、『明治精神史』にえがかれた民権家たちの精神的景観は、他の研究者たちがえがく思想像とは、なんと大きく異なっていることであろう。たとえば、歴史学の最近の成果を集大成したかの観がある岩波講座『日本歴史』から、江村の論文「自由民権運動とその思想」(岩波講座『日本歴史』近代2、一九七六年)をとりあげてみよう。江村は、自由民権期の思想史的研究のために重要だと考えられる多くの論点を列挙したのち、「ここでは民権期の思想闘争を典型的に示す主権論争をとりあげ」るとのべ、民権派の主要な論客と地域の農民たちのなかで、人民主権論が明確に主張されていたことを明らかにしている。民権期の思想史上の問題を江村のように主権論争に集約して論じてよいとすれば、江村の研究は、民権運動を支えた政治思想が疑問の余地なくブルジョア民主主義思想だったということを証明しており、それと絶対主義思想との対抗関係は、単純な一枚絵に表現してよいほど明快なことである。

　だが、『明治精神史』にえがかれた三多摩の民権家たちは、誰一人としてこうした明快な思想像に合致しないだろう。たとえば、石坂公歴は、みずからが中心的役割をはたした読書会では、自由民権思想につらなる欧米の近代思想を熱心に学んだが、その内部に渦巻いていたのは、伝統的な善悪二元論と粗笨な克己心、はげしい功名心と志士意識とナショナリズム、またそれらとすぐ隣あわせになっている老荘的仏教的な隠遁願望や清貧の理想などであった。公歴もまた民権仲間との読書会や討論会においては、人民主権論を主張したかもしれないが、色川があざやかに開示してみせたのは、かりに公歴の思想が一面でそうした明快な自由民権思想に到達していたとしても、彼のなかに渦巻いていた精神は、はるかに複雑かつ雑多なものであり、明快な民権思想＝ブルジョア民主主義思想と照応するような世界観・人生観・人間観・生活意識とは、ほとんど異質なものであったということである。

　こうして、石坂公歴、秋山国三郎、細野喜代四郎などがどのような精神を生きていたのかと問うばあいと、主権論や国会論や国家形態論のような狭義の政治思想に注目するばあいとでは、大きなズレが生まれてしまうのだが、その理由は論ずるまでもないことである。生活意識から区別された抽象的な論理の次元で主権の所在や国家形態を論ずるさいには、論理的に筋が通っている方がたやすく選べるが、実際の政治行動、生活意識、人生観などは、主権論等にあわせて自動的に変わるわけではない。西洋文明にあわせた近代化の課題は、生活意識や行動様式をおきざりにして、人びとの眼にはっきり見えてきた諸局面で、跛行的に推進されてしまう。そのため、主権論に狙いをつけてその頂点部分を集約すると、この時代の精神動態の全体からは、ほんのうわずみがかすめとられるにすぎない結果になってしまう。

たとえば、旧版・岩波講座『日本歴史』で「自由民権運動」(同上書、近代3、一九六二年)を書いた下山が、民権運動をもってブルジョア革命運動あるいはブルジョア民主主義的革命運動とする規定が、安易にまた一般的になされていることに警告を発し、政治的要求についての具体的検討が必要であること、また、運動の物質的基盤である「資本制生産関係の発展度」は、まだブルジョア民主主義的政治形態に対応する段階に到達していなかったことを指摘しているのは、運動史の側から右にのべたズレの問題に迫ったものと受けとめることもできよう。民権運動の政治的性格についての下山の規定は、「ただちにブルジョア国家の政治形態を求めたものとはいえないが、……ブルジョア国家の方向への転換を要求したものといえる」という微妙なものである。そして、運動内部の政治的成長を論じて、たとえば明治十三年の国会期成同盟の大会にさいして各地代表に委託された請願人数が十万人に達したことについて、それは代表に国会開設の請願という手段のかぎりで委託した人数のことであって、そこに広範な人びとの政治的結集を無条件的に読みとってはならないとするとき、地域における広範な人びとの現実の政治意識に迫る方向性が示唆されていたといえよう。

またおなじ書物のなかで「自由と民権の思想」を担当した後藤が、豪農民権の思想を論じて、抽象的な政治理論の次元では近代的市民的自由の思想だとしながらも、具体的な国家像から地域での行動のパターンへと論をすすめてゆくと、しだいに不徹底で曖昧な側面がつよくなり、ついには、「「国体」にたいする「忠孝」観を基底」とする態度や「組織のなかに共同体秩序がそのまま導入される方式」がとられていると結論しているのも、同時代の人びとの意識の諸次元を区別と連関のなかであつかうことで、民権期の思想史の全体像に迫った貴重な試みだったのである。

しかし、下山も後藤も、さまざまのズレや矛盾した側面が存在することを認めながらも、自由民権運動をブルジョア民主主義革命運動とする大枠を疑っているわけではない。そこでは、たとえば、ブルジョア民主主義に照応する「物質的基盤」が成熟していないのになぜブルジョア民主主義を求める運動がおこるのか、またこのズレが自由民権運動にどのような問題をもちこむのかというような問いは、つきつめたかたちでは提起されていないように見える。「共同体秩序がそのまま導入される方式」がどうしてブルジョア民主主義なのだ？ と反問することも、枝葉にとらわれたあげ足とりなのであろう。

だが、下山も後藤も、政治運動や政治思想の次元で論じているからこそ、その論理構成はまだ多少の安定性を維持しているのであって、論点をより生活に即した精神的態度や人生観などに移してゆけば、ブルジョア民主主義思想―近代的市民社会思想―個人の権利や自由の思想―人格的内面的自立性と尊厳性の思想などという枠組では、同時代の意識状況のほんの表面にしか触れえないことは、ほとんど自明ではなかろうか。おそらく、『明治精神史』だけが他の歴史書とは異なっていた。石坂公歴など三多摩の民権家の複雑な精神動態は、いきいきと私たちに伝わり、私たちは同書によって、右のような大枠にとらえこむさいには見失われてしまうような歴史のリアリティにはじめて触れることができたのであった。

だが、三多摩の民権家たちの精神動態が、ブルジョア民主主義思想―近代的市民社会思想―権利や自由や人格的自立性の思想というような枠組ではとらえられないとするなら、それに替るどのような枠組を構想すればよいのだろうか。

原『明治精神史』は、たとえば民権派志士たちについては、彼らの主体性の質が「西欧市民社会型のものとは全く異質であった」という明確な認識をのべているが、論理の大枠は、民権思想の内面化によって真の近代的精神の樹立の道へと進んだ北村透谷の役割を強調するという方向で処理されている。これにたいして、『新編明治精神史』は、モダニズム批判というモチーフにたって、こうした大枠による整序をモダニズムの方法として斥け、「民衆の思想は生活者としての矛盾にみち、伝統と習俗のあらゆる混沌をかかえ、いわゆる近代主義《モダニズム》の方法をうけつけない」(同書「はしがき」)という立場にたっている。そして、具体的な分析においては、たとえば細野喜代四郎に即して、その民権思想の高揚期においてさえ、儒教の系譜の伝統思想や文人意識が西欧型の民権思想よりも大きな意味をもっているとし、「特殊東洋的、伝統日本的な変革の道」が細野に体現されていたのだとしている。「自由民権運動の地下水を汲むもの」が、『新編明治精神史』では、その最後の部分をすっかり改めて、「民衆のなかのすぐれた人びと」(私の「通俗道徳」論が念頭におかれている)と透谷の思想形成過程には共通性があると結論しているのも、日本の伝統に内発的な変革の道を探るという構想を中核にすえることで、さきの枠組の外に出てしまおうとするおなじ立場の表現である。

だが、「特殊東洋的、伝統日本的な変革の道」とは、どのような内容のものであろうか。それが、原始儒教的な愛民の理想に西欧的な輸入思想を補足したものであることは、漠然と理解できるとしても、それは、西欧型のブルジョア民主主義とどこがおなじでどこが異なるのであろうか。また、それは近代社会の成立期にどのような政治形態をとって実現され、どのように運用され、どのような歴史的運命をたどるものだろうか。また、「民衆のなかのすぐれた人びと」とはどのような人たちのことか明瞭でないことがすでに問題だが、いまかりに民衆宗教の創始者たちや民衆的諸運動の指導者もふくむものだとしたばあい、彼らの思惟と透谷の思想形成過程とは、どこが似ているのだろうか。思惟方法も、思想的課題も、前提されている知識も、解答の方向性も、すっかり異なるのではなかろうか。

おそらくこうした問いのいずれについても、『新編明治精神史』に明快な答えは用意されておらず、従来の歴史理論への漠然とした不満が表明されているだけである。色川が、三多摩の民権家の思想に伝統思想の影響が色濃いという事実を発見し、彼らの精神形態は、西欧近代社会についての透明なイメージの機械的な適用によってはとらえがたい性格のものだと主張するのは、納得できる。しかし、そのことは、たとえばブルジョア革命とかブルジョア民主主義とかの普遍的カテゴリーの拒否の方向へとすすむような性格の問題であろうか。それとも、モダニズム批判というのは、事実に向きあうさいの硬直した態度をいましめる一般的な言葉にすぎず、歴史認識のカテゴリー、歴史像の基本的な枠組、近代的なるものについての内実や価値評価などは、やはり従来の歴史理論から借用されるていのものであろうか。原『明治精神史』における発見性に固執することで、既成の歴史理論を仔細に再検討し、あらたな明晰さと具体性とをもった歴史像を再構築するという道は、拓かれていないのだろうか。

色川が、たとえば公歴の思惟構造を論じて、

> 石坂公歴たちにとって不幸だったことは、豪農階級がまだ自分自身の哲学、世界観、倫理観をその萌芽的な形においてしか所有していなかった点にある。公歴らが自分の階級の解放へのなまなましい欲望をもちながら、反面それを合理化し、現実に機能させるべき思惟を、旧支配層のカテゴリーによって行わなければならなかったということは、ひとつの悲劇であった。……たとえば、かれの人生観の根本ともいうべき

人間観、価値観は、……擬制的にはあきらかに旧武士階級の意識下にあり、新時代の新興階級の内部欲求を花ひらかせるものではなかった(原『明治精神史』、傍点は原著者。なお、『新編』では、このあたりに微妙な改訂がほどこされている)。

と記すとき、それはたしかに公歴たちの思惟の内部構造への鋭い切り込みではあった。しかし、こうした把握は、基本的には、自由民権思想―近代的市民社会思想―権利や自由の思想―人間的自然性の解放という文脈から公歴たちの思惟様式を切って、「こうした論理は、自我や利欲の解放、人間性の全面的開花をねがう新興階級にとっては精神的自殺行為にひとしい、創造力の荒廃をもたらすものであった」と糾弾し、私たちとは異なった時代に生きた人びとを、今日の私たちの通念から超越的に批判するものであった。『新編』における苦心の改訂もこうした超越的批判を改めるにはほど遠く、公歴たちにふさわしい世界観、人生観、思惟様式とはなにかという問いは、謎につつまれたままだと思う。

しかし、色川のこのあたりの分析をよく読むと、公歴たちが彼ら新興階級のはげしい上向欲を、儒教的なモラリズムと克己心、ストイックなすさまじいまでの意志的な努力という形態で意識化してきており、そこに新時代にふさわしい厖大なエネルギーが噴出してくるダイナミズムが存在していたということが、よく理解できる。「粗笨なメカニズム」とか「精神的自殺行為」と批判するより以前に、色川が実際に明らかにしてみせたのは、こうしたいかにも明治の新時代にふさわしい人間的な活力や葛藤や自己形成のダイナミズムだったのではないか。そして、もしそうだとすれば、こうしたダイナミズムの認識は、この時代の歴史の特質をときあかす鍵として、私たちの歴史研究のなかに生かしてゆくことのできる、可能性にみちたものではなかろうか。

非西欧社会の社会変革にさいして伝統思想の影響が大きいのは当然のことであるばかりでなく、イギリス革命やフランス革命の時代の意識状況も、おそらく、ブルジョア民主主義思想―近代的市民社会思想―権利・自由・人格的自立性の思想などとしてとらえようとしても、やはりほんの表相をかすめるだけだろう。たとえばイギリス革命期の思想像をえがこうとすれば、透明な近代的市民社会の思想像などは、むしろ小部分にすぎず、レベラーズ、ディガーズ、クエーカー、第五王国派などとたどってゆけば、いったいなにが近代思想か、なにがブルジョア民主主義思想なのか、ブルジョア革命期の思想像とはなんなのかということ自体が再検討されてくることになるのではなかろうか。ここには、モダニズムを捨てるとか、モダニズムにも取柄があるとかという論争は入りこまない。イギリス革命期やフランス革命期の思想像についての多少とも具体的な知識をもてば、たとえば民権期の思想像とも、私たちの通念を裏切るほどに複雑に交錯してくる論点が発見できるのではなかろうか。*

* C・ヒル、G・リューデ、E・P・トムスン、L・レヴィンなどの最近の諸研究は、民衆意識を基軸にすえた比較史的研究の新しい可能性をはっきりと示唆している。革命期の思想像がいかにダイナミックで矛盾にみちたものであるかということについては、L・ハント「フランス革命のレトリック」(一九七九年、のちに『フランス革命の政治文化』(松浦義弘訳、一九八九年、平凡社)第一章。のちに日本でもよく知られるようになったL・ハントの研究に、私はバークレイでおそらくはじめて接した日本人だった)から教えられた。最近のいわゆる「社会史」的諸研究は、たいがい民衆意識についての分析を重要な内容としてそのなかに含んでおり、そこから展望できる思想像・意識像は、欧米の歴史についての私たちの貧しい先入観をくつがえすだけの迫力はそなえているといえよう。〔( )内は追記〕

3　歴史叙述と歴史の方法

色川の業績を全体として眺めてみると、歴史理論を再検討し歴史像を再構築するという課題は、さきの「特殊東洋的、伝統日本的な変革の道」にしろ、『明治の文化』所収の「精神構造としての天皇制」にしろ、「近代日本の共同体」にしろ、十分に説得力をもって展開されているようには見えてこない。それにたいして、歴史のなかに生きる人びとの精神の燃焼をえがくことでは、色川の業績は他の追随をゆるさぬみごとさであるといっても、異論はあまりないだろう。そして、色川自身、後者の方により多くの情熱と努力とを傾けてきたのではなかろうか。色川が西川長夫の批判を納得しなかったのも、*歴史を生きた人びとの内的経験についてのいきいきとした歴史叙述をしてきたという自信によるものだし、私たちが『明治精神史』はもとより、『新編明治精神史』や『明治の文化』を読んで感銘をうけるのも、そうした内容が中核になっているからであろう。

＊ 西川「歴史研究の方法と文学」(『歴史学研究』四五七号、一九七八年)、同「歴史叙述と文学叙述――叙述の理論のために」(同誌四六三号、一九七八年)、色川「〝歴史叙述の理論〟をめぐって――西川長夫氏の批判にこたえる」(同誌四七二号、一九七九年)。西川の色川批判は、色川批判というかたちをかりた私たち歴史家の通念への批判で、私たちが文学や言語についていかに単純な先入観にとらわれているかということをあざやかに分析してみせた貴重な内容であった。色川の反批判は、一般論としては、こうした西川の論点をほとんど承認しながら、しかし、みずからの歴史叙述の体験に照らして、西川の批判は、色川自身にたいしては妥当しないとするものであった。この興味ぶかい論争にたいする私の態度は、理論的な考え方としては西川に教えられながら、しかもなお、色川の方法に積極的な意義を認めようというものである。こうした私の立場は、曖昧な折衷論にすぎないだろうか。

私には、西川は、その鋭い色川批判にもかかわらず、『明治精神史』や『近代国家の出発』がなぜすぐれた歴史叙述でありえたのかという設問を欠いており、より具体的には、西川の批判する安易な文学化とほとんどすれすれにその方法的な独自性があることの意味を十分にとらえていないように思える。これにたいして色川は、いわばみずからの歴史家としての体験にそのまま固執して反論しており、そのため、体験の反省的な分析のなかで西川の批判をうけとめる工夫に乏しいような気がする。小文における私のモチーフを、この論争とのかかわりで規定すると、西川や色川が文学的とか詩的とかとうけとっているものの内容をもっと吟味してみれば、それがじつは歴史認識のカテゴリーにすぐ隣あっており、色川は、一見文学的に見える方法によって、現代歴史学に再生の活力を吹きこむほどの新しい発見的な認識力を獲得したのではないか、それを生かすための工夫こそが、私たち歴史家にふさわしいことではないだろうか、ということである。

だが、歴史を生きた人びとの内的な経験をいきいきと叙述するというばあい、『明治精神史』では、歴史展開の大枠はすでに与えられたものとして前提されており、人びとの経験の内的な分析は、そうした枠組のなかでの人びとの「健気さ」・ドラマ性などをあざやかに叙述することだと理解されている。そこでは、歴史と人間の関係は、歴史の非情な法則性とそれにぶつかってゆく生身の人間の関係としてとらえられるから、歴史の法則性が非情に貫徹すればするほど、歴史に生身の自己をぶっつけて生きた人間は挫折の運命にあったこととなり、こうした人間の運命をえがくところにドラマティックな悲愴美が生まれる、という筋道になるのである。色川は、歴史叙述についてのそうした考え方に示唆を与えたものとして、「結局、歴史というものは大家の手によって書かれるとき、ギリシヤ悲劇に含まれた悲愴味をすべて備えているものであり、……皮肉な調子の多くを帯びるものである」(『クリオの顔』一九五六年、岩波書店)というE・H・ノーマンの言葉を好んで引用するが、知性と寛容と理性とを育てる「広い意味での教養」としての歴史の効用を説くノーマンと、ドラマティックな悲愴美をめざす色川とでは、文脈と含意にかなりのズレがあると思う。

それはともかく、こうしたドラマティックな悲愴美が色川好みのものであることは、「一種の歴史法則と人間の生との間のきしみ合いみたいなものに対するはっきりした虚無主義があった……人間の意識とは独立して行われていく一つの無惨な、しかも鉄のような非情な力への諦めの感覚は、あるいは私たち戦中派が敗戦体験の中で得たものなのかもしれない」、「シニカルなリリシズム」という美意識をもっていた、というような表現で、『歴史の方法』では、いっそう直截にのべられることとなった。そして、こうした美意識が、巷間流行の歴史小説と覇を競いうるほどの大衆性をもった歴史叙述への関心と結びつき、『明治精神史』所収の論文「歴史家の宿命について――歴史叙述と文学」における、歴史叙述と文学との区別が薄められて、「歴史小説と歴史叙述はこれからはますます接近し、ますます混沌としてわかちがたいものになっていくであろう」(『歴史の方法』)という主張ともかさなるとき、そこにかすかにではあれ、歴史学的な吟味をのりこえて美文化への誘惑が忍びこむのではなかろうか。

西川が、「叙述こそが実践であり、文体こそが認識である」というバルト＝サルトルの文学理論を引いて、色川の歴史叙述は、既成的な認識をより美的効果的に再現することをめざすだけで、叙述から認識へと帰ってゆく回路を欠いているのではないかと批判するとき、色川の内部にある右のような諸事情が指摘されているのであろう。そして、それはすでに原『明治精神史』にはらまれていた問題意識や方法の問題なのであろう。だが、これを色川の立場からいえば、自分は文学と「スレスレのところ」まであえて進みでることであらたな歴史叙述と歴史認識に到達したのだということにほかならない。西川の批判がよってたつ理論的枠組の正当性は、一般的には納得するとしても、しかし、西川の援用するバルト＝サルトル流の文学理論も、よく考えてみれば、自分の歴史叙述・歴史認識にむしろ一致する、西川の批判は、自分の到達した歴史叙述・歴史認識、またその理論的総括としての『歴史の方法』の成果を内容的にふかく検討したものではない、ということなのであろう。

こうした色川の立場は、たとえば、歴史叙述が文学に限りなく近づく事例として色川がとりあげている「原風景論」にもっともよくあらわれている。そこで、「原風景論」について、私なりの観察をのべてみることにしよう。

「原風景論」というのは、たとえば武相困民党が決起をきめた相模原を眺めて、研究者である色川自身が想像力のなかでそこにかつて集まっていた農民たちに「自分を融けこませ」てゆくと、ある瞬間に突然、目前にしている相模原の風景が武相困民党の農民たちの結集する「歴史の原風景に変っている」、という不思議な体験のことである。こうした体験は、対象としている歴史上の人びとへの研究者の側からの洞察がつみかさねられて、歴史上の人びとの苦悩と研究者としての色川の心とが「スパーク」し「交差し交感する」という過程をへて訪れる。この「原風景」に「歴史上の主役を登場させて動かせば、それはそのまま生き生きとした歴史叙述になる」。色川は、みずからの歴史叙述のカンどころでは、こうした体験に何度も出会ってきた、という。

歴史叙述の場合、そういった一つの風景が原風景に転化した時に自分の中にパチパチとはぜる何かが起こり、九十年の距離をとび越えて、歴史的な客体と自分というものが交感をする。炸裂する。その時にどういう感動が自分の中に湧きあがるか。その感動こそが歴史における美なのである。……そういった美意識そのものがまだ形成されていない段階で、形容詞だけで美しく文章を飾ろうなどというのは、邪道もはなはだしい。……しかし、歴史叙述においては、この美意識や美的感動の問題を避けて通ることはできないのである。（『歴史の方法』）

「原風景論」は、色川がみずからの歴史叙述のなかでももっとも重要な部分がどのようにして実現されていったかを、体験に即して説明した貴重な証言である。私たちは、色川ほどにみずからの歴史叙述の体験をふかく掘りさげた率直な証言をほとんどもっていない。「歴史叙述が文学に近づく瞬間というのは、西川がどのように否定しようとも、しばしばあるのである」というつよい言葉も、この体験への確信にほかならない。そして、すぐれた歴史叙述が対象との「スパーク」「交感」なしに成立しないこと、そのさい、歴史家はみずからの内部に蓄えている既成の言語体験ではこの「スパーク」「交感」をうまく叙述できなくなり、新しい表現を求めて苦しむこと、感性的表現や比喩的表現などもときには避けられないこと、また、このようにして追求された表現は、それが成功したばあいには独特の美を構成しうるかもしれないことなどは、私たちにも十分に首肯できるのである。

しかし、「歴史的な客体と自分というものが交感をする。炸裂する」そうした「原風景」に、「歴史上の主役を登場させて動かせば、それはそのまま生き生きとした歴史叙述になる」というのは、本当だろうか。これはあまりに「詩」的な叙述理論であり、叙述理論をこうした「詩化」の方向で深めてゆこうとすると、分析や反省をへないで無自覚のうちに既成的ななにものかをもちこむことにならないのであろうか。すぐれた歴史叙述が対象と歴史家との「スパーク」「交感」なしにありえないということと、その「スパーク」「交感」をそのまま叙述すればすぐれた歴史叙述が生まれるということとは、まったくべつのことではなかろうか。

――ここから先は、色川に即してのべることはできない。「原風景」のような稀有の体験をもった人のことを、そうした体験をもたなかった凡庸な者が批判することは不可能だからである。ただ、私自身に即して言おうとすれば、歴史的対象と自分との出会いの自分なりにもっとも深いと思われる部分を、「スパーク」「交感」、「原風景」への転化、「詩化」というような表現であらわすわけにはゆかないと思う。なるほど、色川の「スパーク」「交感」とは比べものにならないとしても、私には私なりの「スパーク」「交感」があったからこそ歴史叙述をしてきているのだが、しかし、ここにいう「スパーク」「交感」とは、対象についてのまだ未分化の直感のようなものであって、そうした「スパーク」「交感」を感じた私は、対象についての知識と自分のなかの歴史や人間についてのさまざまの理解力とを総動員して、それをなにかもっと筋道をたてた表現におきかえようとする。「スパーク」「交感」がはげしくなれば、私はいま対象の本質に近づいているのだと直感するが、しかしそれは、「原風景」のなかに自分も融けこむといった体験ではなく、かえって私と対象とのあいだに緊張が増大するような体験である。「スパーク」「交感」は、私が対象を理解するにたるだけの人間や社会についての見方のゆたかさをもっているかどうかの対象の側からの私への問いでもあって、「スパーク」「交感」が深い内容をもっていればいるほど、私は緊張して私のなかにある人間や社会についての理解力を総動員し、自分なりの「スパーク」「交感」にふさわしい筋道の通った表現に到達しようと努めるだろう。

歴史家としての私が、「スパーク」「交感」から歴史叙述へと向かってゆくということ自体、私は私の歴史的対象である人びととおなじ体験をもたないということでもあろう。どのように感情移入してみても、私は出口なおの苦難の生活体験や生活意識をそのまま追体験できるわけではないし、百姓一揆に蜂起した人びとの精神の高揚、集団意識、恐怖や疲労、困惑と決意などの複雑な過程をそのままに体験できるわけではない。歴史家がこうした対象について追体験していると主張したとしても、それはじつはその歴史家の歴史家としての思考の枠組を通して整序された形態において対象をとらえているのであって、追体験というような表現は、対象把握の深さについての歴史家の主観的な思いこみをあらわすにすぎない。それにもかかわらず、歴史学的記述につきまとう右のような性格を無視して、歴史的対象としての人びとの生活や意識をそのまま追体験しているのだと強弁すれば、歴史家が歴史家としてもちこんだ思考の枠組がどんなものであったのかということを、反省的に見かえすことができなくなってしまうだろう。歴史家は、対象とする人びととは異なった歴史的文化的脈絡のなかにいるのだから、みずからの歴史的文化的脈絡を通して対象とかかわるしかなく、その点からは、私たちは対象を丸ごととらえるというよりは、対象の頑固な存在性のまわりに群がって、歴史叙述という名の文化的フィクションを構成しているにすぎない。

しかし、このことは、歴史叙述や歴史認識がつまらないものだとか、無力なものだとかということではない。というのは、私は、出口なおや百姓一揆に蜂起した農民の体験をそのまま追体験はできないが、そのかわりに、彼らが自覚していなかったような社会的歴史的文化的な脈絡のなかで、人間や社会についての彼らが知らなかったさまざまな知を媒介にして、彼らの行動や精神はあるいはこういうことを意味していたのであろうかと、ある了解に達しうるからである。

たとえば、百姓一揆には村を単位とした動員強制がつきものであり、この伝統は秩父事件などにもうけつがれているが、私は史料に頻出するこの動員強制についてどのように理解すべきかを考えあぐねた。私の理解は、拙著『日本の近代化と民衆思想』二二一―二二二頁(「安丸集」第2巻―二、八八―八九頁)に要約されているが、これはさまざまの史料をつきあわせて到達した私なりの理解・解釈であって、百姓一揆のなかで動員強制がなされるさいやそのほかのばあいに、私ののべたような解釈が農民たちに自覚されていたとか、知識として知られていたということではない。出口なおの神がかりや神観念についてのべるばあいも、それは私なりの理解・解釈であって、私は出口なおの体験をそのまま記述しえているわけではない。私は、「おふでさき」などの史料はもとより、シャーマニズムの伝統や大本教以外の新宗教の事例やさらにそれ以外の人間や宗教などについての私の理解力を総動員して出口なおと格闘し、やっと自分なりにいくらか納得できる記述に到達してゆくだけである。いずれにしても、私にとって、「スパーク」「交感」は、すぐれた歴史叙述がなされるための可能性ではあるが、それがただちに理解・解釈の深さを保証するのではない。それに、対象と「スパーク」「交感」してそれをそのまま記述するのが、文学的ないし詩的ということだとするのは、おそらく現代の作家や詩人の立場ではなく、現代文学はもっと複雑な作業の上になりたっているのではないかと思う。

　私が、私自身の歴史叙述の貧弱な経験をふまえて記した右の記述には、「文学的」ないし「詩的」なところはどこにもない。それは、あまりに陳腐な歴史研究の常識だともいえよう。そして、こうした記述によって、私は色川の「原風景論」を批判したいとか、批判できたとかというつもりもない。「原風景論」は、すぐれた一人の歴史家のみずからの歴史叙述と歴史認識の体験についての率直な証言として、聞いておけばよいことだ。私がいいたいのは、私のようなとらえ方をすると、対象の内面にたちいって深くとらえることは、私たちの歴史や人間についての理解力をたえず検証しなおすことでもあって、そこに、私たちの歴史認識の枠組がたえず訂正されてゆく可能性がひらけてくるのではないかということである。これを『明治精神史』に即していうと、『明治精神史』には私たちの歴史認識の枠組を再検討してゆくにふさわしいゆたかな可能性がひしめいているのに、どちらかというと同書は、一つの時代のなかに生きた若い民権家たちの生きざまを描いたもので、あざやかな、あるいは文学的な歴史叙述に同書の真価があるとされる傾向がつよく、歴史認識の枠組の再検討にむけて生かしてゆくというような受けとめ方がなされてこなかったのではないか、ということになろう。

　だが、『明治精神史』が私たちに教えたのは、じつは、人びとの経験をその内部に深くたちいってとらえれば、それはなんと思いがけない事実にみちており、こうした方法で、私たちはなんとゆたかに歴史のリアリティに触れうることかということだ。『明治精神史』は、みずからが発見した諸事実をかさねあわせ連関させて新しい歴史像を構成するという方向へはすすんでおらず、『新編』ではそれにかわる二、三の曖昧な揚言をしているにすぎないが、そこに発見されたものを中核においてそこから歴史像を再構成してみると、どんなことになるのであろうか。

この問いにいまの私は答えをもっていないし、ここでそのことを論ずる必要もないだろう。しかし、私は、人びとの生活や生活意識についてのさまざまのファクトから出発して、そうしたファクトのつみかさねと連関の展開のなかからもっと大きな歴史の全体像の組みかえをすすめてゆくのが、私たちの歴史学の方法なのではないかと思う。そのさい、生活や生活意識のなかに私たちが発見する諸事実は、それ自体がなにものにも還元されない歴史的事実なのであって、そうした歴史的事実の発見において、「民衆思想史」は、ある程度まで有効だったのだと思う。人間というものは、みずからが紡ぎだした意味の織物にとらわれて生きるほかない存在なのだから、はじめは謎のように見えている意味の織目を読みしだくことで理解してゆかねばならないものなのであり、「民衆思想史」研究は、十分な方法的用意なしにではあるが、そうした研究視角を歴史学のなかにくみいれる試みだったのであろう。そして、文学的とか詩的とかいわれることは、大胆にいえば、人びとの内面に迫るための私たちの想像力や論理力についての「詩的」な表現のことだったのではなかろうか。

文学的な美や感銘に似かよったものが歴史叙述のなかにもし存在しうるとしても、それは歴史叙述の目的ではないし、言葉については素朴な素人にすぎない私たち歴史家が、意図して手に入れうるようなものでもない。それは、私たち歴史家の対象との緊張がもっとも高まったようなとき、あるいは思いがけぬ僥倖として恵まれるかもしれないクリオの贈り物なのであろう。内気で気取り屋(E・H・ノーマン)の歴史の女神クリオの。

◈佐々木潤之介・石井進編『新編日本史研究入門』東京大学出版会、一九八二年、所収。

私は若い頃から何回かくり返して色川氏の学問について論評を試みているが、それは自分の学問的自己形成のためのぶつかり稽古の相手として色川氏を選んでいたからである。私の色川論の特徴は、本論文と「色川大吉と戦後歴史学」（本巻―三）にまとめられている。私が勝手に選んだぶつかり稽古のもう一人の相手は丸山眞男氏で、私は丸山氏についても何回か論じているが、私の丸山論の概略については、「丸山思想史学と思惟様式論」（『現代日本思想論』第五章、岩波現代文庫、二〇一二年）を参照してほしい。

一〇　前近代の民衆像

はじめに

私にあたえられたのは、「前近代の民衆像」というなにやらつかみどころのない大きなテーマで、割当時間は二十分です。私自身の無能を棚にあげたうえでのことですが、このかぎられた時間にこうした大テーマについてなにかまとまったことをのべよといわれても、正直のところ、無理難題のかたむきがあることは、皆さんにもお認めいただけるのではないかと思います。私は、日ごろから小心翼々、今日のような席でしゃべるのはなるべく避けて、自分の手に負えそうな領域だけで拙い文章を書くことにしており、こうした無理難題を押しつけられそうになると、三十六計中の奥の手を愛用することにしてきました。今回もおなじ手口でゆこうとしたのですが、あまりうまくゆかず、さえない押問答のすえに、私は、「なにをしゃべってもよいか」といったのです。これは、私の心づもりとしては、いくぶん脅迫めいた名セリフのはずだったのですが、辣腕の事務局長さんは、ひどくあっけらかんとして、「ああ、なにをしゃべってもいい、原爆を落してもよいぞ」といいました。ある種の極限的状況では、ドスの利いた短いセリフが聞く人の心胆を寒からしめるようなヤクザ映画風の場面には、いくらかあこがれていたのですが、それは、日ごろの私の言動からしてありうべくもなく、私の苦心のセリフは、なんとも格好のつかない結果におわったわけです。私は、原爆はもとより、石ころ一つ投げた覚えのない小心者ですが、最近、漠然と感じていることの一、二をお話しして、ささやかな紙のつぶてとしたいと思います。(1)

1　どこから始めるか

ところで、「前近代の民衆像」ですけれども、前近代の民衆像を問おうとすれば、それと不可分に、現代の民衆像はどうかということが、まず問題になってくるのではないかと思います。私は、いわゆる現代的問題意識なるものが、短絡的に研究の場へもちこまれることには警戒的なのですが、しかし、自覚するとしないとにかかわらず、私たちは、結局のところは、現在に向きあうのとおなじ眼で歴史にも向きあっているのであって、そのことが自覚されていないとしても、それはただ現在に向きあうさいと歴史に向きあうさいとのあいだに私たちがいつのまにか挿入してしまっている媒介環やパースペクティヴを、自覚化していないことをものがたっているにすぎないのだ、と思います。そして、もう一つ、現実と歴史へと向きあっている〝私〟という次元があって、この三つの次元への問いは、根源的には、三位一体的な同一性をもつものなのでしょう。もちろん、すこし見方を変えれば、三者はまったく異次元の問いであり、短絡してはなりません。しかし、必要な媒介とパースペクティヴをおいてみれば、三つの次元の問いが根源的には、同一性につらぬかれているということが、人間についての科学としての歴史学というものを、なりたたせる根拠なのでしょう。そして、私がいま三つの次元の媒介やパースペクティヴと呼んだものこそ、歴史学の方法論の第一章に位置すべき問題だと考えます。歴史学の方法とか方法論という言葉は、あるばあいは史料操作の手続きのことであったり、あるばあいは史的唯物論の原理であったり、ときには歴史叙述の技術論であったりもするようですが、頻繁に使われるわりには不得要領にみえるのは、残念です。私は、歴史学の方法というばあいに、いくつかの論理レベルを区別しなければならないと思うのですが、右にのべた三つの次元への問いの根源的な同一性と、その同一性をなりたせるための媒介やパースペクティヴのとりあつかいが、方法論の出発点に位置すべきだと考えるのです。

こんなことをいいだすと、おまえには板につきそうもないややこしい話をはじめたものだと苦笑される方もありましょう。しかし、私がいまのべたことは、抽象度の高い理論問題というより、私たちのごく平凡な経験の範囲内にある問題だと思います。というのは、三つの次元への一体的でも媒介的でもある問いは、研究者としての門出にさいして、私たちの誰もが、ほかにはなんの蓄積もなく、ほとんどただそれだけをたずさえて出発したものだからです。例の〝素朴な問題意識〟というやつで、私たちはこれあればこそ、ほかのいくつかの人生の可能性のなかから、歴史研究者という道を選びとったのでありましょう。ところが、やがて研究歴がくわわると、誰でもすこしは珍しい史料に行きあったり、いくらか得意の専門領域ができたりします。そして、そうなってくると、部外者立入禁止というほどではなくても、どこか山伏の霞場《かすみば》にも似たものが成立して、特定の専門領域での日掛・月掛貯金のような日常化された研究蓄積が、私たちの研究なるものの内実となり、〝素朴な問題意識〟の方は、若い日々についての思い出の一部となってしまいます。若いころの緊張と感激とを忘れたころに、やっと専門研究者としていくらか認められたりするというのは、なんとも皮肉なことですが、私たちは、こうした構図をかんたんに免れるわけにはゆきません。もちろん、そのようにいっても、自分の研究を支える現代的意義づけは、それぞれの研究者のなかに特定の言説として用意されていることも多いのですが、しかしそれは、どこか時期遅れの古証文のように、しばしば既成的で弁解じみたものになっているのです。

歴史学界には多くのすぐれた研究者たちがいらっしゃいますから、右のような十把ひとからげな言い方は、不当で不遜な単純化なのですが、しかし、それなら、右のような状況は、私個人にだけかかわることだとしておいてもよいのです。ただ、ここでいいたいのは、こうした傾向に陥りやすいのは、緊張感が欠けているとか、人は中年になると堕落するからというだけのことではなく、右にのべた三つの次元への問いの相互媒介的で根源的な同一性の問題が、方法的に自覚され探求されつづけてゆかないからではないのか、ということです。

私がさきほど、「前近代の民衆像」について考えようとすると、現代の民衆像についても考えざるをえないとのべたのは、右のような問題連関のなかでのことです。私たちの歴史学においては、現代の民衆像と前近代のそれとがふかくかかわりあっているということ自体については、あまり異論がないように思うのですが、それに研究主体である私たち自身への問いをかさねて、三つの問いは三位一体的だなどといえば、なんだか荒唐無稽の観念的言辞を弄ぶものに聞えて、賛成をえられそうにもありません。私は、この研究主体でもある〝私〟の次元への問いが歴史学には乏しい、そこに現代歴史学の欠陥の一つがあると思う者ですが、この点についてては、今日はこれ以上ふれないことにしたいと思います。この問題もふくめて、どのような歴史学の方法を構想するのかということについては、いまの私にはどんな用意もないのですが、現代の民衆像についてなにかを語ろうとするさいの私の立場について、あらかじめ一言しておきたいと思って、以上のようなより道をしたのであります。

2 社会意識の変貌

さて、そこで、「前近代の民衆像」を考えるさいの不可避の出発点としての現代の民衆像ですが、この問題については、最近の各種の意識調査の結果は、きわめてよく似た傾向のデータをしめしています。それは、一言でいえば、保守化ということです。

こうした意識調査の代表的なものとして、文部省統計数理研究所の『国民性の研究』があります。この調査は、五年ごとに行われるものですが、七八年秋の調査は、二つの注目すべき傾向を指摘しています。第一は、戦後の日本人の意識は、たとえば個人の自由や権利の尊重とか、科学的合理的なものの考え方の重視など、一貫してひろい意味での近代化の方向に変容してきていたのですが、この傾向は、七八年度の調査では、ほとんどすべての項目で逆転したということです。第二は、右のひろい意味での近代化の傾向は、これまでは、調査対象となった年齢層のうちではもっとも若い層(二〇—二四歳)においてもっとも高い比率を占めていたのに、この層において右の逆転現象がとりわけ顕著だったということです。たとえば、「世間のしきたり」について、「世間のしきたりに従った方が間違いがない」という意見は、前回の三二%から今回の四二%へと上昇し、「正しいと思えば、しきたりに反しておし通す」と右の「しきたりに従う」との比率は、前回は三六%対三二%だったのですが、今回は三〇%対四二%へと逆転したのです。また、二〇歳代前半は、これまでは「しきたりに従う」という意見にもっとも強い拒絶反応をしめしてきた世代なのですが、これは、前回の二一%から今回の四一%へと倍増しました。そのほか、権利や自由の尊重など、近代的市民社会的価値意識につながりそうな項目は軒並に減少し、「孝行と恩義」の尊重とか宗教心は大切だとかの項目は増加しました。また、日本生産性本部などが新入社員にたいして行っている意識調査の項目のひとつに、「デートの約束があったとき残業を命じられたらどうしますか」というのがあるそうですが、この八年間、「デートをやめて仕事をする」派がだんだんとふえ、「残業を断ってデートをする」派は減少しているそうです。いまの若者が、恋人も忘れるほど仕事熱心で企業愛に燃えているとは信じられませんが、私のゼミ出身の若いサラリーマン諸氏の猛然たる勤務ぶりについて話を聞いていると、忠誠心の自発性の度合はともかく、こうした企業への献身ぶりも、さもありなんと思えてきます。いまの若者に尊敬する人物を問うと、多い方から、父、母、ゼミの先生の順だったという、私たちのような職業の者には、なんとも居心地の悪くなるような話もあります(2)。

こうした傾向は、二、三年前からいろいろなかたちで紹介されていることで、それにやや軽率に便乗しようとして失敗したのが、衆議院を解散にもちこんだ大平正芳さんだということになります。しかし、選挙の結果はどうであれ、こうした傾向そのものは、いっそうはっきりとしてきているように思われます。そして、この事実が私たちの歴史意識にもかかわってきているのであって、歴史教育についてのいくつかの報告のなかでも、最近の若い人たちの歴史や社会についての見方が、私たちのような世代の者からは、思いもかけないような方向に変わりつつあることが注目されています。

寺田光雄さんの論文「受験体制と〈人間的想像力〉(3)」は、そうした報告の一つともいえますが、受験体制のもとで学生たちの全人間的なものとしての感受性や認識力——寺田さんの言葉では〈人間的想像力〉——が、どのようにそこなわれたのかという見地から、現代の学生たちの意識の内面に迫ったものです。以下、寺田論文の一部を紹介しながら、いささか我田引水的に私の論点に近づいてみたいと思います。

寺田さんは、埼玉大学で社会思想史の講義をされている方で、学生たちにいくつかの書物をしめしてそれについての感想を書かせることで、その講義についての提出レポートとされ、そのレポートを分析されたのです。寺田さんによれば、受験体制(4)というものが、学生たちの〈人間的想像力〉・感性をゆがめてしまった。受験体制というのは、断片的知識のつめこみ・技術的学習を唯一の認識方法とするもので、そこでは、どんなにすぐれた学問や思想の成果・内容も、断片的な知識として、技術的な学習の対象とされてしまい、学生たちが、みずからのうちに社会や人間についてのふかい認識をはぐくんでゆくための前提となるような、ゆたかな〈人間的想像力〉・感性を形成する可能性が奪われてしまう。その結果、どのようなことになるかについては、寺田さんの要約を引用することにしましょう。

(1)人格(人間的成熟)というものは、学問・教養(ここでは制度的に保証されたそれが表象されているが)によって決まるという絶対的ともいえる確信、(2)時間的・空間的に遠い世界の人たちに対する内在あるいは感情移入の困難性、(3)リアルな実感をもってそれらを語れるのは、きわめて通俗的な話題にそれを還元したり、社会通念によりかかってであること(カッコ内、傍点は、ともに寺田氏)。

(1)の、人格というものは学問・教養によって決まるというのは、書物などに書いてあると簡単に信用してしまうということにもつながり、寺田さんは愉快な例をあげていますが、これは省略します。この(1)も、今日のテーマの民衆像にかかわって大切な点ですが、(2)と(3)は、学生たちの歴史意識や歴史認識にとって、とりわけ重要な意味をもつ問題だと思われます。というのは、歴史認識というのは、時間的空間的に遠い世界へのその世界に即した洞察のことにほかなりませんから、学生たちが時間的空間的に遠い世界の人びとに内在したり感情移入したりする感性をもたず、現在の身辺的事象に還元してしかそうした世界について理解しようとしないとしたら、ゆたかな歴史認識は期待しうべくもないことになるからです。

ところで、寺田さんは何冊かの書物をあげて学生たちに読ませ、レポートを提出させたのですが、もっとも多くの学生が選んだのは、山崎朋子『サンダカン八番娼館』、拙著『出口なお』、小林初枝『おんな三代』のうちから、二―三冊を組みあわせてレポートを書くということでした。これは、この三冊がとりわけ名著だったからではなく、伝記的なものだからくみしやすしとみられたからのようです。そのうち、寺田さんが典型的なものと考えているらしい一学生の「率直」な感想を、つぎに引いてみましょう。

『サンダカン』を読んで最初に感じたことは、「何とも信じ難い。本当にこのようなことが公然と行われていたのであろうか」ということであった。そして、『出口なお』については、「先の本」とは全く別の面で、この『出口なお』のまわりで起ったことが、すべて信じられなく、「神がかり」などということも全く考えられないこととして、僕の頭を混乱させた。先の本は、一応その書かれている事実を理解した上での不信感であったのに対し、この『出口なお』という本は、全くその事実さえも信じ難い。それほどまでに浮世離れしたことがつづられているのである。

寺田さんは、右の「信じ難い」という表現について、学生に面接して確認したところでは、「今の〈豊かな〉日本からみて過去のそういう事実を「信じたくない」という意味らしい」と注釈して、いくらか山崎さんと私を慰めてくれていますが、それにしても、私がいささか偏愛する出口なおについて、「あまりに浮世離れ」などといわれると、著者としては、あまり釈然としない気分になります[5]。

費用と労力をふんだんに投入して質問紙などを配布する意識調査は、全体的な動向を知るうえで有効ですが、意識構造に踏みこんだ分析をするためにはものたりない点があります。それにたいして、寺田さんの分析は、学生たちの読書レポートという質的にはるかに複雑な素材について、思想史家としての洞察力をはたらかせたもので、学生たちの意識構造によりふかく踏みこんだ彫りのふかい内容だといえましょう。しかし、それにしても、寺田さんの分析とさきの意識調査の結果とは基本的には、きわめてよく似た意識状況をそれぞれの角度から照らしだしたものだと思われます。それはやや一般化していうと、①大勢順応的、②身辺的、③日常生活的な充足性というようなことになりましょう。

大勢順応的というのは、理想主義や社会正義についての意識などが衰退したことであり、身辺的というのは、社会や歴史についての全体的構造的な見方への無関心が顕著だという意味です。日常生活的な充足性というのは、生活的な幸福を享受することに至高の価値をおく自足的な意識が蔓延してきたことを意味しています。そして、これらを総合して、伝統主義や政治的反動と区別された意味での保守主義的な意識形態と呼ぶことができると思います。たとえば、K・マンハイムは、「保守主義的な体験と思考との本質的特徴のひとつは、直接に現存するもの、実践的具体的なものへの執着である」、「具体的に体験し、具体的に思考するということは、いまや、人間がおかれている一定の直接的環境における特殊な態度、排他的な活動意欲——一切の〈可能的なもの〉、〈思弁的なもの〉にたいする極端な嫌悪を意味する」などとのべていますが、ここでマンハイムは、保守主義的な心情を伝統主義と反動のそれから区別するとともに、「可能的なものの意識によって生き、その体系的な可能性をとらえてあたえられた直接的なものを超越する進歩主義に対立させているのです（K・マンハイム『保守主義』森博訳、一九五八年、傍点は訳書のもの）。マンハイムは一九世紀ドイツの思想家を対象とし、私たちは現代日本の民衆について考えているのですから、二つの対象には大きな性格の相違がありますが、マンハイムは、対象とする思想家たちの保守主義的な心情（心的志向性）を問題にしているのですから、問題のとらえ方は私たちの関心とよく似ているし、引用したような諸規定は、ほとんどそのまま、現代日本の保守主義的心情についてもあてはまるように思われます。そして、私がさきに三つの規定としてのべたような心情は、現在の日本社会の深部をほとんど眼に見えない暗転によってとらえており、革新政党や労働組合への支持さえも、一面ではこうした心情と結びつきかねない性格をもつようになってきているのではないかと考えられます。

こうした心情が蔓延するようになった根拠としては、多くの要因をあげることができましょう。日本経済の高度成長とその行きづまり、雇傭形態や家族の特質、生活水準のある意味での高度化と消費文化の蔓延、戦後の民主主義運動や革新的諸運動のあり方、社会主義国の現実をもふくめた世界情勢のインパクトetc.。しかし、これらの諸要因についてなにかまとまったことをのべるのは、私の柄ではないし、ここでの課題でもありません。また、右にのべた保守化現象について、より立ちいった分析を試みることも、ここでの私の関心事ではありません。ましてや、こうした保守化現象について、なにか巧妙な対策はないものかと思案するようなことも、私にふさわしいことではありません。ただ、私がここで問題としたいのは、こうした、社会の深部でたしかに進行はしているが、かならずしも耳目を驚かす事件や政策となっては表出されてこない陰微な変動について、私たちはどのような認識力や認識方法をもっているのであろうか、ということです。

3　方法的視圏拡大のために

歴史学界は、紀元節問題や元号法制化問題では、活発な活動をしてきました。もちろん、そこにも不十分なところや問題点があったとしても、多くの研究者たちがはたしてきた献身的ともいえる努力は、長い眼でみれば、大切な意味をもつことになるでしょう。しかし、私がさきにのべた区分でいうと、これらの問題は、政治的イデオロギー的な反動の次元に属しており、私がこの小文でのべてきた民衆の意識や感性の陰微な暗転＝保守化とは、異なった次元にあります。もちろん、大衆意識の保守化という現実をふまえ、またそれを促進するところに政治的反動の意味と役割もあるのですが、しかし、それにもかかわらず、両者は区別することができます。そして、反動は、制度や政策や運動など、政治的なかたちで社会のなかに姿をあらわし、私たちの誰にも眼にみえる姿態と争点とを構成しますが、大衆意識の保守化は、もっと曖昧で陰微なかたちをとります。もちろん、後者についても、よく注意してみれば誰の眼にも自明的なほどに認識可能なものとして、こうした現象が私たちの周囲――じつは、私たち自身の内部にこそ――にあるともいえますが、しかし、こうした現象についての明晰な認識をもつためには、前者の認識のための能力とは異なった性格の探究力や構想力が必要なことは明らかでしょう。ところが、歴史学者の認識力は、制度や政策のかたちをとったり、誰の眼にもあからさまなイデオロギー的反動思想のかたちをとるさいには鋭敏なのですが、社会の深部で暗転してゆく気分や雰囲気、さらに社会の体質のようなものについては、それを認識してゆくのにふさわしい論理的枠組や発想に乏しく、そうした領域で大きな成果があげられてきたとはいえないとしなければなりません。私は、さきほど、保守的な意識構造の分析にさいして、寺田さんとマンハイムとを援用しましたが、この二人にしても、私たちの歴史学とはかなり異なった独自の方法意識をもって、さきに参照したような分析をすすめたのでした(6)。

右にのべた論点を、歴史学の方法の次元でより一般化しますと、私たちの歴史学は、社会構成体の継起的な発展を基礎においた発展段階論的な分析という方法意識をもっており、そうした立場からの生産力の発展、制度や政策の展開、運動史などについての発展段階的な認識には強いのですが、こうした発展の背後で推転する眼にみえない次元での変化については、的確で鋭い認識力をもっていないのではないか、というようなことになりましょう。思想史や民衆史については、いくらか異なった発想もあるとしても、たいていのばあい、認識の基本的な枠組は、やはり発展段階論に照応するかたちで構成されているように思われます。ところが、制度や政策や運動のような眼にみえる過程は、より基底的な部分での地殻変動にも似た眼にみえない過程に対応しており、二つの過程は、たがいに規定し規定されているのです。その眼に見えない過程こそ、生産力や生産関係の問題だ、などとまぜっかえさないでください。私の話の文脈では、生産力や生産関係の問題も眼にみえる過程に属し、それは眼に見えない過程と相互に規定しあっているのです。

たとえば、支配ということについて考えてみましょう。支配は、時代をさかのぼればさかのぼるほど、むきだしの暴力的支配に近い性格をもっていました。たとえば、中世の農民よりも江戸時代の農民の方が、江戸時代の農民よりも近代の民衆の方が、近代の民衆よりも現代の私たちの方が、恣意的暴力的な支配を免れることができ、法的制度的にさまざまの保証や保護を獲得していますから、そのかぎりでは、歴史は、権利や自由やその原初的諸形態の発展史として把握できるようなところがあります。しかし、この過程は、他の一面では、支配権力が被支配者層の内面的な服従を調達して、人びとの意識のなかに内面化された支配のかたちを形成してゆく過程でもありました。夕食後の団欒のようなもっとも私的で無防備な生活次元においてさえ、テレビによる人びとの意識の統合が休みなくつづけられている現代社会は、人類史上空前のもっとも手のこんだ支配がなされている社会だともいえます。もちろん、テレビのスイッチを切るのも私たちの自由ですが、私たちはみずからの自由を、スイッチを入れる方向に行使してしまうのです。そこで、われわれの自由というものを、ある種の極限状況で考えてみると、それは、支配の内面化とほとんどおなじ意味になってしまうのです。

このように、歴史的発展は、かならずしも抑圧の除去＝解放への前進の一筋縄ではなく、発展と裏腹に新しい性格の抑圧をともなっています。抑圧といっても、百姓一揆の弾圧や治安維持法のことであれば、社会的政治的に眼にみえやすいのですが、歴史には、抑圧されつくして誰の眼にもみえなくなってしまった不可視の次元が無数にあります。民衆の闘争が、無念の涙をのんだ無数の人びとの犠牲の上になりたっていることはいうまでもありませんが、亡びてしまった氏族や部族、支配民族に同化させられてしまった被支配民族にとって、歴史の発展とはどんな意味をもつ言葉なのでしょうか。また、亡びてしまった生活習慣や信仰は、歴史においてどのような意味をもつものなのでしょうか。こうした観点は、民衆史や社会史など、最近の研究動向を支える問題意識のひとつの側面として、よく知られていますが、歴史における抑圧の問題は、さらに、自己抑圧や道徳の問題を視野においてとらえるとき、いっそう複雑で興味ぶかい様相を呈してきます。

いまかりに道徳について考えてみると、道徳とは、「その時代に通用しているものと個体との同一化の形式」（L・コフラー『革命的ヒューマニズムの展望』片岡啓治訳、一九七一年、河出書房新社）であり、それによって支配秩序に安定性と持続性とをあたえることができるものだ、といえましょう。法律のような外的強制によってではなく、みずからのなかでみずからの反秩序性を抑圧してしまうところに、道徳の社会的機能がありますが、こうした抑圧は、個人の内側からの秩序への同一化にほかならないため、抑圧は抑圧として意識されることができません。このようにして人類が抑圧してきたものは、なんと厖大でなんと深いことでしょう。私のいわゆる「通俗道徳」をめぐる問題には、きわめて不十分ながらも、右のような観点がふくまれていました。というのは、「通俗道徳」はひとつの歴史的達成なのですが、しかし、じつはそうした達成によってみずからを抑圧した、きわめて自己抑圧的な規範だからです。ある人は、私の「通俗道徳」論について、私の世間知らずで偏狭な道徳主義や禁欲主義のあらわれであるかのように揶揄しましたが、こうした見方には、私自身の気持にそぐわないところがあります。歴史の発展というものは、いずれにしろ、人間のなかにまだ眠っていた可能性をひきだし解放するものですが、それが解放であり発展であったからこそ、その代償として抑圧されたものは、誰からもかえりみられないガラクタとして歴史の屑籠にほうりこまれ、そこにどのようなきびしい抑圧があったのか、亡びてしまったものにもどんなにかけがえのない価値や意味があったのかというようなことは、私たちの視界にはいってこなくなるのです。「通俗道徳」とは、私にとっては、こうした両義的なカラクリであり、私は、「通俗道徳」という形態をとって自己形成してゆくほかなかった民衆のありようのうちに、言葉には表出されようもなかった膨大な葛藤と悲哀とを読みとりたいと思ったのです。

以上のような見方は、より一般的にいえば、人間というものは、現に眼にみえる姿態よりははるかに複雑な存在であり、あたかも海面に浮かぶ氷山のように、水中に没した不可視の部分がはるかに大きいものだということを意味しています。凡庸な大学教師である私、やせた中年男である私、貧しく小さな家庭のなかの私は、なんの変哲もない平凡な存在で、そのような私の行為や思考を理解するためには、どんな努力も必要でないようにみえるかもしれません。しかし、そうした私にも、ステレオタイプ化された日常的姿態の底に、それを支え、またそれと葛藤しているはるかに複雑な心身の構造があり、それはまた、私の生家や地域社会のありよう、交友関係や幼少年時以来の体験などとふかく結びついており、これらの社会的諸次元は、さらにはるかに歴史的なもののほとんどすべてと結びついています。「五官の形成は、今までの全世界史の労作である」と、マルクスがいったように、私たちの感受性、身ぶり、心身の構造のすべてが、全人類史につながっています。人間存在のこうしたふかい構造は、日常的な感受性や身ぶりやちょっとした癖などのなかにもあらわれているともいえますが、しかしそれは、日常的なかたちのままでは、よほど鋭い洞察力なしにはみえてきません。だが、個人的な、あるいは社会的な危機や変動過程のなかでは、人びとの平凡な日常性を支え、またそれと葛藤している、よりふかい構造的なものが露呈してきます。そのさい、いまの日本のように、ある意味ではもっとも高度に近代化された社会においても、現代社会で通用している制度や通念を踏みこえて、思いがけないほど土俗的な生の様式が重い意味をもっていることを発見して、驚くことになるかもしれません。(7)

私たちのいわゆる「民衆思想史」研究も、右のような問題について、なにかまとまった洞察力をもっていたわけではありません。しかし、「民衆思想史」研究には、日常的な次元での人びとの生き方や意識のありようを問題にするとか、書き残された言葉を欠いている人びとの人生の軌跡をたどり、そのなかに彼らの人生の意味を探るとかという発想があり、そこには、かすかにではあれ、歴史学の方法的革新への芽がはらまれていたのではないかと思います。ところが、歴史学界における「民衆思想史」研究のうけとめ方には、ひとつの定型があって、それは、「民衆思想史」研究をひとつの問題提起としていちおうは評価しながらも、支配思想の分析を欠いているところに限界をみるというものです。もちろん、内心ではもっとシニカルで否定的な評価をもっていらっしゃる方も多いのですが、論文や批評に書きとめられたかぎりでは、右のような批評がほとんど自明の真理のようにくり返されています。「民衆思想史」研究が支配思想の研究にたいした成果をもっていないことは事実でしょうが、しかし、それだからといって、いまや「民衆思想史」研究の限界は自明であり、つぎに研究すべきは支配思想のイデオロギー的分析だ、と論をすすめてもよいものかどうか。私などは、立ちどまってゆっくり考えてみたい問題がいろいろあるような気がしてなりません。

ここではさしあたって、支配についての研究が大切だということについては、同意してみましょう。しかし、支配というもののなかで、支配思想はどのような位置なり意味なりをもつのでしょうか。また、支配思想とはそもそもなんのことでしょうか。たとえば、支配思想という言葉についてごくありふれた規定をしてみると、支配のための論理づけ、支配者が操作する支配のためのイデオロギー的手段というようなことになりますが、支配のためのこうしたイデオロギー的手段の研究が、支配の研究にさいして思想史研究の側から貢献できる最重要問題だと確認できるでしょうか。たとえば、それぞれの社会には、支配階級も民衆もみずからの意思でかんたんに選ぶことのできないものの考え方、意識の様式、たくさんの人びとの生き方といったものがあり、そういうものをふまえてイデオロギーや政策の次元での闘争も展開しているのであって、前者の分析はいわゆる支配思想の分析よりもいっそう重要だと考えてみることもできるのではないでしょうか。[8] こうした理論問題について、なにかまとまったことをいうのは、ここでの課題ではありません。私がいいたいのは、たとえば「民衆思想史」研究についても、それには明らかな限界がある、支配思想の研究が欠けている、つぎの課題は支配思想の分析だと、なにか自明の真理のようにみんながくり返していると、いつのまにか私たちの思考はひとつの型にはまった窮屈なものとなり、もっと大きな問題があるかもしれないと疑ってかかるような精神で研究をすすめてゆくことができなくなるのではないか、ということです。

私は、さきほど、社会構成体の継起的展開という発展段階論的な認識カテゴリー、そうした立場からの生産力や政策や制度や運動の発展史的認識だけでは不十分ではないかという意味の指摘をしました。しかし、それだけでは不十分だということは、それが不必要だということではありません。こうした認識の枠組みは歴史学の本領であって、こうした視角からこそ、歴史学は、異なった分析方法をもつ諸科学にたいしても独自の貢献をしてゆくことができるのだと思います。社会構成体などとむずかしいことをいわなくとも、ひとつの時代の特徴をできるだけひろい視野からとらえ、そうした時代像とのかかわりで固有の認識能力を発揮しうるところに、歴史学固有の役割があるのでしょう。そうした固有の方法的位相をもつことにおいて、私たちは、たとえば、文学、民俗学、人類学、精神病理学、社会学その他と異なった立場に立っているのです。[9] しかし、そうした立場に安住して、異なった諸科学との方法的位相のちがいとそこに生ずる緊張なども忘れてしまうと、歴史学の発想は安定的＝保守的なものとなり、学習態度は徒弟修業的、その成果は日掛・月掛貯金のように積みあげられて、歴史学は、パラダイムの理論でいう「通常科学」となります。こうした世界の特徴は、ある特定の視角からは、たしかにより精密化された学問的成果が蓄積されていっているようにみえるのに、すこし見方を変えれば、ある日、人びとの心に直截に訴える説得力を欠いてしまっていたということを発見して、驚いてしまうという結果になりやすいところにあります。こうした状況を免れたいと思えば、私たちは、手なれた領域をすこし離れて、自前の認識方法をほとんど欠く不安定な領域にわが身をさらしてみなければなりません。ふたしかで危険な困難にわが身をさらしてゆけば、新しい道を模索してゆくことにつらなる、と私は信じます。

今日の集会の趣旨と参会者の皆さんの関心にはそぐわない、場外れなことばかり申しましたが、自分の日ごろからの思いについて、素朴な告白をするほか、私は、今日の集会に参加するすべを知らなかったのです。

（1）この小文は、「教科書裁判を支援する一一月集会」（一九七九年十一月十日、明治大学）での報告をもとにしている。しかし、当日は時間の制約で省略した部分を復活し、表現もいくらか変えた。注には、当日の報告では話す予定になかったが、質問でもあれば展開してみたいと心づもりにしていた論点のうちから、若干を記してみた。「前近代の民衆像」という標題は、この小文の内容にふさわしくないが、小文の成立の由来と内容とは関連がふかいので、報告の原題を残して、その間の事情をくみとりうるようにしておいた。

（2）意識調査のデータは、『朝日新聞』一九七九年七月十六日号、同十八日号などによる。

（3）寺田光雄「受験体制と〈人間的想像力〉――一九七七年度社会思想史講義・学生提出レポートの検討を通して」（『埼玉大学紀要（社会科学編）』第二六巻）。

（4）受験体制という言葉は、一面では、最近になってとりわけ顕著になった教育の次元での諸傾向をさしているが、それが狭義の教育の問題や最近の傾向にとどまらない、より広範な諸問題との構造的なかかわりのなかで理解されなければならない問題であることは、寺田にとって自明のことである。受験体制は、学歴社会の教育の場での表現形態であり、学歴社会は、日本資本主義の労働力調達のシステムであり、日本の資本主義化の歴史的諸要因によって規定されている等々。しかし、その基底にさらに、はるかに長い由来をもつ家や共同体や生産の社会的なあり方などの問題があり、受験体制という現代日本の現実の問題を透かしみるとき、あえて大げさにいえば、日本の歴史のほとんど全体がそれとかかわって、生き生きとした現実性をもってみえてくるのではなかろうか。他方で、学歴の問題が、現代世界の全体としてのありようのうちで、私たちの文明の未来にとって、不吉な予測と結びつくかもしれない深刻な意味をもっていることについては、R・P・ドーア『学歴社会　新しい文明病』（松居弘道訳、一九七八年、岩波書店）から教えられた。

（5）　私がこの原稿を書いている日の新聞には、「イエスの方舟」についての大きな記事が掲載されていた。「神がかり」について信じられないというこの学生は、この新聞記事も理解できないのではなかろうか。シャーマニズム的なはげしい神がかり現象そのものを眼にする機会は稀だとしても、神がかりとかかわりのある宗教現象は、私たちの生活にとって、もの珍しいものではない。「技術的学習」にはげみ、余暇にはスポーツや恋愛に熱中しているかもしれないこの学生の生活のすぐ近くに、こうした宗教現象があるのだが、しかし、「技術的学習」を信奉しているかぎり、この現実はみえてこないか、眼にはとまっても、奇妙で「浮世離れ」した現象として、その関心の外に捨てられてしまうだろう。情報の洪水と視野狭窄との奇妙な共存。

（6）　たとえば、マンハイムがイデオロギーというばあい、その意味は、特定の社会集団や階級の利害を表現するイデオロギー的上部構造というような意味にとどまるものではない。人間の思想や理念が、なかば意識されなかば隠蔽された利害の表現であっても、マンハイムの概念では、そのこと自体はまだ「部分的イデオロギー概念」に属するにすぎず、心理的に理解可能な地平の問題である。マンハイムの知識社会学が対象とするのは、こうした直接的な利害の表出にかかわる「部分的イデオロギー」ではなく、「全体的イデオロギー」であるが、後者においては、「たんに個々の思想内容ではなくて、特定の思想体系やある種の体験――解釈の形式……ついにはカテゴリーの組織さえ」もが、存在によって拘束されているとされるのであり、こうした「解釈の形式」や「カテゴリーの組織」について分析するところに、知識社会学が成立するのである（K・マンハイム『イデオロギーとユートピア』、徳永恂訳『世界の名著　マンハイム・オルテガ』一九七一年、中央公論社。傍点は安丸）。

マンハイムのこうしたイデオロギー概念が、個々の政治的社会的言説から思惟様式を区別し、後者に分析対象を求めた丸山眞男の方法に大きな示唆をあたえたとのべても、おそらく見当ちがいではないだろう。私は、『日本政治思想史研究』などで、丸山が具体的な政治的社会的言説と思惟様式とをほとんど機械的に分離してしまい、二つの次元を相互媒介的に把握しなかったことに、その方法的限界を見る者だが、他方で、マルクス主義歴史学においては、人間の意識や思想は、政治的社会的な利害の表現という意味での通俗的なイデオロギー概念にひきつけて把握される傾向がつよく、マンハイムや丸山が方法的に開拓した次元の問題がどのような意味や位置をもっているのかということについては、ほとんど理解されてこなかったと思う。たとえば、丸山の「歴史意識の「古層」」(『日本の思想第六巻　歴史思想集』一九七二年、筑摩書房、のちに『忠誠と反逆』所収)という論文が、意識の形態論的分析においてはあまりにもあざやかなのに、どこか空漠とした抽象性に陥っているような印象をあたえるのは、丸山の思想史研究の方法的特徴の極限形態がそこにあるからではなかろうか。なお、本文やこの注でのべたところから、私たちの歴史学が力を注いでいる反動イデオロギー批判が、ときとして彫りの浅い印象のものになりやすい理由も、いくらか理解できると思う。

(7)　たとえば犯罪は、こうしたより深い構造を露呈する点で、重要な素材であろう。ここでは、本多勝一編『子供たちの復讐』(一九七九年、朝日新聞社)によって、周知の開成高校生殺人事件についてのべ、いささか唐突なコメントを試みることにしたい。

この事件は、一九七七年十月、東京都北区の飲食店主が、すさまじい家庭内暴力をふるう開成高校二年生の一人息子を自宅で絞殺し、妻とともに心中をはかったがはたせず、自首したものである。この事件の背景には、受験体制のすさまじさのほか、この子供が一人息子で母親への執着がつよすぎたことなど、いくつかの留意すべき点がある。しかし、私がここで注目したいのは、この子供を診察した精神科医が、治るかどうかとくり返して尋ねる母親に、「自殺か、非行少年というか犯罪者になると思うけれど、A君は自殺はできないと思うから、犯罪者になるだろう」とのべ、この言葉が両親を絶望させたこと、とりわけ犯罪者になるだろうという言葉が、家庭内で手に負えないほどの暴力をふるっている子供が、やがては世間にもっとひどい迷惑をかけることになるのかという絶望的な予測につらなり、それが絞殺のおそらく直接的な誘因となったらしいことである。また、一審判決のあとで母親は自殺したのだが、その自殺の背景に一般的な絶望感があったのはいうまでもないこととしても、さらにより具体的には、検察側の控訴理由書のなかに、

「事件のあとで本当は自殺する気はなかったのではないか」という箇所と、「子供をムリヤリ勉強させた」という箇所とがあり、こうした控訴理由が、彼女に二審裁判を受けることに耐えられないという思いをいだかせ、それが自殺のより直接的な原因となったらしい。殺人犯の立場にある父親は、妻の自殺によっていっそう絶望的な状態に陥ったわけだが、妻の葬式をすませたあと、彼は、四国巡礼に出かけた。そして、そのあと、彼は飲食店を再開し、妻の実母と二人で暮しているのだが、そうした絶望的な状態のもとにおかれた彼に生きる勇気をあたえたのは、ある日、機関紙が店に入れられていたことをきっかけに入信した、「生長の家」の信仰であった。

こうして、学校教育や受験、精神医学、裁判制度など、近代社会が生みだした近代的な制度や技術や知識などのすべてが、この一家の人びとをひたすらに追いつめるものであり、こうした窮境のうちでこの父親にかろうじて生きる勇気をあたえたものが、四国巡礼や「生長の家」の信仰だったという事実は、私たちにつよい感銘をあたえる。こうした事実から、私たちは、民衆宗教を研究することの意義についても示唆をうけることができるが、しかしまた、民衆宗教を、民衆のなかで成立した自主的に近代的なものとして把握することに結果しやすい私たちの方法の限界をも、暗示されているのではなかろうか。

周知のように、最近、西川長夫は色川大吉の歴史叙述とその理論とを批評する二つの論文を書き、文学と歴史学との価値意識や方法のちがいを論じた。そのなかで、西川は、文学の価値意識にふくまれている否定性の問題をとりあげ、「社会的なくずやごみのなかにこそ文学的により高い価値が見出されるのだという方向に価値観を逆転させる」ことに文学の立場の特徴があるとし、それを、「一定の社会的な役割(プラス価値の……安丸)によって人間を位置づけようとする」歴史学の肯定的な価値意識に対比してみせた(西川長夫「歴史研究の方法と文学」『歴史学研究』四五七号)。これにたいして、色川は、自分の著作のなかから須長漣造や秩父事件の無名戦士の例をあげ、深谷の『八右衛門・兵助・伴助』(一九七八年、朝日新聞社)や私の『出口なお』(一九七七年、朝日新聞社)もまきぞえにして、歴史学も社会のくずやごみをとりあげているではないかと、私にはやや強弁的に聞える反論をくわえ、ひろた・まさきは、「民衆のポジティヴな側面」と「ネガティヴな側面」との「関係を構造的に明らかにしようとするところ」に自分の立場があると、優等生じみた答え方をした(色川大吉「〝歴史叙述の理論〟をめぐって――西川長夫氏の批判にこたえる」『歴史学研究』

四七二号、ひろた・まさき『文明開化と民衆意識』「第一部Ⅳ　日本近代化と地域・民衆・文化」、一九八〇年、青木書店。なお、この西川・色川論争については、「方法規定としての思想史」(「安丸集」本巻―九)でとりあげた)。

　思うに、犯罪、病気、精神疾患、社会的脱落者などのなかには、健康で平均的な生活者たちのうちには容易に発見することができないような人間性についてのより深い真実が、はるかに明瞭なかたちで表現されているのであり、こうした側面の研究によって、政治や社会の一般的な推移の過程からはかならずしもはっきりみえてこない、より深いものが瞥見できるのである。文学と歴史学とは、方法的に大きなちがいがあるが、おそらく、人間についてのより深い真実を探究しようとしているという究極の一点においては、おなじ課題を担っているのであろう。こうした課題をおなじくする者として、文学も人間についての諸科学も相互に学びあおうとするのは当然のことであって、たとえば、大江健三郎の最近の作品は、いかにも大江らしい生真面目な大勉強によって、こうした方向を自覚的に探ったものだということができよう。犯罪、病気、社会的脱落者などについて、田村栄太郎と長谷川昇のヤクザ研究をべつとすれば、私たちの歴史学に論ずるに足るほどの成果がないのは残念だ。なお、犯罪といえども、たんに民衆の「ネガティヴな側面」というような性格のものでなく、はるかに深い意味をもった現象であることは、右に挙例した開成高校生殺人事件にも示されているが、さらに、犯罪が原初的な抵抗の諸形態につらなっているばあいも多いことについては、E・J・ホブズボーム『匪賊の社会史』(斎藤三郎訳、一九七二年、みすず書房)が示唆的である。マフィアさえも、その成立の由来からすれば、たんなるギャングでなかったことについては、おなじ著者の『反抗の原初形態』から教えられた(この部分は、青木保の編訳(一九七一年、中央公論社)では省略されていたが、水田洋他訳『素朴な反逆者たち』(一九八九年、社会思想社)は原著の完訳。―(　)内追記)。
(8)　支配階級も民衆も、自由に選ぶことのできない固有のものの考え方、意識の様式＝社会的意識形態をもつものであること、また、この意識形態というカテゴリーにおいては、現実意識と可能意識とを区分することができて、現実意識⇅可能意識のダイナミックな過程として、それぞれの時代と階級の意識状況がとらえられ、それが歴史の変動をとらえてゆく不可欠の契機となるはずであることなどは、歴史学全体のなかで思想史研究がどのような位置と役割とを担っているのかということを示唆していると考える。

L・ゴルドマンの世界観の類型学というとらえ方は、右のような私の考え方にとって有益だったが、ゴルドマンのばあい、可能意識のマキシマムに達したものとして、代表的な思想家や作家の代表作を重視し、その類型論的分析に帰着するところが納得できない。現実意識⇅可能意識のダイナミックな過程は、ゴルドマン自身ものべているように、民衆意識にとりわけ顕著な現象であり、この過程に注目することで、思想史研究は歴史分析に固有の貢献をしてゆくことができるはずである。晩年のゴルドマンが、これまでの自分の研究が世界観の多様性や豊饒性よりも作品の統一性を重んじて類型把握に偏してしまったと自己批判しているのは、ことは文学の次元でのべられているけれども、よく当っていると思われる(L・ゴルドマン『人間の科学と哲学』清水幾太郎他訳、一九五九年、岩波書店、同『人間の科学とマルクス主義』川俣晃自訳、一九七三年、紀伊国屋書店)。

イデオロギーと生活意識(生活思想)とは範疇的に区別すべきであること、前者は、多かれ少なかれ後者をふまえながらも、より組織づけられた第二次的な構成物であることについては、拙稿「「民衆思想史」の立場」(『安丸集』第1巻—五)でもふれた。マルクス『経済学批判・序言』のいわゆる唯物史観の定式をめぐって、「イデオロギー諸形態」と「社会的意識諸形態」とを区別する必要を論じたものとして、山之内靖『社会科学の方法と人間学』から教えられた(同右拙稿参照)。私は、イデオロギーと生活意識(生活思想)とを区別し、後者の基底にさらにほとんど自覚されない人びとの生き方の類型ないし構造のようなものの存在を推定してゆくことで、歴史学は、異なった立場の諸科学とのあいだに、ゆたかな交流・相互摂取の場を成立させうるはずだと考える。

(9)　周知のように、現在の日本には、たとえば『タテ社会の人間関係』(中根千枝、一九六七年、講談社)や『「甘え」の構造』(土居健郎、一九七一年、弘文堂)のような日本人論ないし日本文化論の領域の書物がベストセラーとなり、類書があいつぐという現象がみられる。人類学、精神病理学など、歴史学とは方法的に異なった立場から書かれたこれらの書物は、日本人と日本社会についてより深められた認識に到達しようとする点で、歴史学とはある種のライバル関係にあるものといえよう。他方で、歴史ブームといわれるような現象もみられるが、歴史学の方は、単独の書物や論文では右のような書物ほどの説得力をもちにくく、たとえば中央公論社や小学館などによる大きなシリーズものとなったときにベストセラーになるという特徴がある。それでは、なぜ日本人論や日本文化論にかんする書物が盛行するのであろうか、思いつくところをあげてみよう。①日本人や日本社会についてより深い認識をえたいという欲求がひろく存在するのだが、これらの書物は、まわりくどい手続きなしに、そうした認識をいっきょにあたえようとするものであること。②これらの書物は、人類学、精神病理学、社会学など、人間と社会についてのより深層的な探求の長年の成果をふまえて書かれていること。もちろん、浅薄な思いつきをひきのばしたにすぎない書物も多いが、それぞれの学問領域で長年つみあげられた経験的データと独自の理論的洞察が、わかりやすい記述のなかにふまえられているような書物だけが、ひろい読者層を獲得しているといえよう。③これらの書物が、読者の身近な経験にたいしてあらたな洞察をあたえるものであり、自分の経験を反芻しながら読めるような性格のものであること。

こうした領域の作品にたいして、歴史学は、歴史的段階的な見方や階級関係・支配関係の観点などから異論をのべることができるが、しかし、大切なことは、歴史学もまたこうした書物への関心のうちにふくまれている人びとの問いに説得的に答えるものでなければならないということである。時代性とそのもとでの対抗や矛盾の認識、またそこに可能となる独自のパースペクティヴによって、歴史学は独自の方法的位相をもつのであり、そこに隣接の諸科学とは異なった性格の独自の説得力が生まれるはずなのである。

◈『歴史評論』三六三号、一九八〇年、所収。
本論文の成立事情については、「はじめに」と注(1)参照。

一一　民衆史の課題について

——井上幸治『近代史像の模索』・林英夫『絶望的近代の民衆像』を読む——

はじめに

不勉強な私は、これまで井上幸治と林英夫の学問的業績にふれることはほとんどなかった。井上の『秩父事件』と林の『近代農村工業史の基礎過程』所収の一論文とは、印象ぶかく読んだ記憶があるが、それだけでは評者としての資格に根本的に欠けるところがあろう。それに私は、自分の手に負えそうな領域でだけほそぼそと文章を書くことにしており、小心翼々をモットーにしている。だから、『模索』と『民衆像』(ともに一九七六年、柏書房)の書評を依頼されたとき、いつもの私なら簡単におことわりするはずだった。しかし、依頼をうけたとき、ちょうど私は、『出口なお』をほぼ脱稿しており、前著『日本の近代化と民衆思想』をもあわせて、自分なりにひとくぎりつけたい時期だった。そんな時期だから気軽にひきうけたというのではない。私は、歴史学の方法やそのなかでの「民衆思想史」の位置づけなどについて、はっきりとした確信のないままに自分の研究をすすめてきたのだが、とりわけ最近になって、私たちのいわゆる「民衆思想史」なるものも、新しい方向が必要になってきているという思いがしだいに強まっており、こうした関心から両先学にわずかばかりでも学んでみたいと思ったのである。

『模索』も『民衆像』も、専門外の読者を辟易させるような厄介な論証に深入りせずに、かなりひろい読者層を予想して編まれたものである。いずれも、それぞれの専門領域ですでにりっぱな業績をあげた学者が、その成果をふまえて、いっそうひろくて斬新な問題領域を提示しようと試みたものだといえる。二著のこうした性格は、両者の業績に不案内な私にも、自分の不勉強を棚あげして、自分の関心から二著に近づくことを許してくれそうな気がする。以下にのべるのは、こうした一面観からの感想にすぎない。

1　新たな分析次元の探索――『近代史像の模索』

『模索』は、相互に関係しあった二つの部分からなりたっているといえる。ひとつは、マニュファクチャ論、フランス革命論、パリ・コンミューン論、ナポレオン伝説論などのフランス近代史にかんする諸論稿であり、いまひとつは、秩父事件およびそれを核にすえた民衆史の方法にかんするものである。分散マニュファクチャとナポレオン伝説を論じたものが比較的まとまった論文形式になっているほかは、さまざまな機会の雑多な文章(「エッセー」)の集成である。書かれた時期は、一九六四―七四年、収載にあたって一切改稿していないとある。

私は、フランス近代史についての井上の業績を読んでこなかったのだから、ここでは本書に収載された諸論稿からその関心をうかがうほかない。それによると、戦後の井上は、長いあいだ大塚学説の批判的検討にたずさわってきた。大塚学説は、「理論としては優に国際水準」だが、それでは「わりきれない事実ばかり多い」と井上はいう。そこで井上は、農村マニュファクチャの有無を実証的に検討し、フランス革命にさいしての土地所有の移動を調べ、またルソーやロベスピエールの思想を再考する。もっとも、本書にのべられているのは、これらの諸研究からえた結論のかんたんなスケッチや、研究方法、問題関心のおおまかな推移などである。何年間かほかの仕事はことわって、きわめてかぎられた地域における農村マニュファクチャの有無を実証的に検証するという課題に沈潜したという井上のひたむきな仕事ぶりを、私たちはせいぜい通りすがりに窓外から覗いてみる程度である。しかし、実証、とくに精密な地方史研究を中心にした実証研究を中核におき、そこから歴史理論を再構築してゆくという井上の方法は、秩父事件研究にも通じており、井上の基本的な立場となっている。

だが、こうした実証に徹する立場から、井上はやがて経済過程から相対的に自立した内的な構造をもったものとして、政治過程や意識過程が展開していることを確認することになる。あるいは、はやくから気づいていたのかもしれぬが、そのことを決定的に重んずるようになったようにみえる。たとえば、サン＝キュロットを前期的プロレタリアートとか半プロレタリアートと規定したり、パリ・コンミューンの主体となる労働者を近代的工場労働者のように思いこむのは、実証ぬきの先入観にすぎない。サン＝キュロットのアクチヴには、六四名の労働者を使う企業家まではいっており、パリ・コンミューンをになった労働者たちのうち、近代的大工場で働く者はごくわずかで、彼らを主体として「純粋のプロレタリア的意識」をもったものとして把握してはならない。フランス革命にしても、マニュファクチャ・ブルジョアジーや小ブルジョア的経済の発展→そのジャコバン派への結集→封建的土地所有と前期資本の打倒・農民的土地所有の確立→「フランス革命は典型的な資本主義とデモクラシーを確立した」という論理でとらえると、重要な事実関係をほとんど見落としてしまうことになる。このような結果に陥ったのは、たとえば革命前に農村マニュファクチャが存在し、それがやがて産業資本の中核になってゆくというような経済史的シェーマが独断的なものだったからだというだけではない。

「たとえば政治史も思想史も、自分のデータのなかの自己論理を最後まで追求しなかったし、分析もたえず既存の経済史的概念に依存し、それを分析の基準とさえ考え」(三六—三七頁)たからである。サン＝キュロットもパリ・コンミューンも、フランス革命の政治過程や意識過程も、粗笨な経済史的概念で割りきってはならず、政治的なもの・意識的なものをそれ自体の史料にそくして、内在的に分析しぬき、そこからそれぞれの内的な構造・歴史的全体性のなかでの位置を発見しなければならない。

経済決定論でよいという歴史家はいないし、政治過程や意識過程の相対的独自性を大切にしなければならないというのは、多くの論者の常套語である。しかし、私は、いまのべた井上の立場を、こうした通念に吸収してしまいたくない。井上は、史料と事実のなかから政治過程や意識過程の独自性を発見し、それを歴史的全体性のなかへあざやかにとらえかえしているからである。フランス革命において、「小生産者の理想社会像」の「夢」が現実状況との乖離のゆえにこそ大きな役割をはたす根拠の分析(四〇—四一頁)や、「ナポレオン伝説」についての興味ぶかい論稿は、その具体的事例であり、私にはほとんど魅惑的なものだった。「夢」や「伝説」もまた、状況を生みだした独自で活動的な歴史的リアリティであって、「幻想はときに精神と社会を動かすのである」(一一四頁)。

歴史家としての井上の業績が、一方ではフランス近代史に、他方では秩父事件を中心とする近代日本の民衆史にあることはよく知られている。一見すればまったくかけ離れているようにみえるこの二つの領域が、一本の縄を構成するかのように井上の内部で交錯しあっていることは、本書からも十分にうかがわれる。地方史に徹すること、厳密な史料の博捜のなかから論理を構成すること、民衆闘争史への関心などは、二つの領域を貫くものであるらしいが、フランス近代史研究から方法を学ぶとともに、秩父事件を中心にその有効性をつきつめ確認するというのが、井上に独自なところであろう。だが、この第二の領域では、本書ではとりわけ民衆思想・民衆意識をどのようにとらえるかということに力点がおかれている。

井上は、客観的な階級構造をX軸、思想ないし意識の次元をY軸と呼んでいる。X軸Y軸というのは比喩にすぎないが、土台―上部構造(これも比喩であろう)という把握とは異なるところがあろう。座標上の任意の一点は、X軸によってもY軸によっても規定されてはいるが、いずれかの軸が先験的により重要な規定性だとはいえないからである。こうした表現にこめられているのは、Y軸は、X軸と相互に制約しあっているとはいえ、独自の次元を構成しているのであるから、それ自体として内在的に探求されねばならないという意味である。「既成の概念」だけではとりあつかえない現実があるとのべ、「私はまあ年をとっておりますからお許し頂きたいわけなのですけれど、日本の社会科学なり歴史学はその点基本的な反省が必要なのではないか」(一四二頁)というのも、ほぼ意識ないし思想の次元の具体的で内在的な探求が欠如していたという意味でいわれている。

こうした井上の問題意識を窺うために、「民衆の役割」という長い講演からはじめの部分を引用してみよう。

最近では私はどこへ参っても申し上げることなのですが、……現代は文学者もしくは文芸評論家の時代だと言うわけです。現在、歴史家とか社会科学者というのは、そのあとからとぼとぼついてゆくという情況になっているのではないか。ということは、本当にむずかしいのは、現在、情況をどう捉えるかという問題に連関してくるわけですけれども、いろいろ社会科学の方の既成の概念では必ずしもつかみ難い情況がかなり出てきている。その一つが私は民衆とか住民といわれている言葉、この概念内容ではないかということを申し上げたいわけです。(一三七―一三八頁)

引用のうち、文学や文芸批評にたいする高い評価は、具体的には、秩父事件やそれにかかわる民衆の意識を、井出孫六や金子兜太のような文学者が、歴史家のばあいには史料上の制約からとうていとらええないような「農民の底の意識にまでつっ込んで」とらえようとしていることをふまえたものらしい。しかし、一般論としていえば、こうした評価は、文学者や批評家がきけばたまげるようなものであって、文学や批評もまた、いわゆる戦後文学を頂点としてその思想性を磨滅させ、高度資本主義の日常性のなかで腐朽しつつあるのであろう。だが、右の引用には、マルクス主義歴史学が、戦前・戦中・戦後を通じてあらゆる社会科学のなかでの「リーディング・サイエンス」であり、「日本社会の病理学」のようなものとして歴史と社会を診断し、私たちの行手をさししめす性格をもっていたのに、いまではその衝撃力と現実把握力はすっかり衰えてしまった、という判断がある。本誌(『歴史学研究』)の読者のなかには、こうした判断に同意しがたい人も多いだろう。しかし私には、五〇年代後半を境にマルクス主義歴史学の知的衝撃力が衰退したとするのはきわめて自然な判断だと思われるし、六〇年代歴史学におけるさまざまな動向もそのことに対応していたと考えるほかない。日本共産党の政治的進出が、若者たちへのマルクス主義歴史学の知的衝撃力の減少と、どちらかといえばあいともなっているようにみえるのは、皮肉なことである。

こうした状況認識をふまえて井上が提起するのが、――それのみではないとしても――史料に沈潜してそこから再構成されるものとしてのY軸(思想ないし意識の独自的次元)の探求である。『秩父事件』(一九六八年、中央公論社)は、秩父事件に参加した民衆の政治過程と思想過程の独自性を生き生きと描きだした名著であり、同書にたいする高い世評もその点にあったと思われるのだが、本書では、同書の達成もまた農民の客観的な行動や「一応表面に出た思想性」にとどまっており、「もっと農民の底の意識にまでつっ込んでいきたい」(一三九頁)という金子の批評が、肯定的な文脈で紹介されている。そして、「明治、もしくはさかのぼって江戸時代の農民の心の中までさぐりうる、もしくはかれらの個性というものをひきだした歴史叙述があったか、という設問をしたいわけです」(一四〇頁)とも問うている。だが、こうした問いかけは、史料に沈潜して実証を重んずるという井上の立場と、容易に一致するわけではない。そこに、文学者の仕事や色川大吉の業績、また柳田民俗学への共感が語られることにもなる。史料と実証を重んずるという歴史家の立場と、書き言葉に表現されることはほとんどない、書き言葉に表現されればその途端になにかまったくべつのなにものかにすりかわってしまう民衆の「心」の世界との、埋めることのできない断絶。井上は、この宿命的ともいえる困難を真正面からとりあげ、方法的転換を呼びかけているように思われる。

ところで井上は、思想ないし意識の次元を重んじなければならないといい、それを具体化して、秩父事件における民衆思想の独自性を自由民権思想の農民的な立場から読みかえ(「社会的デモクラシー」一九九頁)としてとらえてみせている。そして、慶応二年の武州一揆など近世の農民闘争との連続性については、否定的に評価しているが、この点は、井上以外の秩父事件研究者からの批判をうけるところのように思われる(たとえば佐藤政憲の本書への書評、『歴史評論』三二一号)。こうした意見の相違は、私たちのような門外漢にも示唆的であるような気がする。おそらく、思想的達成という側面からみれば、近世の民衆闘争と秩父事件とのあいだには質的な飛躍があり、民権思想に由来するこうした達成が秩父事件を秩父事件たらしめるものだともいえよう。しかし、民衆の行動様式や蜂起集団に結集する心意など、どちらかといえば非自覚的・深層的な側面では、たとえば武州一揆とのあいだにきわめて大きな継承性があるのではなかろうか。高利貸をみる農民の眼も、村単位の参加強制も、蜂起集団の規律も、蜂起という闘争形態そのものも、百姓一揆の伝統なしには存在しえないものだと、私は私なりに自分の研究をふまえてほぼ断言できるように思う。そして、もしこのように考えてよいとすれば、民衆の思想ないし意識をその独自性の次元で探求するといっても、本書での井上の立場は、事実上、より自覚的で高次な思想性の次元で考えられすぎており、記録されることのない、あるいは記録されうる言語表現のなかではかえっておし隠されてしまうような意識(無意識)の諸次元を探るものにはなっていないといえよう。この点は、井上自身がもっとも自覚していることではあるが(金子の批評が紹介されているのもそのためである)、史料とそれに沈潜した実証という歴史家の本領からは、かならずしも直截にこの問題を照射しえないことにこそ、私たちにとっての根本的な問題があるのではなかろうか。

2　民衆像の拡大――『絶望的近代の民衆像』

『模索』と『民衆像』では、とりあつかっている対象は共通性がないが、私たちの視圏の拡大と方法の革新を求める点では共通した性格をもち、両著の主張にはかさなるところもある。後者は、近世社会史でつぎつぎと成果をあげてきた著者の、その蓄積をふまえ、よりひろい視野にたった発言を集めたものといえる。書かれた時期は、ほぼ一九七〇年―七六年、重複を整理し再構成したとある。本書には、『模索』よりはるかに多様な素材がもりこまれているが、私は本書の骨格をつぎの四点に整理したい。

第一に、共同体から剥離された民衆を主要な対象としていること。人買、かどわかされた子供、乞食、さまざまな渡りの職人、ヤクザ、流浪する芸人、娼婦等々、由来はさまざまだが、こうした「アウトロウ」(「こういう表現をこのまないが」と著者はことわっている)は、近世社会のなかですでにある構造的な比重をもって存在しており、それが近代化への過程で再生産されてゆく。こうした人びとについての研究は、それが基本的な階級構成からははみだすような性格をもつためか、田村栄太郎のヤクザ研究などの貴重な業績をべつとすれば、歴史学者の真剣な研究対象となることはあまりに少なかったといってよい。林は、「こうしたアウトロウ＝ルンペン・プロレタリアートを絶えまなく再生産し、恥部として隠し切り捨てていった日本帝国主義の暗部からの、切り捨てられた部分からの挑戦」(二四七頁)として本書を書いたという。

第二に、民衆の心意を重んじていること。「義理・人情・仁義」、武士道の「美学」、外来文化の模倣＝摂取などを論じた第一部「民衆のなかの日本人像」は、ほぼこうした目的にそうものだが、白土三平『忍者武芸帳』を論じて、「もっとも純粋な日本土着民族の思想」だとしているばあいなども、その事例であろう。こうした主題につくとき、林は該博な知識と自在な語り口をもっているようにみえる。近世の文芸作品も明治の雑誌類も現代のテレビや広告文も、主題にそくして著者は自由につかっている。

第三は、近世〜近代〜現代のひろいパースペクティヴにたって論じていること、そのゆえにまた、現代的観点から歴史をとらえていること。おそらく、近世史の研究者として出発したはずの林が、近世史の蓄積をふまえながら、そこでとらえた問題を近代・現代まで延長して考察するとともに、現代日本のさまざまな問題状況に触発されて、近代化してゆく日本社会やさらにその前提としての近世史の諸問題にまでさかのぼってゆくところに、本書の一つの魅力があるのであろう。

第四に、「地方主義」、あるいは地方史の立場。林は、テレビの大型歴史ドラマを通して民衆の歴史意識をかたちづくってゆく「通俗日本史」と「東京帝国大学風」のアカデミズム史学にたいして、在野史学の系譜にたつ地方史を対置する。そして、地方史研究の蓄積をふまえて、農民の生活史料を「民俗遺品」としてしかとらえられない「選別」する立場を批判し、「地方エゴイズム・地方主義をかたくななまでに徹底する思想」(二四二頁)からこそ、日本文化の真の創造が展望できるのだと高唱している。

本書の内容からすると、しばしば絢爛として叙述されるより具体的な文脈が大切であり、以上のまとめ方は抽象的にすぎよう。だが、この不十分なまとめ方からだけでも、四つの視点がいずれも重要なものであり、こうした視点を徹底してゆけば、私たちはすっかり革新された歴史像に到達しうるかもしれないこと、また、右の四点はいずれも相互に結びついていることなどが想定できるような気がする。たとえば、瞽女のような放浪の芸人について研究してゆこうとすれば、それは記録に残されなかった民衆の心意の世界への洞察力と地方史に徹した研究スタイルなしには不可能なのだが、またこうした研究によって、近代化してゆく日本社会の基底部で沈黙している民衆の「心」の世界が明らかにされ、その「心」の世界に照らして日本の近代化とはそもそもなんであったのかと問い返すことができるはずである。

だが、こうした方向ですぐれた成果に到達するのは、きわめて困難なことである。地方に残された史料の博捜や聞取りなどの現地調査が重要なことはいうまでもないだろう。しかし、古文書などの現地調査にもほとんど必然的な限界があり、「実証主義」からもまた多かれ少なかれ自由にならざるをえない次元もあるだろう。そして、そのさい、方法や問題意識について十分に考えぬいておかなければ、史料と実証から離れる分だけ叙述は恣意的なものとなり、一見すれば洞察力にみちているような記述の中身も、よく検討してみるときわめて平凡な先入観にすぎなかったりしがちである。それは、歴史家の生身がもっとも素朴に露呈しやすい領域である。本書は、林の歴史家としてのすぐれた資質によってこうした陥穽を基本的にはのりこえており、全体としては洞察力に富んだものになっているとはいえよう。しかし、短絡や独断を感じさせるところがなくはない。とくに、日本人のほとんど思想化されることのない心意を探ろうとするさいには、そうした危うさを感ずるばあいがある。

たとえば、「士の美学」という一〇頁の小文は、『葉隠』にみられるような武士道が、かたちを変えながらも「今もなお不気味に日本人の中に生きているのだ」とするものである。林によると、旧制高校のバンカラ趣味や大学運動部などの「日本的スポーツ精神」や会議で「スジ論」をいう傾向は、そうした精神の系譜である。

われわれの日常の会話や、会議の議論のなかでも、「スジ」を通すという方向で結論や決定をみることが、かなり多いようで、このスジを通すという信条の人を「人格者」として尊重する傾向がある。このスジ論がでるたびに、当否は別として、武士道は生きていると思わざるを得ない。本来、民の生き方のなかにはスジなどという士の視角はないのだ。民の現実は多様でスジを通していては民は生きられなかったのである。（二九頁）

というような調子である。三島由紀夫の自死は「士の美学」の退廃したかたちであり、第二次大戦中の日本軍隊が「アジア一帯にくりひろげた残虐と野蛮」は、武士思想の愚民観によるものであり、おなじ愚民思想は独占資本と官僚のものの考え方のなかにいまもうけつがれているという。以上が「士の美学」という小文の要旨だが、視座を限定して特定の問題連関を示唆したものとうけとれば、それなりに説得的だともいえる。しかし、ほんのすこしたちいって論点を吟味しようとすれば、疑問百出で、とうてい落着いて読みすすむことができない。武士道と儒学との関連は？　近代日本の官僚制や高等教育制度と武士道や儒学との関連は？　「スジ論」とは？　民衆にも独自の「スジ論」があるのではなかろうか？　日本軍の残虐行為は武士道よりもむしろ日本民衆の土着の存在様式やその国家による編成の仕方にかかわっているのではないか？　などなど。もちろん、これらの論点はいくつかの研究がかさねられてきたところであり、異説も多く、一〇頁やそこいらの短文が説きつくせるところではないし、エッセー風の短文はバランスのとれた解説である必要はない。しかし、エッセーというものは、非体系的であるかわりに、思索の独創的な飛翔力によって読者を啓発するものでなければならないはずなのに、それとは似て非なるもの、つまり短絡と独断の方が眼についてしまうのである。テレビの大型歴史ドラマ風の「通俗日本史」とはべつの「通俗日本史」がつくられる可能性を、私たちはたやすく免れているのではない。

3　状況のなかでの歴史学

私は、五〇年代後半を境としてマルクス主義歴史学が知的衝撃力を喪失してきたとする点で、井上に同意し、巷には大型テレビドラマ風の「通俗日本史」が氾濫してそれが現代日本の民衆の歴史意識をかたちづくっていると思う点で、林と共感する。そして、両著が、それぞれこうした状況への眥《まなじり》を決した挑戦であり、両著が提示している論点の多くに共鳴し教えられる。だが、本誌(『歴史学研究』)の読者のなかには、現代の状況のなかで右のような側面をことさら強調することには、異論のある人が多いような気もする。そして、ある人は、その証拠のひとつに、歴史学研究会・日本史研究会・歴史科学協議会などに結集した歴史家たちを主要な執筆者として出版されている『岩波講座日本歴史』や小学館の『日本の歴史』がきわめて多くの読者(購入者?)を獲得している事実をあげるかもしれない。『日本民衆の歴史』(三省堂)や『大系日本国家史』(東京大学出版会)の方を重くみる人もあろう。これらのシリーズの評価は、私の手には負えない難しい問題なのだが、そのひろい視野にたった批評を他の論者に期待して、ここでは、私の小さな体験を唐突にのべることにしよう。

私は、自分の勤務する大学で一般教育課程の「日本史」を講義している。この講義の聴講生は、名目上はきわめて多いが、平常の出席者はそれほどでもない。つぎに引用するのは、一九七六年度の学年末試験における

A君の答案の書きだしの部分である。

名もない足軽の身分から、全国を支配するまでに至った秀吉には、男のロマンが感じられるし、おさないころから秀吉にあこがれていました。立身出世の完全な見本のように思われます。彼の歴史をたどってみると、人間はやろうと思えば、努力しだいで何んでもできるのだと深く感じられます。やはり人間、努力が大事だなと改めて思い知らされます。

講義についての感想も書くようにと指示しているので、A君は感想の方からはじめたのであろう。以下、一行あけて本論にはいり、太閤検地・刀狩り・宗教政策など、豊臣政権の政策が論じられている。内容はだいたい有斐閣双書の『日本経済史』(永原慶二編、一九七一年)によっているが、自分なりに整理し、たとえば一地一作人の原則や「作あい否定」なども的確にのべられている。私の見た答案のなかではよくできている方である。だが、こうした本文と引用した感想は、どのように結びついているのか、私にはまったくわからない。というのか、私の試験の答案に有斐閣双書『日本経済史』をタネ本にして答案を書く人が、こうした素朴な感想を記しうることに、私はすっかりうろたえてしまう。もちろん、この学生は、私の講義をじっさいにはほとんど聴講しておらず、『日本経済史』も試験に関係のありそうな箇所だけ拾い読みしたのかもしれない。それにしても、どう読みかえしてみても、素朴で正直で、どこにも身がまえたところがないだけに、私はいっそううろたえる。せめて、教師のものの考え方について想像力をめぐらし、もうすこしひねって書けないものだろうか。マルクス主義歴史学の精髄をスケッチした『日本経済史』と「通俗日本史」のなんという共存?!　もっとも通俗的な歴史観に、カスリ傷ひとつあたえることのできない教師である自分のピエロぶり!!

A君の事例は、極端すぎるところがあるかもしれない。しかし、私の印象では、これに近い感想を記している人は少数派ではなかった。それに、大学に職をもつ人は、最近の学生たちが社会や政治について無関心になり、そうした領域ではごく素朴な通念しかもたない傾向にあることを、日々に体験しているのではなかろうか。『岩波講座日本歴史』や小学館版『日本の歴史』は、前回の岩波講座や中央公論社版『日本の歴史』に比べて、専門的にみてより深められており、ユニークな労作も少なくないようだ。しかし、これらのシリーズが全体としてどのような知的衝撃力をもっているのかと反問してみるとき、A君を事例としてのべたような全体状況の方に重い現実感があるのではなかろうか。

『模索』と『民衆像』の批評とは直接かかわりのない大状況について、粗雑な感想をのべたことを、著者と読者におわびしなければならない。しかし私は、こうした大状況のなかで両著の意義を考えたいのである。そして、こうした視角から考えるとき、私は、両著にはあらたな可能性がゆたかに示唆されていると思うとともに、「既成のものでは把みきれない」(『模索』一四三頁)というもどかしさも、心に残ってしまうのである。

こうしたもどかしさを説明するために、歴史学者の著作を、一方では『サンダカン八番娼館』(山崎朋子、一九七二年、筑摩書房)、『からゆきさん』(森崎和江、一九七六年、朝日新聞社)などに、他方では『「甘え」の構造』(土居健郎、一九七一年、弘文堂)、『日本人とユダヤ人』(イザヤ・ベンダサン、一九七一年、山本書店)、『タテ社会の人間関係』(中根千枝、一九六七年、講談社)などに対比してみることもできよう。さきの二つは「からゆきさん」という特殊な対象を、しかも一人あるいはごく少数者について、聞書きという方法によって、特殊的内在的にふかくとらえたもので、すさまじい生きざまとそこでの「心」のあり方が否応ない事実そのものの力によってわれわれの心をうつ。あとの三つは、これとは対照的に、精神病理学や比較文化論や社会人類学をふまえて日本人というものの精神のありようをいっきょにその全体性においてえぐりだしてみせるもので、その独特の分析力が書物の生命となっている。一方は特殊の事例に、他方は一般的傾向に徹する点は、対照的に異なっているが、日本人の精神のありようを内在的につかみだしてみせる点では、共通性もあるといえる。また、聞書＝ルポルタージュ、精神病理学、社会人類学というそれぞれに独自な方法的場をしっかりともっており、わかりやすく書かれてはいるが、かんたんな追随を許さない性質のものである。歴史家の本領とする文献史料とはべつの次元の素材に依拠していることは、とくに留意すべき点である（『からゆきさん』のように文献史料を利用しているばあいも、その感銘はべつのところから由来するものである）。いずれも、一読しただけでたくさんの読者をうる可能性をもっていることが了解される。これらの書物が、歴史書のようなシリーズ物としてではなく、単行本としてひろい売れゆきをみせたことも注意したいことである。

これらの書物にたいして、歴史家が異論をさしはさむことは、おそらくあまり難しくない。たとえば、『からゆきさん』や『サンダカン』にたいしては、社会経済史との関連づけやよりひろい歴史的視野からの位置づけを求めることもできよう。『「甘え」の構造』や『タテ社会の人間関係』のばあいは、抽象度がきわめて高いから、歴史的な事例をあげて一般化のゆきすぎを批判できるだろう（その一例として、大塚久雄他『「甘え」と社会科学』一九七六年、弘文堂、における大塚久雄と川島武宜の発言がある）。しかし、それにもかかわらず、これらの書物が日本人の生きざまや「心」のあり方を歴史家とはべつな鋭さでえぐりだして、直截に現代日本の知的関心に答えてみせたという事実は残り、それと対比して、歴史家の書く思想史というようなものも、すぐれたいくつかの例外はあるにしても、多くのばあい日本人の「心」の世界のごく表層にとどまっていたのではないかという批評は避けられそうにない。鋭い問題意識にたった精緻な研究が、そのできあがった成果を現代日本の意識状況のなかにおいてみるとき、じつはアカデミズム化とスコラ化の風潮に思いもかけず染めあげられていたというような状況に、私たちはいま、否応なくとらえこまれつつあるのではなかろうか。

もちろん、歴史学(ここでは日本史学)の研究にはさまざまの意義と役割があるが、どのような研究分野からはじめるにしろ、それが日本社会や日本人についてのよりふかい理解に通じていなければならないことはいうまでもなかろう。日本人の、あるいは日本の民衆の「心」について知ることは、こうした課題の一環であり、それはまた現在の自分について知ることにそのまま通じている。そして、その点で、現在の私たちの歴史学は、多くのばあい迂遠なものになりすぎているのではなかろうか。また、こうした「心」の世界について語ろうとするばあい、既成のイズムを容易には信じえなくなったことが現代のひとつの特徴だとすれば、論理やイズムに先だつ、あるいはより基底にあるものをもふくめて把握することが不可欠になってきているのではなかろうか。

『模索』と『民衆像』では、多かれ少なかれ、そうした方向が問題になっている。しかし、私たちはいくらか論理化され思想化された次元をとらえる方法はもっているが(その点で『秩父事件』は画期的成果だったが)、論理や思想よりもいっそう基底にある日常意識やかならずしもはっきり自覚化されない意識、また行動様式などについて考えようとするとき、途方にくれるか、さもなければ通俗的な先入観を貼りつけてお茶をにごしてしまうという傾向を免れていない。感動や知的喚起力において、右に挙列した『サンダカン』以下に匹敵する力作は、すくなくとも私にはなかなか書けそうにない。もっとも、このような私の感想を、マス・コミなどの移ろいやすい評価にとらわれすぎたものとする意見もあろう。おそらく、その点にも関連して、たとえば『サンダカン』は「からゆきさん」という特殊なものをジャーナリスティックにとりあげただけであり、女性史を論ずるさいには、農家の労働婦人や女工などもっと一般的な階級関係にかかわる人びとをとりあげるべきだという意味の批評を読んだことがある。しかし、こうした批評には、『サンダカン』の方法について無理解なところがあるように思う。というのは、『サンダカン』は、かつて「からゆきさん」であったたった一人の老女の内面にふかくかかわることによって（特殊性に徹することによって）、じつは日本人の精神史をふかくあざやかに逆照射してみせた作品だからである。特殊性に徹することによって、既成の概念や一般論の手に負えない諸次元を切り拓いたのであり、この特殊性は大きな射程距離をもっているのだと思う。

右のようにのべることは、私たちが『サンダカン』や『「甘え」の構造』を模倣して、天草に「からゆきさん」をたずねたり、精神病理学や社会人類学を学んだりすればよいということではない。もちろんそうした努力も必要だが、ここで私がいいたいのはべつのことである。歴史家には歴史家の方法があるのだが、それはすくなくとも特有のいくつかの点で、『サンダカン』や『「甘え」の構造』に匹敵しうるレベルで、民衆の「心」について分析し叙述できるものでなければならないということである。そして、私たちが私たちの方法で民衆の「心」に迫ることができれば、そこに、きわめて自然に若者たちの「心」に訴える魅力に富んだ歴史研究が生みだされることになろう。私はそうした方向を学ぼうと思って二つの書物を読み、期待どおり学ぶことができた。しかし、私自身に投げかえされる問題の重さにたじろがずにはおられない。

◈『歴史学研究』四四七号、一九七七年、所収。

III

社会史の時代

一二　「脱構築」の時代

1

酒井直樹は、本講座（『岩波講座日本通史』）現代1の月報において、「通史というレジーム」を痛烈に批判している。酒井は、西洋史という通史を成り立たせている諸観念の恣意性を指摘するという慎重な手続きをふまえたうえで、「日本史」という自国史を自明の前提とする私たちの歴史記述を俎上にのせる。たとえば日中戦争は、いうまでもないことながら、当時の大日本帝国の領土の外で戦われ、その当事者には、日本国籍をもたない、また侵略によって日本国籍を権力的に与えられた、膨大な数の人びとが含まれていた。日中戦争を「日本史」のできごととして記述すると、たとえ侵略戦争たることを強調したとしても、多くの当事者を排除した一面的な歴史叙述となる可能性が大きいのである。それに、たとえば時代を十六世紀以前に遡ってみれば、どこまでが日本国でどんな人びとが日本人なのか、とても曖昧になる。「日本史」という歴史記述が、「日本」とか「日本人」という「社会的想像体」を生産するうえで重要な役割を果しているのだが、しかし、そのようにして作りだされた「日本」や「日本人」が「日本史」を展開してきたかのように倒立して了解されてしまう。

ところで、酒井ほどには首尾一貫していないとしても、日本人、日本民族、日本国などをなにか自明の存在のように前提して「日本史」を記述すべきでないということについては、本講座編集委員会でも何回か議論されたように私は記憶している。日本人単一民族説、海で隔てられた固有の国土などという観念ははじめから信じ難いものであったし、日本国という統一像をどの時代にどのように結べばよいのかも疑わしいことであった。そして、こうした論点をつきつめてゆくと、従来の日本史の時代区分の自明性も失われるし、「日本通史」という書名さえ疑わしいものになる……その他。編集委員会でこうした問題が集中的に議論されたひとつの機会は、第1巻の企画のときで、第1巻は「日本列島と人類社会」と命名された。日本という国号が登場するのは七世紀末のことで、それまでは日本国は存在しなかったはずだし、八世紀以降も日本列島の各地に、「日本」として集約しえないさまざまの地域や社会集団が存在していた。それをしも「日本史」のなかに含めるのは明らかな僭称で、たとえば人類社会というようなもっと普遍的な名称の方がふさわしい、というわけである。網野が提案したこの名称に、私はほんのすこし異論をのべたけれども、他の編集委員はすべて原案賛成だった。本講座全体で実現された内実はともかくとして、編集委員会の志向性としては、酒井の批判に照応しうるようなところもあったことがわかるのではなかろうか。

とはいえ、宣伝パンフレットの「刊行のことば」に、「世界に向けて開かれた新しい質の民族的アイデンティティの確立が求められている今日」という表現があり、おなじ表現が第1巻冒頭の「刊行にあたって」にも踏襲されていて、国民国家的な同一性を批判する立場の成田龍一から私はきびしいお叱りをうけた。この講座全体の過渡的で折衷的な性格が、このあたりにも顔を覗かせているといえるかもしれない。

ところで、私たちの歴史意識をいわば潜在的な下意識のような次元で縛っている日本社会や日本史の通念への批判は、本講座のいわば反省編と理論編にあたる別巻1では、もっとも重要なテーマになっているといってよかろう。戦後日本史学の「メタヒストリー」を論じたキャロル・グラックの論稿からはじまって、小谷汪之、石井進、朝尾直弘、関本照夫、鹿野政直などの論稿は、そのような内容のものである。上野千鶴子「歴史学とフェミニズム──「女性史」を超えて」も、フェミニズム理論の立場からの日本女性史研究への批判で、女性史研究批判を介して日本史研究全体の見直しを要求しており、これもまた根源的なひとつの「脱構築」の主張にほかならない。ジョン・W・ダワー「日本社会像の現在」は、アメリカでの日本史研究についての、尹健次「戦後歴史学のアジア観」は、戦後日本の歴史学についての、ともに根本的な反省を求めるきびしい内容である。そして、こうした批判に応答しうべき、日本社会や日本史について暗黙知を痛烈に批判してきた研究を戦後日本史学のなかに求めるとすれば、それはどうしても網野学説だということになり、そのゆえに別巻1では網野学説への言及が断然他に抜んでて圧倒的に多いという結果となっている。日本史の研究状況をそれぞれの分野で個別的に点検すれば、もとより多くの業績が積み重ねられてきたのだけれども、戦後日本史学をあるまとまりをもったひとつのパラダイムと見れば、これに対してまったくべつのパラダイムを提起したのは、もっぱら網野個人の獅子奮迅の努力によるといえるほどで、大きな視野から戦後日本史学を乗りこえようとするかぎり、網野学説だけがほとんど唯一の検討対象となってしまうらしいという事情が、別巻1から読みとれるのである。

2

別巻1に登場する諸先学の驥尾に付して、私も網野学説について一言してみよう。たとえば、私たちはなんとなく「前近代の日本は農業社会」でその農業の中心は水稲耕作だと思い込んでいるが、これこそ偏見の最たるものだ、と網野は主張する。近世の「百姓」は必ずしも農民ではないし、農民だからといって水稲耕作を主な生業としているとは限らない。網野によれば、近世の「百姓」のうち、非水田的・非農業的な生業を主として営んでいた人びとは四〇—五〇％に及んだはずで、こうした非水田的・非農業的要素の大きさは、きわめて旧い時代からのこの社会の特質であった。ところが、こうした社会の実態からかけ離れたところで、米の文化体系に重点をおいた政治勢力が支配するようになったために、農本主義的な制度とイデオロギーが自明の事実のように錯覚されるようになったのであり、こうした制度とイデオロギーは律令国家と近代日本で頂点に達した。しかし、律令国家は一〇〇〇年、近代国家は七〇年の命脈を保ったにすぎず、それは「(日本)列島の人類社会史の中ではごく一瞬のこと」にすぎない。いまや私たちは、こうした制度やイデオロギーの仮面を打ち破って、「列島の社会の実態」を明らかにしなければならない、云々(網野学説は多くの著作を貫いて一貫しており、きわめて体系的だといえるが、この小文での網野説は、主として本講座第1巻の総論にあたる網野「日本列島とその周辺——「日本論」の現在」によった)。

ここでは多彩な網野学説のなかからこうした水稲中心史観批判だけを例示的にとりあげてみるが、多くの歴史家はこの網野説にはじめは虚をつかれたような思いをしたとしても、今日ではむしろ説得力ある妥当な見方として受けいれているのではなかろうか。たとえば近世で「百姓」というばあい、それは被支配層に属する圧倒的に多数の人びとが「百姓」として身分編成されていたということであり、「百姓」は生活や生業の実態を表わす概念ではないはずである。この「百姓」は高付《たかづけ》されているけれども、一見、米の生産量を表現しているかに見える石高は、支配と収取のさいによって立つべき原則の方を示している。石高表示されていても、代銀納が少なくなかったし、表作は米でそのほとんどが年貢になったとしても、ほかに裏作や諸稼ぎがある。だから、「百姓」と石高制は、原理的には支配の側面だけを表わす概念で、民衆の生活・生業を直接的に表現する概念ではない。そして近世の「百姓」の生業の実態がきわめて多様な内実をもっていたことについては、近世史研究の側からも確認されている(たとえば、深谷克己・川鍋定男『江戸時代の諸稼ぎ』、深谷『百姓成立』など)。

こうして、近世についてはきわめて大量の文献史料が残されているが、しかし、地域に存在する文書のなかでももっとも大きな部分はこうした「百姓」への支配や収取にかかわるものなのだから、こうした性格の史料から直ちに大多数の民衆の生活や生業を取りだしてはならない、ということになる。近世のように文献史料が豊富なばあいには、こうした性格の史料からも民衆の生活や生業の実態に迫ることはもとより不可能ではないが、それでもやはり史料の性格に留意しなければ見当外れの結論を導く可能性が小さくないということである。このことをより一般化していえば、歴史学は文献史料を主な素材としているが、文献史料なるものは基本的には制度や支配にかかわって残されやすいという性格をもっているのだから、社会の実態を明らかにしようとすればこうした文献史料だけに頼ることはできない、ということになろう。文献史料に表現されにくい社会の実態を明らかにするためには、考古学、民俗学、人類学などの諸学との協力が重要になるが、これら諸学との協力・交流に積極的な意味を付与したことが網野学説の大切な側面である。たとえば、本講座(『岩波講座日本通史』)中世3所載の網野「貨幣と資本」では、中世貨幣史研究に最近の考古学の発展が重要な契機になったと指摘されており、最近刊の『日本中世都市の世界』にも同趣旨の指摘がある。だが、網野自身は、これら諸学の成果を参照しながらも、みずからは文献実証史学の立場に固執しているといえる。しかし、文献史料が基本的には支配や制度にかかわって残されるものだとすれば、社会の実態を表わす文献史料が、旧い時代へ遡れば遡るほどきわめて少ないのは当然のことである。網野が、偽文書、紙背文書、襖下張り文書などを重んずるのはこうした視角からのことで、「こうした文書には、非農業的な生業にたずさわる人びとの現われる頻度が、通常の経緯で保存され伝来した文書に比べるとはるかに多い」(『続・日本の歴史をよみなおす』)、という。社会の実態に迫るためには、文献史料の遺存状況のもっている意味を読み抜き読み破る必要があるわけだ。

私はいま「社会の実態」という表現を用いたが、これは網野が「日本列島とその周辺」でキイワードのように多用している言葉である。そしていったん文献史料の遺存状況のカラクリが読み破られてしまえば、さまざまな論証手段の工夫を介して、制度と支配の基底部に実在している「社会の実態」が姿を現わしてくるのであり、論証の的が「社会の実態」に即応しえている限り、もとより論証に困難は伴うが、さまざまな資史料から限りなく根拠をあげてゆくことができるはずである。歴史家としての網野の営みの日常的な次元は、このようにしてどこまでも続く愉悦に満ちた事実の発掘から成り立っているように見え、きわめて発見的な性格をもっているという印象を受ける。このように考えると、網野の実証史家としての資質とパラダイム転換に賭ける情熱とはとてもうまく照応していることになり、獅子奮迅の活躍を支える仕組みがいくらか見えてくるような気がする。そして網野からすれば、律令国家や近代天皇制国家は、こうした「社会の実態」のうえに構築された制度とイデオロギーにほかならず、わずかあわせて一七〇年の命脈を保っただけの「特異な時期」の問題にすぎない。「緑なす現実」は、こうした制度やイデオロギーにはなく、多様で活気にみちた「社会の実態」の方にある。そしてまたこの「実態」からすれば、「明治以後の「急速な近代化」はさして不思議なことではなくなってくる」のである。近代国家日本が選択した「帝国主義的な方向」は批判しながらも、それと区別して、広範な民衆の活動力に支えられた「急速な近代化」そのものは、積極的に評価しようという文脈になっていると読みとれる。

3

水稲中心史観批判をはじめとする網野学説は、私たちが暗黙のうちに受けいれてきた日本社会と日本史についての通念を転倒させるものだが、そこを貫いているのは、なんとなく常識化してきた通念を読み抜き読み破ってそれを「脱構築」する手法だといえる。私たちは、網野学説によってはじめてどんなに深く大きな偏見・先入見にとらえられていたかを知らされ、自分たちの思考の枠組みを解体させられたのである。今日から振り返るとき、講座派マルクス主義と丸山学派その他の近代主義諸理論は、近代天皇制国家と合せ鏡のようになっている学説・思想で、そこで見逃されていたものの大きさに驚かされる、といってもよいかもしれない。こうした思いに網野学説を重ねてみれば、私たちの世代の者の思想遍歴にとって、網野学説はとりわけ重い意味をもっているということになるだろう。

網野学説の意味を私たちの戦後精神史に重ねて問おうとするとき、網野が長い沈黙を破って『蒙古襲来』を世に問うたのが一九七四年、『無縁・公界・楽』は七八年で、時代思潮がちょうど構造主義革命に向っていた時期に当ることが注目されよう。天皇制国家から遠ざかることが戦後の進歩主義から離れることでもあったというのが、戦後五〇年の私たちの精神史だったと考えてみると、その大きな画期としては一九七〇年代なかばにはじまった構造主義革命があげられるのだが(本講座現代2、拙稿「現代の思想状況」参照)、網野学説は構造主義革命と軌を一にして登場して、センセーショナルなひとつの事件となったわけである。

構造主義とポスト構造主義が、近代がつくりだした価値・観念・システムを「脱構築」したことにあたかも対応するかのように、網野は日本社会と日本史についてのさまざまの通念をあざやかに「脱構築」してみせた。

網野は、フランスの構造主義やポスト構造主義の理解をふまえて立論したのではなく、ただ日本中世史の研究者としての苦闘のなかから独自にその「脱構築」に到達したのだが、ところがあたかもまるで偶然のように構造主義革命の時代状況と出会ってしまったのである。しかし、網野の「脱構築」には、理論としては荒削りながら、苦闘のなかから自前で作りだしたものだけがもつ特有の迫力と深さがあり、輸入学説として展開していた哲学思想などに欠けていた魅力があった。ほかにもさまざまの成果を生みだしてきていたはずの日本史研究のなかで、網野学説だけが学界の枠組みをはるかに越えて大きな脚光を浴びたのは、むしろ当然の成り行きであった。

だが、もっと広い視野から考えれば、構造主義革命は哲学や思想の問題である以上に、ひとつの時代の感受性の問題であろう。そこで最後に思いきりよく大きな短絡を犯して、網野学説を今日の私たちの生活に対応させてみよう。たとえば私たちの日常の食卓状況は、明らかに網野学説の方を支持しているといえようか。銀飯が最高の御馳走だった時代ははるか彼方に遠ざかり、一升飯を食べる人はもういない。太りすぎを気にして、米飯は茶碗に軽く一杯という人も少なくない。現代日本の水準ではもっとも貧弱な拙宅の食卓へさえ、輸入品や遠隔地で生産されたさまざまの食品が押しかけてきて、瑞穂の国と農本主義の面影はなく、エコロジー的な自給自足は私の内心だけの儚い夢と消えている。私が生れた富山県砺波地方は、かつてはもっとも高い生産力水準を実現した典型的な水田単作地帯だったが、いまではそんな地域でも家計に占める農業収入の割合は小さく、永い伝統をもつ耕作システムは事実上放棄されようとしている。網野学説は、「脱構築」という思考革命にふさわしかっただけでなく、より以上に私たちの今日の生活実感に照応しているわけだ。これを換言すれば、網野が「妄想」「荒唐無稽」と痛罵している「通説」の方は、私たちの生活現実を照しだす理論としては、すっかり影が薄くなってしまったということであろう。

網野学説に限らず、最近の社会史的諸研究は、近代的な理念や国民国家を「脱構築」して、より基底にある広範な人びとの生活を開示してくれようとしている。それはたしかに私たちが捉われている既成の通念を解体して私たちを新たな思考の地平に立たせようとしているのではあるが、そのことの他の一面としては、開拓者たちの初志をも「脱構築」して、今日の私たちの生活者的な通念の方に照応するものへと軟着陸する可能性をもっているともいえるだろう。だが、社会史の合い言葉が、国家やその他の権力が作りだした制度やイデオロギーから現実へ、だとすれば、そこに露わにされるのは、私たちにとって多義的でアンビバレントなものとしての現実であるはずだ。したがってまた、この私たちの生活なるものこそもっとも問題的なものなのであり、それが国家や企業や、また最近のオウム真理教事件などにいたるまでの社会事象を支えているという事態を、私たちは回避することができず、そこにこそ主題化されねばならない領域があるといえるだろう。そこに隠された問題があるとすれば、それは資料が乏しいからというより、構造的な根拠によると考えるべきところであろう。たとえば近代日本と現代日本とを対照させてみると、国家や企業のありようと人びとの生活のありようとの関係は、その具体的内実においては大きく変容しているが、国家や企業や、またそれ以外のさまざまの社会事象も、私たちの生活から生れてそのうえに存立しているという基本構造にはなんの変化もない、と私は思う。

私たちの現実生活の内面に深く降りていって、そこで歴史を見つめる眼を養うこと、そうした眼でこれまでの「脱構築」をさらに読み替え《デコード》てゆくようにつとめること。この講座が、そうした方向への過渡期の試みとして、将来の史学史の一隅に小さく記憶されることを期待しよう。

◈『岩波講座日本通史25　別巻4』月報、岩波書店、一九九六年、所収。

一三　「全体史」のゆくえ

一九五一年、その前年に東京大学国史学科を卒業したばかりの網野は、「若狭における封建革命」と「封建制度とはなにか」の二論文を発表した（ともに『網野善彦著作集』別巻、岩波書店、二〇〇九年刊に収録）。前者は、この年一月の『歴史評論』の「特集・封建社会」の巻頭論文、後者は、河出書房版『日本歴史講座』第三巻中世篇(一)の「各論」の最初におかれた。後者の各論は、ほかに安田元久、竹内理三、永原慶二、芳賀幸四郎、笠原一男、稲垣泰彦、杉山博が書いている。敗戦を境として大きな世代交代があって、他の執筆者の多くも新進気鋭とはいえ、このラインアップを見ただけで二三歳の網野はとりわけ若くて、期待されていたことがわかる。

「若狭における封建革命」は、卒業論文で取り組んだ太良荘を素材に、地頭領主制の展開とその限界、地頭領主制と対立する名主百姓層、さらに名主百姓層の古代的家父長制的経営の内部における家内奴隷＝親類下人の自立経営へ向けての成長という三つの階級の対抗やそれぞれの階級の成熟・未成熟などを論じて、この時代の動向を地域の社会変動の深部から画こうとしたものだといえようか。地頭は領主制確立の過程で名主百姓と対立し、名主百姓は地頭に対抗するために荘園領主という古代的権威に依存しようとする。封建領主としての地頭の支配は、荘園制に依拠せずに「自己の実力をもって直接に支配」しようとするところに新しさがあり、その支配は「量的に見るならば確かに荘園領主の支配に比してより過酷なものであったろう。……しかしすでに何度か警告され指摘されているように支配の古さ、新しさは負担の量的な軽重によって決定されるものではない」、という。たとえばこの引用箇所は、今日の私たちからすると、奇怪な思弁的表現だが、こうした見方は、荘園領主＝古代奴隷制権力、それを打破しようとする在地領主＝中世的封建的勢力、そしてこの後者の支配のもとではじめて一般民衆＝親類下人の封建的小農民への成長が可能になる、という発展段階論的図式にもとづいたものである。石母田正たちの領主制理論を機械的に適用すると、このような見方になってしまうのである。

「若狭における封建革命」は、時期を一三世紀前半にしぼり、事例は太良荘だけからとって、地域の事例に即して中世社会の特質をえぐり出そうとする作品であるのに対し、「封建制度とはなにか」は、一方ではヨーロッパと対比し、他方では古代末期から近世までを展望しながら、日本における封建制の展開を広い視野から論じたものである。二つの論文は相補的なもので、二つをあわせて眺めると、きわめて整然とした体系性で歴史が捉えられていることがわかる。周知のように、この二論文について晩年の網野は、「愚劣な恥ずべき文章を得意然と書いていた」と、激しい慙愧の思いを記しているのだが、それはおそらくこの論文の特定の箇所を越えてのことだったのであろう。確かに二論文には論理を通すことを優先させての断定が随所に見られ、史料に沈潜するという歴史学の手法には遠いともいえよう。しかし、二論文に含まれている個々の論点を取りあげると、そのころ似たような主張を展開した人が少なくなく、そうした流れのなかにおいてみると、この二論文は、よく整えられた歴史学の論文だったということになりそうだ。後年の網野が「得意然と」とのべていることにも、書かれた時代のなかでの二論文についての評価が語られているといえよう。

封建制についての整然と体系的な説明、多くの人びとに希望と理想を与えるような社会発展史の理論的な展開、それに個別荘園についての実証が結びついておれば、鬼に金棒の堅牢さである。こうした学問スタイルはまた五〇年代初頭のサークル運動とも結びついていて、おなじ五一年に網野がある労働者サークルで「社会発展略史」について講義する姿は、石母田『続歴史と民族の発見』(一九五三年)に模範的な実践例として記述されている(同書、一五〇頁以下)。サークル活動のばあい、労働運動の現場で鍛えられた人たちによる鋭い質問に答えられなければならないから、講師の説明は明快でまた現代的課題に対応したものでなければならない。こうした活動と右の二論文のような「学術論文」とは、この時代には統一されたものでなければならないと信じられていたはずである。国民的歴史学運動はこうしたサークル運動の延長線上にあるもので、五〇年代はじめの網野は、日本常民文化研究所に勤務しながら、実際には国民的歴史学運動の最も重要な活動家の一人として活躍していたのである。

しかし網野は、五三年夏ごろ、「自分自身の空虚さを思い知らされる経験をし」(『歴史としての戦後史学』三九頁)、それを機に国民的歴史学運動からも学会活動からも完全に撤退してしまった。この網野の選択には、複雑な背景があったらしいが、具体的な事情は明らかにされていない。その点からは、私の記述は隔靴搔痒のものとなるが、しかしここでの問題の要点は、網野がこれまでの活動の経験を自分の学問の空虚さの問題として受けとめ、戦後歴史学の流れから「完全に落ちこぼれた」(同右)ということ、網野自身がそのような判断と選択をしたということである。網野こそが戦後歴史学を代表する若き旗手として颯爽と登場して活動してきたのだから、その当人が「完全に落ちこぼれ」る道を選択したということは、その後の事態の推移を知ってしまった現在からは、一見些細で、しかしじつは戦後史学史上の大事件だったということになるのではなかろうか。

先にのべたように、この時期までの網野の歴史学は整然と体系的なもので、太良荘についての実証をふまえるとともに、西欧封建制との対比や日本史全体のなかでの中世社会の位置づけなども含むものだった。この歴史像から出発してそれに部分的な手直しを付け加えてゆけば戦後歴史学正統派ということになるが、あまりに整然とした全体像を確信的に提示してしまうと、部分的な手なおしは難しいし、研究者としての発言責任の問題もある。歴史研究者は何らかの全体像を前提におかざるをえないのだが、たいがいの研究者は、全体の体系性についてはほどほどにして、自分の得意な領域の近くでそれに若干の手直しをして自分の住処を見つけてゆくのだが、学界の先頭に立って全体像提示に奮闘した網野には、安易な退路は残されていなかった、少なくとも本人の自意識としてはそう考えるほかなかったのであろう。特定の部分を疑えばそれはまたべつの疑念につながり、それにこうした歴史像の実践的な意味もまつわりついてきて、挫折と崩壊の感覚は全面的なものとなるほかなかったのだと思う。こうして網野は、戦後歴史学の大きな流れから完全に身を引いて、自分にとってもっとも身近な素材だった太良荘史料に沈潜することで、自分自身を点検し再出発することとなった。そして、こうした孤独な作業を十年以上も続けて、一九六六年に『中世荘園の様相』が上梓された。

太良荘は、太閤検地によると田畠七一町余、石高で九五一石余、ひとつの狭い谷を占めるだけの小地域である。しかし、史料が豊富なため詳細な検討の対象にふさわしく、ひとつの荘園の歴史に視点を据えて歴史像を構成してゆくという戦後中世史研究のスタイルには都合がよかった。おなじくひとつの荘園に密着するといっても、『中世荘園の様相』は、網野が先行研究として強く意識していたに違いない石母田『中世的世界の形成』に比べても、ひとつの荘園についての記述としてははるかに詳細で具体的であり、また禁欲的にこの荘園の歴史に限定されている。だが、詳細な記述を可能にする多くの史料が残されたのは、そうした史料が荘園制に規定された「所職」の相論の記録だからである。在地領主制や百姓名の自立が発展しても、そうした動向は古代国家以来の国制に規定された「所職」の権利や得分の問題として争われるということが、こうした史料が存在する理由である。だから、こうした相論の渦中を生きた人びとが、「その主観では、過去の伝統を否定し切ったごとく錯覚し、思うさま乱暴をくり返している人々自身、決して古い権威から自由ではなかった」(一九八頁)、「所職の世界」に自由の砦を求めた中世日本の農民は、村落共同体を抵抗のよりどころとした西欧の農民とは異なり、「まぎれもないアジアの農民だった」(三七五頁)、という結論になる。

詳細で、門外漢である私のようなものにはむしろ煩瑣なようにさえ思われる記述がもたらす結論はこのようなもので、その全体像はきわめて明快、しかしまた救いのない暗鬱な世界である。網野は、脱落と崩壊の感覚をテコに一つの荘園の歴史を丹念にたどることで、あの二論文とは異なるもうひとつの全体史に到達したのだが、しかしそれはかつての整然と体系づけられた歴史発展の図式とはべつの、だがいっそう逃げ場のない堂々巡りの檻のなかにほかならなかったということになろう。

こうした世界から脱却するためには、さしあたりまず荘園史料を異なった視角で読み直す努力が必要となろうが、しかしそのためには新しい歴史の見方と、異なった参照系が不可欠となるだろう。文献史料は、基本的には制度と支配の側の史料として残されているのだから、詳細な文献実証主義史学は、それだけではめぐりめぐって制度的なものの牢固とした実在性の検証に帰着しやすい。文献実証主義という近代歴史学に固有の立場を守りながらも、どこかでその限界を越える必要がある。絵画史料、考古学の発掘資料、日本社会の人文地理学的多様性についての研究成果、民俗資料などは、従来は歴史学にとっては周辺的な次元だったとしても、しかしそのゆえにかえって歴史学に新しい可能性を与えている。外国史や人類学などの知見は、新鮮な探求の方向を示唆している。少し落ち着いて考え直してみれば、これら隣接諸学の成果は、文献実証史学に欠如していた新しい質のリアリティを歴史学に提供しているわけである。こうして網野は既存の歴史学の認識枠組を超えるために、新しい学問の成果と可能性を貪欲に吸収し大胆に活用してゆくという方向に活路を見出し、そこから新しい全体史を構想した。この新しい全体史への挑戦には、飛躍や独断も避けられなかったけれども、飛翔するイメージの力で多くの新しい認識の可能性を切り拓いた。境界を横断し侵犯する獅子奮迅ぶりには、荒法師か悪党のような活力がみなぎっており、多くの人たちを蠱惑する呪力が備わっていた。

網野の研究者としての生涯をかえりみると、一九五三年夏を境とする暝い崩壊感覚とその中での孤独な模索が決定的な出来事だったように思える。暝い孤独な模索が大きなエネルギーを蓄積させ、それが長い沈黙をへて爆発したということであろう。そしていま、若くて鋭敏な歴史研究者たちは、どのような暝い沈黙と模索の過程を生きているのであろうか。

◈『網野善彦著作集』第八巻月報、岩波書店、二〇〇九年、所収。

一四　阿部社会史、原点への回顧——阿部謹也『北の街にて』解説

1

普段の阿部謹也は、あまり付き合いのよい方ではない。闊達なおしゃべりは大好きだが、職場の仲間との酒席などは早く抜け出したい方だ。しかし、特定の人物との長い時間をかけた深いかかわりは、阿部の学問と思想を育てるうえで本質的なものだったようだ。ゼミナールの指導教授である上原専禄との出会いは、そうしたかかわりをつくりだした最初の事件だったらしい。上原は、卒業論文のテーマについて相談する阿部に、「それをやらなければ生きてゆけないようなテーマ」を選び、それを追求するようにと求め、阿部は、結局、生涯を賭して自分にとって切実な問題をひたすらに追求することとなったからである。

中学生の時に修道院生活を体験した阿部は、卒業論文に修道院研究を選び、大学院時代には修道院領のことなどを研究したが、しかし地域に即して人びとの暮らしを明らかにしようとする阿部の研究目的は、当時の学界や院生仲間の関心とはかけ離れたもので、院生時代の阿部は抑鬱的な気分で毎日を送っていたらしい。一九六四年、阿部は小樽商科大学専任講師となったが、小樽に赴任してからも相変らず鬱屈した孤独な生活を続けていたのだという。

勤勉な阿部は、毎日朝八時には大学の研究室へ行き、夕方まで研究して家で夕食をとり、そのあとはまた研

究室へ戻るというような生活をしていた。誰にも会わないように裏手から研究室へ入り、少なくとも昼までは研究室から出ない、時には電気を消して誰もいないかのように装ったのだという。阿部の担当は、一般教育の歴史学一コマだけで、勉強の時間は十二分にあった。小樽商科大学は小さな単科大学ではあるが、戦前からの伝統で図書が充実しており、孤独で閉塞的だが、すばらしい研究条件だった（阿部謹也『北の街にて』洋泉社MC新書、四四・四七・二六〇頁など。以下、頁数のみを記すものは同書からの引用）。

一九六九年一〇月、阿部は二年間のドイツ留学に旅立った。ドイツでは主としてゲッティンゲンで研究したが、午前八時に文書館へ出かけて午前中はそこで研究し、帰宅して昼食をすませたあと、午後はゲッティンゲン大学の附属図書館へ行って書物を読むという生活だった。阿部が通ったのは一三〇九年以来の古い文書館であり、はじめは古文書を読むのに苦労した。一年近くしてすらすら読めることに気付いたが、その間には恩師上原のドイツ中世史研究の体験に励まされるところがあった。また、阿部の社会史研究の画期となったハーメルンの笛吹き男についての史料との出会いがあった。小樽での生活と変わらない勤勉な勉学ぶりだが、ゲッティンゲン文書館の職員とのかかわりからはじまって、子供や買い物などを通して、毎日の暮らしのなかでのドイツの庶民生活とのふれあいがゆたかになった。

阿部は、もともとドイツ史それ自体を研究しようとしていたのではなかった、と述べている。阿部は、ドイツ史を通じてヨーロッパとは何かという問いを追求しようとしていたのであり、日本人の生き方をヨーロッパ人のそれとの対比のなかで考えようとしたのだという（一一三頁）。こうした問いを懐く阿部にとって、地域社会のなかでの普通のドイツ人とのかかわりはとても大切なことだった。阿部は、院生時代・小樽時代を通じて、日本の大学と学界のあり方やより広い人間関係に強い違和感をもち、孤独感・寂寥感を懐いていたが、異国ではかえって活き活きと積極的になって、対人関係を愉しむようになったように見える。こうして、小樽生活での孤独感・寂寥感とドイツでの新鮮な生活体験をつきあわせて、日本社会を「世間」として批判的に対象化するという阿部の学問のもうひとつの主題が、留学生活のなかでしだいに明瞭な形をとりはじめた。

阿部は自伝的な文章を数多く書いているが、それは阿部が自分にとってもっとも切実な問題はなにかと問いつづけ、それを研究としてどのように主題化するかということに腐心しつづけたことと結びついている。『自分のなかに歴史をよむ』（一九八八年、筑摩書房）という書名には、そうした阿部の問題の立て方が象徴されている。そしてそうした阿部の思索のなかで、二年間のドイツ留学を含む十二年間の小樽商科大学時代は、「洞穴暮らし」のような孤独と寂寥感のなかから、ドイツでの市民的生活様式の経験を対称軸において、自分の鬱屈感と寂寥感の意味を学問を介して問い詰める基本的枠組がつくりだされた重要な時期となった。阿部が書いた数多くの自伝的な文章のなかでも、小樽時代には特別に一冊が当てられているのは、自分の模索と主題の形象化にとって、この時代がもっとも重要な意味をもっていたからに違いなかろう。

2

ところで、孤独と寂寥感に閉ざされた小樽時代に、ただ一人心を開いて語ることができた相手が西順蔵だったと阿部は述べており、本書（『北の街にて』）には西からの便りが繰り返して引用されている。西は東洋思想史担当の一橋大学社会学部教授、一九一四年生れだから、阿部には二〇歳ほどの年長にあたる。もっとも、小樽時代の阿部は、毎年冬休みには東京へ帰って昔の友人たちと付き合っており、彼らが北海道を訪れたり、彼らと短い国内旅行を愉しむこともあったから、完全に一人ぼっちだったわけではない。しかしこうした友人関係も西に連なる人たちが多く、阿部の側からは西を介しての交友という側面が強かったらしい。西は、若いころから頭が禿げた修行僧のような印象の人で、その深い学識と思索で、多くの中国研究者に尊敬されていた。西には、敗戦直前から戦後にかけての八年間にも及ぶ長い沈黙の時代があるが、その僧形を思わせるツムリは、敗戦後の思索があまりにつきつめたものだったからだという伝説があったほどである（木山英雄編『西順蔵　人と学問』一三四頁、一九九五年、内山書店）。小樽時代の阿部は、西から一二〇通もの手紙を貰ったそうだが、西にはハガキを何枚か続けて書く習慣があったらしいから、そのかなりの部分はハガキかもしれない。西は、辛辣で鋭い独特の文章を書いたが、日頃の言葉もそのようなものだった。

私は、一九七〇年、思いがけず一橋大学社会学部に奉職することになったのだが、私が赴任してきて一ケ月ほどたったころだったろうか、〇〇日午後六時から教授会を開催するという通知があって、その夜はそのまま徹夜の教授会となり、朝になって学部長が辞意を表明して終了した。その長い教授会の途中の休憩時間に、西と増淵龍夫が中国の隠者について話すのを、私はそばで聞いていた。西によると、中国の隠者には三つの類型がある。山のなかへ隠れたりするのは、もっともありふれた隠者で、大したことはない。「市隠」というのはそれよりもうえで、市井に隠れ住んでいる隠者だ。しかし本当にえらい隠者は「朝隠」で、王朝に仕えている隠者のこと、あまり顔を出さないと内心に反逆心があるのではないかなどと疑われるから、ときどき出仕してもっともらしい、しかしなんの役にも立ちそうもない建言などもする、だが内心は完全な隠者なのだ。要約するとそのようなことを西はややユーモラスにボソボソと語り、西も増淵もそうした「朝隠」に自分を重ねあわせているように、私には思われた。来たばかりのところへ徹夜の教授会だから、私は自分の前途の多難を思わざるをえなかったが、それが西や増淵のような人を長老教授とするこの学部でのことだと思うことで、私はなにほどか慰められた。そんなわけで二人の会話をいまでもよく記憶しているのかもしれない。中国の隠者についてのこれによく似た西の便りが、本書(『北の街にて』)五五—五六頁に引用されている。

ところで、本書の内容をもっとも単純に要約すれば、阿部がドイツ中世史のなかに本当に自分らしい納得できる研究テーマを発見したということと、ヨーロッパ社会の現実にふれることでそれと対照的に日本社会を「世間」として批判的に対象化する見通しを獲得したということだが、六〇年代に阿部と西のかかわりが深くなりはじめたころ、西は「世間」という言葉をたびたび用いたという(二八六頁)。だが、西の死は一九八四年、阿部が「世間」について本格的に論ずるようになるのは九〇年代に入ってからのことだから、それからずいぶんと時間をおいてのことだし、内容からいっても、阿部の「世間」論は西からの影響によるものではないようだ。

西が好んで論じたのは、嵆康《けいこう》を中心とする竹林の賢人たちやその他の逸脱的で批判的な思想家で、西はとりわけ「嵆康たちの思想」という論文で「世間」という言葉をキーワードのように多用している。西によれば、嵆康たちも「世間」を全面的に拒否しようとしたのではないが、しかしそれは「世間」がそこに生きるほかない人間の世界だからである。だが彼らは、この「世間」をもとにしてそこにさまざまな欺瞞や虚飾を構成してゆく「権力世間」を拒否して、そうした「世間」から脱出した詩酒の世界に「余地世間」を求めたのだという。「世間」は、元来、人間がそこで生きるほかない「自然的真実」であり、それゆえに「世間」は本来第一義的には「余地世間」にほかならない。それは「世間の波にしたがう寛容をもつもの」なのだが、しかしそれは人間の生存の必要に基づくものだから、「権力世間」を拒否する基底ともなりうるものなのである(『中国思想論集』一九六九年、筑摩書房)。

素朴な制度の言葉でいえば、一橋大学社会学部における西の担当科目を引き継いだのは木山英雄だが、木山は「追悼文補説」というさりげない題の論文で、この人には珍しく西の学問と思想を正面から論じている（前掲『西順蔵　人と学問』）。私はこの木山論文によって「余地世間」という西の概念を知り、『中国思想論集』の当該箇所を拾い読みして、右のようなことを記してみたにすぎない。しかしこの簡単な記述からも分かるように、西の「世間」の概念は、阿部のそれとはずいぶん異なっているようだ。そして木山の新しい著作『人は歌い人は哭く大旗の前　漢詩の毛沢東時代』（二〇〇五年、岩波書店）を読むと、こうした隠者風の屈折した抵抗と韜晦の精神が、わざと古態を用いる漢詩の伝統と結びついて、中国革命と文化大革命の苦難のなかにも継承されていたことがわかる。

以上はもとより中国の話で、阿部の「世間」論は日本の文化形態についての論、二つはべつの問題である。しかし日本の「世間」にも、権力的中枢、日常的生活態、逸脱と周辺、境界、外部などがあり、「世間」の基底には人がそこで生きるほかない原世間のようなものがあると考えてみることもできよう。原世間は現象学でいう「生活世界」のようなものかもしれないが、西の「世間」は、フッサールの「生活世界」よりもずっと重層的で分節化された構造をもっていることが重要な特徴であろう。大きな文化形態論からすれば、阿部の「世間」論にはそれなりの説得性があるとはいえ、私からすれば、「世間」はその内部や外部のより分節化された構造において捉えられなければならないものではないか、ということになる。

阿部は議論好きで、私も何回か議論をしかけられたが、うまく応答できた記憶はまったくない。その理由を私の側からいえば、阿部の議論の枠組が私の関心よりもスケールが大きすぎて、自分の対応能力を超えていたからではないかと思う。私は、たとえば百姓一揆や民衆宗教に関心をもっていたが、私はそれらが阿部のいう

「世間」を越えるようなものだと思っていたわけではない。教団化した民衆宗教は、阿部的「世間」の極限だともいえる。しかしそれでも、百姓一揆や民衆宗教は日本社会の全体性のなかに生まれた葛藤や矛盾やズレ、またその解決の仕方などをよく表現しているのであり、そのようなものとして格好の分析対象たり得るわけである。

阿部は、自分の「世間」論は、日本の学界ではまったく受けいれられなかった、それは研究者たちが自分たちの「世間」のなかにすっぽり浸かっていて、自分が生きる世界を対象化できないからだという意味のことを、くりかえして述べている。そして阿部の問いかけに応答する能力を欠いた研究者の事例として、「日本史の研究者」をあげるばあいがあるが(たとえば二七七頁)、その一端には私も含まれていたのかもしれない。しかし、「日本史の研究者」の端くれとしての私は、阿部「世間」論の大枠を反論しがたい捉え方だと思いながらも、類型化された文化本質論への傾斜を恐れて、日本史研究者にふさわしいより分節化され構造化された捉えかたを求めざるをえなかったのであった。

3

小樽商科大学は、恵まれた研究環境だが、人間関係が濃密で、大した用もないのに午前三時に飲み屋へ呼び出されたり、阿部の辛辣な批評精神が小波瀾をひきおこすばあいもあった(一七八―一七九頁)。大学のなかでしだいに声望を高めていた阿部は、そうした人間関係をしだいに煩わしく思うようになり、それがまた「世間」論を確信的なものにしていったらしい。そして小樽時代の終わりごろには、「洞穴暮らし」を脱却して、より社会化された活動をするようになり、「世間」とは異なった新しい人間関係が阿部の周りで展開することとなった。

時代はちょうど戦後史学史の大きな画期、社会史の時代のはじまりにあたっていた。この時代に社会史を代表した研究者は、日本史では網野善彦、西洋史では阿部、ともに中世史を専門とする異端の歴史研究者だった。近代を実態としても到達すべき目標として理念化する幻想が崩れたとき、網野や阿部の中世史研究は、近代を相対化して、さまざまの問題を根源から考え直すためのさまざまの手がかりを提示しているように受けとめられた。網野と阿部は、ある時期まではとても親しかったが、やがて二人の分岐が大きくなっていった。歴史というものについての原理的な捉えなおしを志向する網野は、社会史という名称を拒否しようとしたが、ヨーロッパと日本の社会を対比的に捉えようとする阿部は、この名称を自覚的に前面へ押し出して活動した。一九八二年から刊行されはじめた『社会史研究』(日本エディタースクール出版部)は、阿部たち四人を編集同人(阿部と川田順造・二宮宏之・良知力)とする新鮮な内容の研究誌で、阿部がその創刊号の巻頭に書いた「ヨーロッパ・原点への旅　時間・空間・モノ」という論文は、阿部社会史の原論、その立場と原理の宣言ともいうべき内容だった。

阿部は『ハーメルンの笛吹き男』(一九七四年、平凡社)によって多くの読者を獲得しはじめ、その後は多彩な著作で広く世に知られるようになった。それにともなって講演会などに招かれることが多くなり、多様な社会関係がつくりだされていった。そのはじまりは、『ハーメルンの笛吹き男』を読んだ博多の詩人樋口伸子とのかかわりで、ついで熊本の議論好きのグループとの深い交際が生まれた。集ってくるのは建築家、編集者、画家、詩人、新聞記者、書店員などさまざまで、「興味深いことに大学の教授というような人は一人もいないのである」、と阿部は書いている(二五三頁)。

私は『阿部謹也著作集』（全一〇巻、筑摩書房）出版記念会というパーティに出席したことがあるが、それは文部大臣経験者も出席している、きわめて盛大なものだった。しかし歴史学界や一橋大学関係の出席者はごくわずかで、その大部分は芸術家や編集者、その他私には思いもかけないような多彩な職業のたくさんの人たちだった。かつて阿部が顧問をしていた小樽商科大学山岳部ＯＢも、かなりの人数だった。大学や学界は、阿部からすれば典型的な「世間」で、きわめて閉鎖的な存在だが、そうした「世間」を忌避することで阿部は、それとは異質なもっと豊かな世界を発見してそのなかに身をおいていたことになろう。

一九七〇年代後半からの阿部は、もっとも高名な歴史家で、多くの著作で広範な読者を獲得し、サントリー学芸賞、大仏次郎賞、紫綬褒章を授与されている。一橋大学学長を二期も勤め、その間には国立大学協会会長の重責も担った。一橋大学学長退任のあとでは、共立女子大学学長も勤めた。学問、大学制度、ジャーナリズムの世界でもっとも高い権威と栄誉をえた斯界最高のエスタブリシュメントの一人である。しかし阿部は、そうした自分の立場と役割を突き放して、クールに眺めていたのだと、私は思う。重大な健康上の困難を、ごくわずかの実務担当者以外には知らせずに守秘して職務にたずさわったところに、阿部ならではの強い意志力、忍耐力と克己心、責任意識が表現されている。

おそらく阿部は、大学や学界、またそれをめぐる政治や社会の動向の全体を、「世間」として突き放して眺め渡すことができた。だから阿部は、そうした世界の渦中にあるように見えるときでも、辛辣な批評精神と相対化する能力を失ったことがなく、その時その場でどんな選択が可能だとか必要だとかを、冷静に判断することができたのであろう。そしてそのような見方と立場を自覚的に選べば、そうした「世間」の外にどんな社会が存在しているのかもわかってくる。阿部「世間」論は、「世間」を対称軸としての、そうした社会的なものの多様性や重層性の発見の旅だったともいえるだろう。

◈阿部謹也『北の街にて――ある歴史家の原点』洋泉社ＭＣ新書版「解説」、洋泉社、二〇〇六年。

一五　比較への意思――阿部謹也『ヨーロッパを見る視角』解説

少年時代の阿部謹也は、カトリックの修道院が経営する施設に預けられていたことがあり、そこで日本社会とは異質なヨーロッパ社会を体験した。それは日本社会よりもはるかに論理的なところだったが、しかしまた葛藤や偽善をはらんだ独自の社会だった。敗戦直後の食糧難の時代でいつもお腹を空かせていた阿部は、そうした社会をその基底部で体験したことになる。こうした個人史的背景があって、阿部は卒業論文にドイツ騎士修道会の歴史を選び、大学院時代、小樽商科大学在職期間を通じて、ひたむきにこのテーマを追求した。宗教を教義や制度からでなく、教会のうちと外で生きる人びとの生活のなかで捉え返そうという発想で、日本の学界動向とはまったく無縁にこうしたテーマを追求した。阿部社会史の原点である。

一九六九年、阿部はドイツへ留学し、主としてゲッティンゲンで文書館へ日参して原史料を読みながら研究を続けた。原史料の解読はとても難しかったが、やがて阿部は古文書をスラスラ読めるようになり、その文書館で阿部が広い社会的注目を集めるきっかけとなった著作『ハーメルンの笛吹き男』関係の原史料を発見した。相変わらず文書館と大学の付属図書館への往復をくりかえす勤勉で禁欲的な研究生活だったが、しかしこの留学生活では家族が一緒だったせいもあり、大学関係者や地域の人びととのかかわりが生まれ、とりわけ幼い子供を介して地域社会の現実に触れる機会が多くなった。こうして阿部は、ドイツの社会を人びとの生活の内実に食い入って観察する機会をもち、そこから阿部は、ドイツ社会、より一般的にはヨーロッパ社会と日本社会とを比較対照させるという、もうひとつの研究主題を紡ぎだしていった。

本書(『ヨーロッパを見る視角』)は、ドイツ中世社会史の実証的研究とドイツでの生活経験とを踏まえて、阿部のヨーロッパ社会を捉える基本視角を提示し、日本との比較において大きな展望を述べた作品である。阿部によれば、日本人のヨーロッパを見る視角には二つの類型があって、ひとつは日本の近代化への比較史的な対称軸としてのヨーロッパという見方であり、これまでも多くの研究者が暗黙のうちにも方法的前提としてきた視角である。これに対していまひとつの見方は、現実のヨーロッパとは何かという問いを地域や人びとの生活に即して問う立場である。そしてこの後者の立場に立つと、ヨーロッパと日本とは極めて異質な社会で、日本社会が近代化してヨーロッパに近づくとか、そうあるべきだという発想は、適切な問題の立て方ではないということになる。阿部はもとより後者の立場に立つが、それでは二つの社会はなぜそのような異質性をもつこととなったのであろうか。

本書は要するにこの大きな問題を歴史学的に説明しようとするもので、阿部によれば、二つの社会の違いの由来を歴史をさかのぼってどんどん突き詰めてゆくと十一世紀に到達し、そこまでは二つの社会は基本的には共通する性格をもっていたのだという。それは「世間という独特な人間関係が支配的な」社会ということで、それまでは「世間」がいわば人類史的普遍であり、ヨーロッパだけが十一・十二世紀を境としてそうした世界から離脱したというのである。「世間」は、人間が集団のなかに埋没して相互に依存しあう集団優位の世界、新しいヨーロッパは、個人を単位として結合するという固有の意味での社会である。前者は、私たちが慣れ親しんでいる現実そのものだから、私たちはその特徴や原理を体験的に理解しているのではあるが、しかしその故にかえってそれを分節化して反省的な言語で述べることは難しい。これに対してヨーロッパの社会は、私たちの社会との原理的な異質性のゆえに私たちには理解のための手がかりが欠けており、これもまた表面的な類似性などはともかく、その内実に立ち入って理解することは難しい。この二つの難問は結びついていて、二つの難問を解くためには、二つの異質の社会を対照させる媒介の論理が必要なのである。

ここで阿部は、マルセル・モースの『贈与論』をもちだす。前近代世界では、今日の私たちの意味での財貨の交換ではなく、礼儀、饗宴、儀式、祭礼、女性なども含めたさまざまな事物の交換が人と人との関係、集団と集団との関係を構成しており、贈られたモノは贈り返さなければならない。こうした贈与互酬関係がすべての社会関係を基礎づけているのだが、それはすべてのモノとの関係性が呪術的な性格をもっていて、この呪術性がすべての関係性を規制しているからである。だが、ヨーロッパでは十一・十二世紀にキリスト教の神という普遍存在が導入され、神のもたらした規範があらゆる関係性を規定することとなり、呪術は否定された。どのような社会でも、集権的な国家が形成されたり資本主義経済が発展したりしても、社会生活の基底にある関係性の特徴は変わらない。十一・十二世紀を画期として、ヨーロッパではあらゆる関係性の基底にある呪術性が否定されて、神の前に孤独に立つ個人が成立し、こうした個人の集まりとしての市民社会、男女の人格的自立性を前提とする恋愛、自然を客観的対象として探求する自然科学などが生まれたというわけである。

新しい社会史は一般に人類学との結びつきが強く、阿部社会史もそうした流れに即していて、人類学的歴史学という特徴をもっている。右に述べた私の説明は過剰な単純化による誤りを犯しているかもしれないが、阿部がモースの『贈与論』に依拠することで人類史的な普遍理論に到達していることが、ここでの注目点である。

本書は、別々の主題について述べた五つの講義から構成されているが、ヨーロッパの中世社会に生まれた大きな転換をとりあげながらそれを日本と対照させており、両者の異質性が浮かび上がるように論旨が展開されている。阿部のヨーロッパ史研究はもともと日本社会との比較に問題意識の由来があったのだが、二つの社会の異質性の由来を分節化して提示した本書は、阿部社会史の大きな構想を明快に述べたものであり、阿部の多くの著作のなかでも特別の意義をもつ著作だといえよう。

阿部には、本書にすぐ先立って『「世間」とは何か』(講談社現代新書)という著作があるが、この書物を読んでも「世間」には厳しいおきてがあること、そこで個性的に生きることはいかに難しいかなどはいちおう理解できるが、この書物では「世間」そのものよりも、なんらかの意味で「世間」から逸脱したりそむいたりする道を選んだ人たちのことに叙述の重点がある。『徒然草』の著者としての吉田兼好、親鸞と真宗教団、西鶴の作品のなかの女性たち、近代では夏目漱石、永井荷風、金子光晴などである。他の作品も参照すれば、高村光太郎、山代巴、秋元松代、石牟礼道子などもそうした系譜につらなり、あるいはこうした系譜をそれぞれの仕方で突き詰めた人たちである。阿部が共感し愛惜するのは、こうした人たちの苦しい戦いや、そこに余儀なくされた孤独や寂しさである。「世間」に生きる「寂しさ」について阿部は何回も書いているが、この言葉は金子光晴の詩からとられた表現で、阿部は似たような「寂しさ」を、漱石、荷風、光太郎などの作品のなかにも見出している。『「世間」とは何か』は、その書名からすれば「世間」について包括的に論じた書物のはずだが、内容上は「世間」から逸脱し「世間」に背いた人たちの系譜をたどる日本精神史といってよい書物である。

研究者としての道を選んでから以降の阿部の人生を振り返ってみると、第一に、一橋大学の大学院生と小樽商科大学在職中のひたむきな研鑽の時代、第二に、ヨーロッパ中世社会史研究者として広く脚光を浴びた新しい社会史研究の旗手としての栄光に満ちた時代、第三に、「世間」論をひっさげて日本社会を批評し批判した

「世間」論の時代となるのではないかと思う。「世間」は、その内部でもたれあいながらそこから異質な契機を排除しようとするシステムだから、それは当然に差別と抑圧の問題にかかわってくる。「世間」論の時代の阿部は、そうした諸問題と向き合い、講演などを積極的に引き受けて、幅の広い啓蒙活動を好んで実践するようになった。いじめや不登校や職場での女性差別などの事例をあげるまでもなく、日本社会には差別と抑圧に苦しんでいる多様な人たちがいて、多くの人たちがそうした問題についての説明を求めているが、阿部の「世間」論はそうした人たちの問いに直截に答えようとするものだった。

阿部は、多様な問題に具体的な関心をもてる好奇心旺盛な人であり、敏感な状況理解力と説得的な弁舌の才をもった人だった。阿部の交際範囲はとても広かったが、その大部分は右の第二第三の時代に得られ次々とひろがった新しい交流であり、大学や学界の関係者は意外なほどに少なかったようだ。阿部にはいわゆる学界や大学というシステムのなかで権威的存在たろうとする意思がほとんどなく、かえってそうした世界を「世間」として批判的に見ていたはずである。そうした阿部が、一橋大学学長を二期も勤めて一橋大学の改革に大きな役割を果し、さらにその後に別の大学の学長も勤めたことを、奇妙なことのように思う人もあるかもしれないが、しかしじつはそれは不思議なことではない、と私は思う。大学や学界をいわば「世間」として突き放して対象化する眼があってはじめて、なにがいま改革のポイントであり、なにを強い意思で保持すべきかを見極めることができるからである。

最晩年の阿部が書き残したまとまった文章のひとつに、「石牟礼道子覚書」(『「世間」への旅』筑摩書房、所収)がある。これは石牟礼についてのシンポジウムでの基調講演に加筆したものだが、そこで阿部は石牟礼の作品にモースの互酬制論を越えるより原理的なものを読み取っている。それは、私たちの生きる世界の根源で差別された人びとと動植物とがおなじ生命をもった存在として交歓しあうような次元のことであり、「山川草木国土悉皆《しっかい》成仏」の世界のことである。こうした世界を呪術の支配と見ることがすでに近代知の立場性なのであって、人間と世界との原関係性からの離脱だということになろうか。これはもとより歴史学も人類学も含めてあらゆる学知を超えた立場だが、阿部はそうした存在知とでもいうべきものへと探索を深めながら、新しい知への道を歩み続けるようにと私たちを促しているのではないかと思う。晩年の阿部が、親鸞の宗教思想への関心をいっそう深めていたらしいことも、そうした探求の方向性を示唆しているのだといえそうだ。

◈阿部謹也『ヨーロッパを見る視角』岩波現代文庫版「解説」、岩波書店、二〇〇六年。

Ⅳ

現代歴史学の課題を求めて

一六　語りえぬことを語ることについて

戦後五十年が近づいたころから戦争責任や従軍慰安婦問題などが活発に議論されるようになり、歴史家はそのなかでもっとも積極的な役割を担ってきた。そうした歴史家の活動はいつの日か高く評価されることになるだろうが、いまのところそうした問題を論ずる歴史家の説得力は、なおきわめて限定された範囲でだけ通用するもので、社会全体としては及び腰で曖昧、また無関心の度合が強いといえよう。

戦争責任や従軍慰安婦のような問題が私たちをたじろがせる理由はいろいろあるが、ここではそれがとうてい「責任」をとったり、「補償」したりしえない類いの問題だということに注目してみたい。その理由を、自明のことながらいくつかあげてみると、まず、時間の不可逆性。「責任」とか「補償」とかといってみても、死者は生きかえらないし、「従軍慰安婦」が健康な青春をとり戻せるわけではない。時間には原理上、残酷な性格があって、過ぎ去った過去は過去として受けとめる以外に術がない。つぎに戦争被害の質的な側面。「責任」や「補償」ということになれば、結局はお金や施設などの問題として処理されることになるが、被害者たちが本当に欲しいのはお金で買えるようなものではない。公害裁判のさいに、原告側の人たちが、私たちが欲しいのはお金ではない、もとの健康なからだだと訴えるのと、おなじ問題である。しかし、公害裁判も戦争責任も、結局お金に換算して処理されるのが、いまその多寡は問わないとして、近代社会のシステムなのだろう。

どんなに多額の賠償が支払われても、本当の償いはもともとありえないわけだ。また量的な側面から考えても、かりに戦争責任をお金に換算するとして、十五年戦争期のアジアで戦禍による死者が二千万人にのぼるとすれば、そのすべてを対象にして、たとえば交通事故死の基準にでも照して賠償できるものだろうか。

このように考えてみると、戦争責任や「補償」といっても、それが十全に果されることはけっしてありえないことがはっきりと見てとれる。昭和天皇はかつて、戦争責任について尋ねられたとき、「そういう文学方面はあまり研究もしていないのでよくわかりませんから……」と答えて、大いに顰蹙《ひんしゅく》をかったが、それはたしかに漠然と無限定的な問題であり、私たち個々人がそれをどのように担ったらよいのかと具体的な次元で問いかえされると、曖昧模糊としてしまうような問題であろう。そして、戦争責任の問題が一部の知識人の言説にとどまり、広い説得力をもちにくいのは、みずからの生活のリアリティに即して生きる存在としての民衆は、こうした曖昧な問いをその生活の外の問題として脇に退けてしまうからではなかろうか。

知識人は、抽象化することで世界の全体性についてあれこれ差出口をする少数派であり、庶民は、生活者として自分の生活に責任をとって生きる多数派である。そしてこうした庶民の立場からすれば、戦争責任やその補償のような、いまとなってはとうてい果しえぬ責任は、曖昧なままにしておいてすりぬけるのがその知恵というものだろう。このように考えてみると、戦争責任についての自覚が乏しいといわれる日本の精神風土には、庶民の暗黙の知恵が隠されているということになる。

吉田裕は、日本人の戦争責任観のダブル・スタンダードについてのべているが、それは要するに戦争についての被害意識はつよいが加害意識は希薄だということである。吉田は、たとえば平和問題談話会の例をあげて、侵略戦争防止についてもっと勇気ある努力が必要だったという反省はあるが、「戦争責任や戦争協力の問題に関する当事者意識は希薄だったようだ」とし、丸山眞男の、「会議に参加した個人個人は、むしろ解放されたという意識の方が強くて、やや極端にいえば、自分個人として戦争責任があるとはまず思っていなかったでしょう」という言葉をもって、「率直」な回想としている(吉田『日本人の戦争観』八一頁)。平和問題談話会に結集した知識人たちからすれば、彼らも十五年戦争期に抑圧されていた被害者であり、おなじ状況への回帰の方向と戦わなければならないということの方へ、責任意識をもとうとしていたわけだ。その当時の日本のもっともすぐれた知識人たちの結集であった平和問題談話会にも、過ぎ去ったばかりの戦争の見方については、一般国民と共通するところが少なくなかったということになるのであろう。

毎年八月一五日が近づけば、テレビ・新聞・雑誌などで十五年戦争期のことが回想され、そうした体験をもりこんだドラマや歌謡などがくり返されるが、そのほとんどが戦争の被害意識からのものである。自分たちが被った戦争の惨禍の方は、いくらくり返しても語りつくされない切実なリアリティで、その傷痕は五十年をへてもけっして癒されることはない。しかしそのことと、加害意識という意味での戦争責任の意識化とのあいだには、大きな隔絶がある。またたとえば、十五年戦争期に中国大陸で実際に残虐行為を行ったような人も、戦後の日本社会にたくさん生きていたはずだが、彼らはもはやかつての蛮行をそれ自体として正当化しようとはしてこなかったはずである。しかし、それでも彼らはみずからを加害者としてよりも被害者として、やむをえず苛酷な体験を強要された不幸な存在として、思い浮べるのではなかろうか。

戦後の日本人の生活の場で形成されている非戦ないし厭戦という意味での平和意識には、広汎な人びとの切実な体験がこめられており、こうした意識の存在によって、一九四五年以前と以後とは明確に区別されるだろう。しかし、戦争責任、とりわけアジアの民衆への加害意識ということになれば、庶民の生活知を越えた知識人の知の営みとなってしまう。歴史家は、この断絶を敢えて引きうけて日本社会の通念に挑戦しようとする奇矯な人間であり、もっと乱暴にいえば、庶民の知恵を侵犯する不遜な余計者である。どんな権利や資格があって、歴史家はそのような役割を引きうけることができるのだろうか。最初にのべたように、けっして償いえぬ問題としての戦争責任や「補償」について言及し続けるというような、考えようによっては限りなく無責任なことを、歴史家はなぜ主張しうるのであろうか。戦争責任について論じようとすれば、そのことを論じうるための前提としての「責任」ということの論理と倫理について、もっとよく考えてみなければならないというのが、戦後五十年にさいしての私のささやかな感想であった。

◈永原慶二・中村政則編『歴史家が語る――戦後史と私』吉川弘文館、一九九六年、所収。

一七　丸山思想史学、遠望する灯火

1

高校生までの私は、人生とはなんだろう、人はなんのために生きるのだろうかなどと、ぼんやりと考える少年だった。そのころまでの私は、まだ文学書や哲学書を読んでいなかった。ただ、将来どんな職業につくにしろ、そうした問題について時間をかけてゆっくりと考えてから、自分にふさわしい仕事を選びたいと思っていた。振りかえって考えると滑稽な錯覚だが、そのころの私は、そうした問題について研究するのが哲学だと思っており、そのために大学進学にさいしては、躊躇なく京都大学文学部を選んだ。難解なドイツ語の原書を読むのが哲学だと思っていたので、入学当初はドイツ語を一生懸命に勉強した。

だがこうした人生論風の哲学への思い入れは、入学後短い期間に雲散霧消してしまった。一般教育課程での哲学講義は、いまから考えてそれなりに真剣なものだったが、現に行なわれている哲学研究から私の問いまでの距離はあまりに大きいと思わざるをえなかった。しかしそれよりももっと大きな衝撃は、マルクス主義的な学生運動との接触だったろう。マルクス主義は人間の意識や思想がそれ自体だけで存在するものではなく、それは経済や政治の構造と不可分なものであること、イデオロギー的上部構造であることを教えていた。精神も肉体もどこかひ弱そうに見える私は、実際的な運動に強く誘われることがなかったし、対人関係における生来の消極性からしても、その時代の学生運動に深くかかわったわけではなかった。しかしそれでも、人間の意識や思想がその社会的な存在と不可分なものであるというマルクス主義的テーゼを疑うことはできず、そうした視点なしに人生とその意味について考えることは、まったく無意味で欺瞞的なことだと思うようになった。

二回生(二年生)になったばかりのころだったと記憶するが、私はいわゆる山村工作隊のようなものに一日だけ参加したことがある。それは学生運動のリーダーだったH君が同級生たちに呼びかけて出かけたもので、場所は京都市北郊の山村だった。まず二人一組になって各農家を回り、今夜の集会に参加してくれるように訴えた。初めての経験でドギマギしたが、ある農家では囲炉裏端に招じ入れられて、焼薯のご馳走にあずかった。おなじ農村育ちの私には、とてもこぎれいに見える囲炉裏端で、その家の主人は、学生さんはいまはこんなことをやっていても卒業すればべつの道へ進んでしまう、こんな運動は早くやめて将来にそなえて勉強した方がよい、という意味のことを、穏やかな言葉で私たち二人に諭した。その夜の集まりは、二〇人足らずの学生がいるところへ、私たちよりすこし年配にあたるかと思われる男性が二人来た。一人は終始沈黙、もう一人の方はやや挑戦的な質問で粘った。

おなじ年の大学祭の企画として、私たちは『平凡』読者の会を開いたことがある。『平凡』は発行部数の多い少女雑誌のようなもので、私たちは『平凡』読者との交流を図ったわけである。これはそのころの『思想の科学』の運動を真似たもので、私たちは『平凡』を読むような普通の庶民と交流し、彼らの意識を理解しなければならないと思ったわけである。『平凡』には一部の地域に読者会があったらしく、そのひとつが参加してくれたが、それ以外では私たちよりも少し年配の男性が一人来ただけだった。話をしてくれたのは読者会のリーダーにあたる男性ともう一人の単独参加の男性で、私たちと少女たちとの間で話が弾んだわけではなかった。

そのしばらく前から、歴史学の世界では国民的歴史学運動が展開しており、村の歴史・工場の歴史などをつくるようにと提唱されていた。いくつかの実作が高く評価されて、学生や若い研究者がそうした作品をもって村や工場を訪れる活動が重んじられていた。こうした活動はサークル運動として展開されるという側面が強く、一九五〇年代なかばまではサークル運動の時代といってよいほどに各地でサークル活動が盛んだった。国民的歴史学運動には、サークル運動というその時代のより一般的な文化動向とのかかわりが見られ、その歴史学版という性格があった。しかし、国民的歴史学運動は一九五五年前半まででほぼ終焉し、六全協を境に歴史学と政治との性急な結合の試みは、あっさり放棄された。山村工作隊のようなものに一日だけ参加したという私自身のまことに拙い経験は、国民的歴史学運動とはべつの次元のもので、それよりも広いより一般的な動向とのかかわりのなかで理解しうるものであろう。しかしまた、私自身の問題として考えてみれば、自分の思考が現実社会との適切な接点をもてないでいたことを語って余りある経験だったといわなければならない。

一九五三年、大学へ入学したばかりの私は、大学の近くに一軒だけあった小さな書店で、鶴見俊輔『哲学論』(創文社、一九五三年)という本を見つけた。そのころの京都大学では、一回生は宇治分校へ行くのだが、大学の周辺には学生街にふさわしい施設はなにもなく、ただナカニシヤ書店の小さな分店がひとつだけあったのである。田舎から出てきたばかりの私は、鶴見俊輔という名前をまだ知らず、書名にひかれて出版されたばかりのこの本を買ってみたのだが、この本を一読した私は、自分の哲学への一方的な思い入れが見当違いのものだったことを思い知らされた。はじめのほうに、従来の哲学を特徴づけて、「有閑社会における怠け者の事業」などとあり、ついで西田哲学への言語分析的批判が展開され、書物の過半を占める第二部は「哲学の外に」と題されて、「日常論理学」という新しい領域が開拓されなければならないとされていた。「私たちの日常の思索お分析するのわむずかしい仕事である。そのむずかしさお避けることわいけない。日常の思索の分析お、徹底的に精密に行うことが、まず要求されるのだ」、というわけである。こうした立場からすると、「絶対」とか「即」とかいう言葉を乱発する西田哲学は、もっとも非分析的で人を惑わすものだということになる。

こうして私は鶴見俊輔の著作に関心をもつようになり、その翌年から刊行がはじまった第二期『思想の科学』も好んで読むようになった。学生運動においてはマルクス主義の影響力が圧倒的であり、歴史学の方はちょうど国民的歴史学運動の時代だったが、論壇やジャーナリズムの雰囲気はそれとはなにほどか違っており、私はそうした方面の議論にも魅力を感じていた。六全協とスターリン批判はすぐ続く時代のことで、こうした政治状況については、丸山眞男、久野収、鶴見俊輔、藤田省三などの発言が水際立って鮮やかなように、そのころの私には思われた。

三回生となって専門課程へ進んだ直後のことかと思うが、私は友人と二人で人文科学研究所の研究室に上山春平を訪ねたことがある。そのころ、京都で「思想の科学」研究会を代表していたのは上山であり、私たちは上山に「思想の科学」研究会のような手法で庶民の意識を研究する可能性について訊ねたいと思ったのである。しかし上山は、君たちはせっかく国史のほうへ進学したのだから歴史の勉強をしっかりやるほうがよい、という意味のことをのべた。そのころの私はまだはっきりとは知らなかったことだが、上山の関心は、フランス革命と明治維新を対比するような大きな構想の歴史理論的探究に向っており、そうした事情も私たちへの助言の背景にあったのかもしれない。それからしばらくのちのことだが、大学院の課程へ進んでからは、人文科学研究所で開催される大きな研究会に参加させてもらい、上山、河野健二、飯沼二郎などの広い視野に立った明晰な議論を聞いて、自分の視野をなにほどか広げ、議論の仕方を学んだ。また上山は、私が報告した小さな研究会へ出席してくれたことがあって、会が終わったあと、マンハイムを読んでいるかと訊ねた。私が『イデオロギーとユートピア』(樺俊雄訳、創元社、一九五三年、鈴木二郎訳、未来社、一九六八年)は読んだと答えると、『歴史主義』と『保守主義』も読むようにとのべたが、それは思想史の方法論について考えるためにはマンハイムを読むのが有益だという示唆であった。その後の私は、上山を批判するような発言もしたが、学恩のほうがはるかに大きかった。

2

こうした若干の前史はあるが、専門課程の学生となったころの私にとって、日本思想史のなかに日本人の生き方を探るという主題は、ほかに選択の余地のない正当性を自分のなかでもっているように思えた。しかしそのころの歴史学は、少なくとも私の周辺では講座派マルクス主義の圧倒的な影響下にあって、その立場からは、思想は土台＝経済構造に規定された上部構造であり、思想史はそれ自体としては自律的な分析対象になりにくい、曖昧で従属的な領域のようにみなされる傾向が強かった。学問的な研究は、経済史か経済史を踏まえた政治史として構築されるべきもののように考えられやすかった。思想史をやりたいという気持と、うまくやれそうにないという気持が交錯して、暗中模索の気分を長く味わった。卒業論文では、そのころ流行していた幕末政治史に主題を求め、出版されたばかりの鹿野政直『日本近代思想の形成』(新評論社、一九五六年)からアイデアを借りて、政治史になにほどか思想史的な味付けをして済ませた。

このような状態の私にとって、丸山眞男『日本政治思想史研究』(東京大学出版会、一九五二年)がもっとも重要な書物となったのは当然の成り行きだったろう。私がこの書物に魅せられたのは、この書物に貫かれている明快な方法意識とその自覚に基づく体系的な記述のゆえであり、いまにして思えば記述の細部における思想分析のリアリティのゆえではなかった。私はたぶんとても観念的な読み方をしており、本当はそこでとりあげられているテキストの文脈に即してもっと緻密に読む訓練が必要だったはずである。私にはそうした訓練が欠けていたので、私からは雑然と多様な思想が並列しているとしか見えていない近世思想史に、具体的な政治思想・社会思想とは区別された思惟方法・思惟様式の変革のなかに近代的な意識の成長を読みとるという丸山の記述に圧倒されてしまったのである。こうした方法をとることによってのみ、「あれこれの思想における断片的な「近代性」ではなく、思想の系統的な脈絡のうちに一貫した近代意識の成長を探ること」ができる(同書、一八四頁)、つまり思想史研究は思惟様式・思惟方法に内在することで、固有の確固とした分析領域をもつことができる、そのようなものとしての思想の「自己運動自体を具体的な普遍たる全社会体系の変動の契機《モメント》として積極的に把える努力を試み」なければならない(同書「あとがき」三七〇頁)、というわけである。

今日の歴史研究者で、人間の意識や思想が経済的土台と区別される独自の分析領域としてある自立性をもって存在していることを、頭から否定する人はあまりいないだろう。むしろ、人間の意識や言説をそれ自体の自立的なコンテクストのままに捉えるのが対象に即した分析だとして、現象的把握に固執する「言説分析」派も少なくないかもしれない。しかし、人間の意識や思想が社会的なものに貫かれていて、主体の自意識もまたみずからの意識を越えたある種の社会的な必然性に貫かれていることは、私には否定しがたい事実であり、歴史のなかで思想を論じようとするばあいに不可避の論点であるように思われた。私はのちにその問題を「社会的意識諸形態」と呼ぶようになったが、そうした捉え方に最初の手がかりとなったのは、いまのべた丸山の思惟様式論にほかならなかった。それは、思想史に独自の分析次元を措定するだけでなく、その分析次元の深い歴史性・社会性を示唆するものであった。こうして私の日本思想史研究への道は、少なくともある時期までは誰よりも丸山に導かれてのものとなった。

だが、いま述べたことを実際の研究のなかで実現することは、かなり複雑で困難なことである。『日本政治思想史研究』の「あとがき」には、この書物の研究に方法論的な示唆を与えた研究者としてM・ヴェーバー、K・マンハイム、F・ボルケナウが挙げられており、本文の記述からして、ヘーゲルとマルクスが大きなよりどころとなっていることもすぐ理解できる。しかしこうした古典的研究をどのように読むかということになると、それはそれで大きな論争もはらんだ複雑な問題であり、私自身、これらの古典的作品を少しずつ読んでみて、どうやら丸山とは違った関心で、かなり異なった理解をしているように思うようになった。たとえば、ボルケナウ『封建的世界像から近代的世界像へ』(みすず書房、一九五九年)のはじめのあたり、中世的自然法則概念とその解体過程についての記述が、朱子学的思惟様式から古学派へとたどられる『日本政治思想史研究』の記述に大きな示唆を与えていることは容易に理解できたが、丸山に示唆を与えたのはこの大きな書物全体からするとむしろその序論的部分であり、この書物全体の趣旨からすると、強調されているのはべつの論点ではないか、と私には思われた。この書物の原書が戦時期の日本では入手しがたく、『日本政治思想史研究』所収の論文を書くさいに丸山が参照できたのはその最初のあたりの翻訳だったこと、だからここで私が述べていることの書物の全体的印象も、ずっとのちに全訳を読んでの後知恵にすぎないことは、いうまでもないが。『日本政治思想史研究』に直接的な示唆を与えたのは、ボルケナウかと思われるが、しかしそれは具体的分析に即してのことで、この時代の丸山にもっとも大きな方法論的示唆を与えたのは、マンハイム、とりわけ『イデオロギーとユートピア』だったことは、いうまでもなかろう。私も素人読みながら何回もこの書物を読んでみたが、私は丸山の読み方がこの書物の理解としてはきわめて奇妙なものだったと思うようになった。そのことについては、べつの機会に少し立ち入って論じた（『現代日本思想論』岩波書店、二〇〇四年、第五章）のでここでは述べないが、『イデオロギーとユートピア』を貫くもっとも基底的な問題意識に即していえば、マンハイムが現代世界にもったような危機意識と丸山が現実の日本社会に対して懐いていた問題意識・批判意識との間には大きな懸隔があったのではないかということになるだろう。マンハイムが問題にしているのは近代世界そのものの原理的な矛盾と危機の問題であり、この危機意識は、マンハイムからルカーチやヴェーバーへ、さらにまたマルクスへと遡るものだ、と私には思われた。

私が丸山の著作に大きな関心をもっていたのは、一九五〇年代なかばから六〇年代の終わりころまでの時期だったが、それはまたマルクスが『資本論』や初期マルクスに遡って読まれた時代であり、日本におけるマルクス・ルネサンスとでもいうべき時代でもあった。その時代のささやかなマルクス体験として、私はたとえば次のようなマルクスの言葉に注目していた。

まさにみずからを解放し、種々の国民成員間のいっさいの制限をとりこわし、一つの政治的共同体を建設しはじめている国民、そういう国民が、同朋と共同体から分離された利己的人間の是認を堂々と宣言するということ（一七九一年の宣言）、しかももっとも英雄的な献身だけが国民をすくうことができ、したがってそれが絶対的に要求されるときに、市民社会のあらゆる利益を犠牲にすることを日程にのぼし、利己主義を一つの犯罪として罰しなければならないときに、右の宣言をふたたびくりかえしているということ（一七九三年の人権等宣言）、このこと自体がすでに謎である。

（「ユダヤ人問題によせて」『マルクス＝エンゲルス選集　補巻4』所収）

これはフランス革命と人権宣言についての記述で、いわゆる公民(citoyen)と市民社会の現実的な成員(homme)の区別について述べた、よく知られたくだりにすぐ続く箇所からの引用で、citoyenとhommeとの断絶をフランス革命に即してのべたものである。フランス革命、また一般に近代市民革命は、普遍的人権を高らかに宣言したのだが、しかしその現実社会的な内実は利己的人間の解放にほかならず、そのことと、新たに成立した政治共同体の担い手としてすべての市民に国民国家への自己犠牲的献身を要求するという政治原則とのあいだには原理的矛盾がある、とマルクスはのべているわけである。これはそのころの私には近代世界とそこに生きるすべての人間にとっての、避けることのできない内在的な矛盾を明快に論断した言葉のように思えた。初期マルクスや『資本論』をすなおに読めば、近代世界の原理的矛盾を剔抉したこの手の言葉は、むしろごくありふれたものである。そこで、近代世界がそのようなものだとすれば、丸山のいう「近代的思惟」の形成や大塚久雄がいう「近代的人間類型」の創出は、このような存在原理をもつ近代社会のなかでどのような位置や意味をもつ問題だということになるのだろうか。そうした問いに丸山やそのほかの戦後近代主義は答えているだろうか。講座派マルクス主義は？

マルクスが明快に規定して見せたような「謎」は解かれていないばかりか、私の小さな知の射程範囲内では、適切に提出されてさえもいないように、そのころの私には思えた。『日本政治思想史研究』と思惟様式論をさしあたっての灯台の灯火として、日本思想史を訪ねる私の小さな旅ははじまったばかりだった。

17　丸山思想史学，遠望する灯火

◈『未来』四七九号、二〇〇六年。『未来』の「丸山眞男没後10年特集」への寄稿。

一八　社会学部の学問を振り返って

1　社会学部の成立・理念と実態

ご紹介いただきました安丸良夫と申します。よろしくお願い致します。

私がこの大学(一橋大学)へはじめて来た時の印象から話を始めて、社会学部の学問はどういうものだったのかということについて、自分なりの見方をお話ししてみたいと思います。

私は一九七〇年に、思いがけず一橋大学社会学部に赴任して参りました。この一九七〇年という年は大学の歴史を考えるうえでは大変重要な年で、その前の年に一橋大学でもこの本館が封鎖されるということがあり、授業がずっと行われなくて、七〇年度は四月三〇日に入学式が行われて、五月になってから授業が始まったのです。だから私はゆうゆうと五月になって赴任してきて、ゼミ選考期限の最後に面接を行いました。そのために、どのゼミへ行くか迷っていた学生たちがたくさん押しかけてきて、私はその年にその後には経験しなかったたくさんのゼミ生を持つことになりました。

それはともかく、教授会に二、三度出席しての印象を申しますと、まず一つは、先輩の先生方は、皆さん何かとても疲れた感じだなあということです。一人一人のおからだのことなどは知らないのですが、大学問題で疲れ果てたという印象で、お元気そうなのは藤原彰さん、佐々木潤之介さん、竹内啓一さん、このご三人ぐらいで、あとの先生方はとても疲れておられたように見うけられました。もう一つの印象は、しかし、それにもかかわらず議論はなかなか厳しいものがあるなあということでした。

実は私は、赴任してきて間もなく小平（小平分校。一、二年生が通学する教養課程がおかれていた）の学生委員というものに選ばれました。そのころ小平は学生運動の中心でしたから、来たばかりの者を学生委員にするというのはやや問題があったのではないかと思いますが、多分そのころの社会学部はスタッフの数が非常に少なかった。教授会に常時出席する人数は二〇人以下だったと思いますので、来たばかりの私が学生委員に選ばれたのでしょう。

ところで、学生委員になってまもなく授業料値上げ反対闘争が起こって、その問題を教授会で審議するように学生たちから求められました。教授会へ持ち帰ってそういう話をしましたところ、ある先生が長々と大変哲学的な大学論を展開されたのですが、要するにその結論は、国立大学の授業料はただであるべきだということらしいのです。

このご意見はドイツの大学制度を念頭に置いたものだったようですが、私はドイツの大学制度についてはそのころ何も知らなかったので、「随分過激なことを言う先生がいるんだな。でも、これを自分が学生の前でしゃべるのだろうか。社会学部教授会は授業料の値上げに反対ではなくて、そういうものが存在することに反対なのだと言うんだろうか」と驚きまして、自分は大変な所へ来たんだなと思いました。「これで停年まで無事に過ごせるだろうか。どうも人使いは荒らそうだし、困ったことになったなあ」と、思ったことを覚えております。

今、自分が赴任してきたころの印象をお話ししたわけですけれども、こういう印象は社会学部のそのころの大学の中での全体としての在り方とかなり密接な関係があるように思いますので、社会学部の成立の由来はあとで平子(友長)さんがお話しになることですけれども、少し振り返って自分なりの感想を述べることから話を始めたいと思います。

一橋大学が一九四九年に新制の一橋大学となった時に、皆さんご存じのように、三学部一研究所として出発致しました。これは言い換えてみると、社会学部の独立が認められなかったということで、二年後に法学部と社会学部が分かれて社会学部が成立するまでにはかなり複雑な経緯があったものと思われます。

一橋大学の歴史をずっと明治期から振り返ってみると、言うまでもなく、最初に商業の実務的な教育としての高等商業学校の時代があって、その中から経済学の分野が自立してきて、それが大学昇格運動の原動力になったということになりましょう。法学部の系統は規模は小さいのですが、最初からそういう動向の中で商学・経済学の法律的な側面をやるということで、それなりに充実していたように思われます。

一九二〇年に商科大学に昇格した際の学生の授業科目の構成を見てみますと、必修科目・選択科目ともに「商業学に属するもの」「経済学に属するもの」「法律学に属するもの」というふうに三つに分けられており、ほかに「語学に属するもの」というのがあります。そして、この科目表を見ていると、ほかの三学部の由来は分かるわけですが、社会学部に連なる線は選択科目の最後に「その他」という所があって、そこに外交史、社会学、人種学、高等数学とあり、その中の社会学と人種学がかろうじて社会学部につながるという感じとなります(如水会学園史刊行委員会『日本の近代化と一橋』一九八七年、五一〇頁)。

ところが、社会学部が独立する際に、上原(専禄)先生のいわゆる「上原構想」が前面に出されて、「本学部は社会科学の総合的研究を必至とする新時代の要求に応じ、社会諸科学に基礎理論を与え……」とあって、この「基礎理論を与え」というのが重要だと思います。また、「それと他の人文諸科学との関係を明にし……」となっていて、社会学部に総合的で高邁な大理念が与えられ、「社会科学の総合大学の構想は、社会学部をもつことなしには成立しない」とされます（一橋大学学園史刊行委員会『一橋大学学制史資料』第九集、一九八六年、一一五頁）。

また、人文諸科学と社会科学との関係ということにかかわりますけれども、上原先生は、「教養としての文学、哲学が、実は他の専門諸科学にとって欠くことのできない基本的な創造性となるものであることを自覚し、教養と専門教育の総合を志して、その問題に真正面から取り組む」と述べられています（同右書、一二九頁）。

つまり、発足時の社会学部の学問は、上原先生や高島（善哉）先生らの高邁な理想主義的な理念に基づくものであり、総合的な全体性、批判的な原理性、現代的な問題関心に立った実践意欲などが、渦巻くようにそこの中に流れていたということになります。そういったことが、どの程度他のスタッフに共有されていたかということは、なかなか難しい問題でしょう。しかし、両先生の場合はそういう学問が広い社会性を持ったものとして社会的にも発信されていた。一九五〇年前後から両先生の発言は、戦後の日本の学問と思想の全体のなかで重要な意味を持っていたのだといえましょう。

社会学部の発足時の研究状況がどういうものだったかということをかなり現実的に表現するものとして、上原専禄編『社会と文化の諸相』（如水書房、一九五三年）という書物があります。この書物は社会学部関係の先生方の論文を集めたものですけれども、『社会と文化の諸相』という表題自身が、あまりにも茫漠と広いなあという印象を与えます。しかし、その中身を見てみますと、一一の論文が入っていますけれども、そのうちの二つは中国関係、あとはすべてヨーロッパの文学とか哲学とか思想に関係するものとなっております。

つまり、そのころの社会学部が実際にカバーし得る領域は大体そういうところだったということでしょう。しかし、構想としてはもっと壮大なものだった。上原先生個人に即していえば、それは世界史の構想ということで、中世ドイツ史の専門家であった上原先生は、第二次世界大戦後の新しい状況をふまえた世界史の研究へと進まれました。

それから、高島先生は社会思想というものを非常に広い意味に理解されて、そこに社会科学の基礎理論を求めるという方向へ進まれた。そして、事実高島先生の場合は退職後も、むしろ在職中よりももっと意欲的に理論的に見ても重要な著作を次々と発表されました。

私は歴史のほうの研究者なので、若干歴史のほうに目を向けてお話しさせていただきますが、一橋大学にとって歴史学は、商業史とか経済史としては高等商業学校時代からすでに本学全体の研究・教育の構想の中にかなり大きく組み込まれていたと思います。しかし上原先生の場合は、一九五〇年代にアジア・アフリカ諸地域における民族の独立や民族運動を背景にして、新しい立場に立った世界史の研究が必要だということで、それも現代的な問題関心においてそれを行わなければならないと強調されて、その時代の歴史学と歴史教育の研究者に大きな影響を与えられました。ただ、その場合に、上原先生が従来日本ではアジア・アフリカ諸地域の研究はほとんど行われていない、「世界史的現実の生きた動きそのものは、日本の歴史学の進歩よりもはるかに前にいってしまっている」とされて、その事例として挙げられているのは、例えばバンドン会議のような事例です(上原『歴史学序説』大明堂、一九五八年、二三頁)。

もちろんバンドン会議も重要なことには違いありませんけれども、現在、社会学研究科には世界各地のことを研究しているスタッフがかなりたくさんいらっしゃいます。でも、その方たちがバンドン会議を例に挙げてアジア・アフリカ地域の研究の重要性を強調されるということは、今ではちょっと考えにくいことではないかと思います。そこら辺がやはり状況の大きな変化であって、現在のスタッフの方であれば、現地の言葉をよく学び、現地での調査を踏まえてさまざまな錯綜した困難な状況をわれわれにもよくわかるような具体的説明として展開してくれるのではないかと思います。

このように考えますと、上原先生や高島先生が新しい学問を構想された時代よりも、現在の社会学研究科のほうが社会科学の総合大学にふさわしいさまざまな研究に取り組んでいるということになるわけです。ただ、研究が専門化して参りますと、その中で全体性とか批判性とか、現代の立場からの実践的な意味とか、そういった問題関心を研究の細部にまで貫くということにはなかなか困難な面があるのではないか、そこらあたりについてのさまざまな工夫が、現在のスタッフの方々の課題として日夜苦慮されている問題ではないかと私などは推測しております。

後知恵ながら、ざっと振り返って社会学部の学問を眺めてみると、社会学部の学問はその出発点からしていわば包括的な全体性を目指すものであり、また批判的な原理性を持ったものであり、実践への強い意欲を持ったものであったと思われますが、そのことと具体的研究の中で論点を具体化するということとの間には、やはり困難が付きまとっていたのではないかと思います。少し強い言い方かもしれませんけれども、「志あって力足りず」、専門に特化しきれない素人っぽさもそこに伴っていたのではないかと思うわけです。

「素人っぽい」などと言うと怒られそうだけれども、やや弁解的に歴史学の場合についてもう少し敷衍しておきますと、どうもこういう特徴は歴史学に関してはある程度まで自覚されていたものらしい。それはとりわけ東大と京大のアカデミズムの歴史学に対して、一橋の歴史学は由来はそれなりに古いのだけれども、アカデミズムの学問とはちょっと違うんだぞというとらえ方をされていたのではないかと思います。増田四郎先生のお書きになったものを読んでみると、そういったことが強く感じられます。増田先生によると、一橋の歴史学の黄金時代は大学の昇格運動の時代、明治三〇年代はじめごろから大学に昇格したころの商科大学の時代にある。

その場合に、増田先生が具体的に念頭に置いておられるのは、福田徳三、三浦新七、幸田成友というような先生方ですけれども、そういう先生方の学問は、日本と東洋・西洋というような垣根を取り去った「素人の歴史」であり、在野精神に満ちたものであり、日本の社会の学問的位置付けを目指すという実践的な役割を担っていたのだというわけです。増田先生によると、三浦先生が一番好きな言葉は「素人の歴史」、ということで、素人の歴史ということの中にむしろ誇りを持つというような立場を強調されています(一橋大学学園史編纂委員会『一橋の学風とその系譜』二、一九八五年、五九―六〇頁)。

山田欣吾さんは、いま経済学部で私と同じ講演をやっていて、三浦先生の話をしているようですが、山田さんによると、増田先生も実は先生自身が自らの歴史学を好んで「しろうとの学問」と呼んだのだが、「これぐらい的確に教授の学風を言いあてている言葉はない」のだそうです。これも、非難の意味ではなくて、ドイツ中世史の中に深くもぐり込んでしまった自分の学問と増田先生の学問とを対比して、増田先生の学問の意味を強調する、少しだけ自分の立場のほうも位置とか意味を認めよと、こういったスタンスで述べられているのではないかと思います(一橋大学学園史編纂委員会『一橋大学学問史』一九八六年、一〇〇三―一〇〇四頁)。

今、自分なりにある程度理解できる歴史学の領域を中心にお話ししましたけれども、社会学部に関係するさまざまな分野についても、今述べたようなことがある程度までいえるのではないかと思います。こういう学問の精神は重要なものですが、それを現実化するためにはさまざまな困難があり、そういった困難を社会学部はずっと引き受けて今日に至ったのではないかと思います。

2　福田徳三の学問と実践

ところが、そういう社会学部の学問の在り方を考えていくと、私はごく自然に大学昇格運動のころの福田徳三という名前に到達するのではないかと思います。そこで、以下、福田徳三のことを中心にして少しお話しさせていただきたいと思います。

福田徳三という人は一橋大学にとっては大変重要な意味を持った人物で、『一橋大学学問史』という本を見ますと、その中には福田という名前が何回も出てきます。一橋大学のさまざまな学問、経済原論、社会政策、統計学などは福田によってはじめられたという側面が強いので、一橋の学問史を記述しようとする人は、まず福田徳三という名前を挙げることになります。

そんなわけで、福田の学問は大変多面的なものだったのですが、その多面性をある種の統一性の中でとらえることが重要であって、そういう点から考えると、社会学部の学問と福田の学問は、一見すると福田は経済学者でわれわれは社会学や歴史学や哲学などどちらかというと人文諸科学ということになりますが、実は非常に深いかかわりがあったのではないかと思います。現在の社会学研究科では、社会政策系だけが福田の学問の系譜を継承しているように見えますが、じつはそうではなくて、一橋大学の歴史における福田的なものが、社会学部・社会学研究科のなかにもっとも大きく引き継がれたのだと、我田引水の流儀で主張したいわけです。

私は先程社会学部の学問の特徴として、全体性、批判性、実践性というようなことを申しましたが、そういうものを一身に体現していたのは福田であり、さまざまな領域を包括しているからこそ、そこにものすごいエネルギーと情熱が必要だったわけで、そうしたエネルギーと情熱のゆえに福田は学生に対して圧倒的な説得力をもつことができた。こういったことは現在から考えても大変重要なことだったと思います。

福田のことは皆さんもよくご存じなので、あまりその生涯等を述べる必要はないかもしれませんが、私なりの強調点もありますので、最初にざっと生涯をたどってみることにします。福田は神田の刀剣商の家に長男として生まれ、一八八五年にお母さんの意向で植村正久より受洗して、比較的早い時期のクリスチャンになりました。そしてこのお母さんは、北村透谷などの文学が生まれてくる由来になる重要なキリスト教系の学校、明治女学校の創立者である木村鐙子という人の親友であり、その人の弟が田口卯吉でした。福田は小学生のころに田口の『日本開化小史』(一八八一―八四年)を読んで、田口を慕って経済学者になったのだと自分で述べています。この田口とのかかわりを重んじようというのが私の話の一つの視点です。

福田は高等商業学校を卒業して九八年にドイツへ留学し、主としてミュンヘン大学でブレンターノに学び、『日本経済史論』(一九〇七年)という書名で翻訳された日本経済史についての体系的な論文を書いて学位を取得しました。ここら辺のところは皆さんもよくご存じのことです。そして、その年に「欧米商業教育の近況」という文章を作って同窓会誌に寄せて、ここら辺が大学昇格運動のはしりということになります。そして、一九〇一年一月にベルリンで福田たち留学組が集まって「商業大学設立の必要」という文書を作った。これが普通、大学昇格運動の開始というふうに理解されている。

帰国した福田は母校の教授になるわけですけれども、一九〇四年に会計官の公金横領事件が起こって、学生大会で校長が学生から吊るし上げられたのですが、その際福田は学生の側に立って校長を罵倒し、そのことがたたって、今度は福田のほうが公金横領という名目でその年の八月に休職になったわけです。これは冤罪だったけれども、ともかくそういうふうにして一橋にいることができなくなって慶應大学の教授になった。しかし、学生側に立って発言をして休職になったわけですから、学生たちには圧倒的な人気があって、その後も学生との接触は続いていたわけです。

今日学校へ来る時に「如意団」創立一〇〇周年という立看がでていました。如意団は言うまでもなく座禅のクラブですけれども、この如意団も福田とのかかわりでできたもので、そんな形でも福田の影響はいまも継承されています。

そんなわけで、いわば東京高商から排除されたわけですけれども、一九一〇年に講師として復帰し、一九年に教授となり、その翌年、大学が商科大学になりましたので、商科大学の教授となりました。また、吉野作造たちと「黎明会」というものを作って、大正デモクラシーの大きな動きの中でさまざまな社会的な活動を行いました。

一九二五年にはモスクワ学士院二〇〇年祭に招かれて、そこでケインズの講演が行われたのですけれども、それを批判し、またソビエト側とも論争をしました。それから三・一五事件のあとで河上肇の辞任問題が起こった時には、河上を熱心に擁護しました。これはあとで取り上げたいと思います。

さて、福田の学問について特色を述べるのにはそれぞれ専門の方がおられるし、最近『一橋論叢』にも「特集　福田徳三とその時代」と題する特集号が出され(第一三二巻第四号、二〇〇四年一〇月)、また福田の書簡集なども復刊されつつあって(西沢保・柳沢のどか「福田徳三―ルーヨ・ブレンターノ書簡一八九八―一九三一年」『Study Series』No. 56)、福田についての研究が本学の中でも進められています。だから、福田の学問についての詳細は『一橋大学学問史』やこれらの新しい研究で御覧いただきたいのですが、素人なりにごくごく大雑把に福田の学問はどういうものだったかということを述べてみると、大体こういうことではないかと思います。それは要するに、生存権を根本に置く厚生経済学というものが福田の立場である。財産を中心とする私法はこれに対しては助法である。そして、私法の原則の発動は根本権、つまり生存権ですが、生存権と矛盾するものは徐々にそれを変更していくべきであるというわけです。

これは「生存権概論」という長い論文の要点ですが、ここに福田の基本的な立場が表現されているのではないかと思います。福田は市場原理が重要であり、それがなければ生産力の発展が困難になる。だから、市場原理、資本主義社会を根本的には肯定しているわけですが、しかし、市場原理はそれ自体が自己目的ではなくて、「資本主義社会における共産原則の展開」ということが大切だとしています。そして、そのためには生存権の尊重と労働組合運動などの労働者階級の闘争が重要であるというわけです。私は素人ですけれども、福田の学問をそういうふうに一応まとめてみたいと思います。

こういう考え方は、現代風に言い直せば一種の福祉国家論を唱えたということになりますけれども、まだそういう福祉国家のような体制がまったくできていない状況の中で、どうやってそれに近付くかということですから、そのためには労働運動とか社会運動というものが極めて重要だということになり、そうした運動を支援する趣旨の論文なども発表をしております。そして、こういった運動の理論としては、マルクスの労働価値説も重要な意味を持っているとして、マルクス主義に対しても好意を示しています。

しかし、ソビエトの社会主義については、これは先程のケインズの講演の批判にもつながるわけですが、ソビエトの社会は市場原理を否定して分配中心の原理に立っている、しかしそういう社会では生産力の発展が実現されないから駄目だ、やはり生産力の発展をもたらすようなシステムを前提にしたうえで、その中で分配の原理を強調していくべきだという考え方です。

このモスクワの会議のさいにソビエト側とかなり長いやり取りが行われたのですが、そこでの福田の趣旨は、ソビエトのシステムが結局生産力の発展と矛盾してしまう、その可能性が非常に高い、だから、自分はそういうソビエトのシステムには賛成はしない。やはり資本主義的な市場原理を基礎において、そのうえで生存権の拡大を図っていくというのが正しい考え方だということです。

福田の経済学についてはいろいろ述べるべき点がありましょうが、それについては私などが論じうることではありません。たぶん、福田の学問は、ヨーロッパでいわゆる近代経済学が形成されるのを横目で見ながら、そこから次々と新しい理論を吸収し、それに福田なりの批評・批判を積み重ねながら作り出されていったものでしょう。初めはブレンターノに学ぶわけですけれども、それ以外にもさまざまなヨーロッパの経済学、フィッシャーとか、ゾンバルトとか、ピグーとか、マーシャルとか、そういった人たちの経済学を学んで、いわゆる近代経済学系の学問系譜を広く吸収し、マルクス主義についても、そうした経済学史の流れのなかにおいてとらえていたと思われます。

ところで、福田の経済学がほぼまとまりかけたころに、日本ではマルクス主義の影響が急速に強くなっていった。今日の私たちの立場から単純に振り返ってみると、その時代はさまざまな社会問題の解決が強く求められていた時代で、福田の経済学はそうした状況を強く意識してその解決を求めて形成されたもので、そうした状況にふさわしいすぐれた理論だったようにおもわれます。しかし福田の学問のこうした内実は、その時代の日本ではそれにふさわしく受けとめられなかったのではないでしょうか。

ちょうどマルクス主義の影響力が急速に拡大して、特に若者に対して影響力を拡大するような時代だったので、いわば福田は割を食ったのではないかと思います。もし現代であれば、福田の学問はその批判的な急進性においてもっと広い支持を集めることができたのではないかと思うわけです。

一橋大学で福祉の問題を扱っている人たち、厚生経済学のようなものを主張される方たちが福田を高く評価されるのは当然のことですけれども、福田の厚生経済学は単に福祉の経済学というよりも、生存権の理論をふまえ大正デモクラシー的時代状況のなかで力強く主張されたゆたかな内実のものだったと思います。

次に、これも皆様がご存じのことですが、福田は大学の制度改革で大変急進的な立場を取りました。「大学の本義とその自由」というのはそうした立場を代表する論文ですけれども、それは徹底した大学の自由論であります。大学とは、「研究者の研究のためにする自由、自治、独立なる団体これなり」というわけで、その研究者というものの中には、学生一般も含まれているわけです。

例えばエスケープとかカンニングなどという問題があるけれども、そういう問題は専門学校の宿弊だといいます。この辺はやや差別的に、大学というものが大変に価値があるものだということを強調して専門学校教育を批判します。エスケープやカンニングは、いかに厳重に取り締まろうとも、それだけでは決してやむものではない。その理由は、専門教育を授けるのに研究を中心としていないということにある。教える者が研究を中心にして教えれば、そこに清新潑剌の気風が自然に生まれてきて、カンニングとかエスケープとか、そういうことが起こるはずがないというわけで、かなり高踏的な理想主義ですけれども、そういう立場から徹底した学問の自由を主張した。

だから、そういう立場から同僚の教授たちに対しても歯に衣着せない厳しい批判を行った。また、そういう考えに立って、並行講義、ゼミナール制、必修科目の大幅な削減などを具体的に主張しました。これらは一橋大学の学制史のようなものを見ているとみな書いてあることですけれども、たとえば並行講義というものは福田が経済原論について大塚金之助先生と行ったのが日本における並行講義の始まりだと言われています。また研究というものが重要だという立場からゼミナールを重視して、それが制度化されて一橋大学ではゼミナール中心に学生が勉強しているといわれるようになった。現在まで継承されているこれらの制度は福田の主張に由来するものだったとされています。

さらにこうした大学についての批判や改革の主張は、もっと広い社会的な発言も伴うものでした。福田の活動した時代がちょうど明治の末から昭和初期までの日本における大正デモクラシー的な動きが活発化した時期に当たっておりましたので、福田の社会的な活動は、広い意味ではそういう動きの中でとらえられるものでした。吉野作造とか美濃部達吉とか、そういう人たちと並べてとらえられるものだといえましょう。

その場合、福田は多分立憲的国民国家日本という理念を当然なものだと前提し、そうした理念に対する信頼感を持っていたのではないかと思います。天皇については私が見た限りでは、あまり具体的な発言を見いだすことができなかったのですけれども、むしろ温和な尊敬心のようなものを持っていたのではないかと思います。しかし、そうした前提が共有されるべきだと確信しているために、その立場からの現実批判は極めて激しいものであり、徹底したものであったということになると思います。つまり、福田の思想は、社会思想史的に見れば国民国家的な公共圏を前提としたうえで、その内部でのいわば最急進派のような立場といえましょうか。市場経済の問題とともに、そういう点でもマルクス派と一線を画するところがあったのでしょう。

「笛吹かざるに踊る」というのは、河上肇の京大辞職問題にかかわって朝日新聞に連載されたかなり長いエッセーですけれども、そこにはそういった福田の立場がよく表れており、たぶん現在でも一読の価値がある名論文だと思います。一九二八年に三・一五事件があって共産党の関係者が逮捕され、共産党の弾圧が行われた。その時に、河上肇は共産党にかかわりがあるということで、京大当局から、その背景には文部省の圧力がありますが、辞任を求められた。

結局、依願免職というかたちで河上は京大を去るわけですけれども、そういった過程が全体として、いわば京大当局による河上排除だということで、激しい言葉で福田は京大当局を非難し、河上を擁護したわけです。福田によると、京大当局は「神経興奮症に陥っている」、つまらないことを取りあげて拡張解釈し河上を厄介払いしようとしている、自分は学説上は河上に反対でいまも論争中だが、しかしこの問題については自分は断固として河上を擁護する、というわけです。

これも言うまでもないことですけれども、河上と福田は学者としてはライバル関係にあって、激しい論争をその当時も繰り広げていたのですが、直情径行の論争家として恐らく河上と福田にはどこか似たところがあって、一種の信頼関係のうえでの激しい論争だったのでしょう。

福田によると、河上は「如何なる場合にも、国法に触るゝが如き行為を敢てする人でないことを、二十余年にわたる学交の間において熟知してゐる」、だから河上に対するそうした個人的な信頼を前提において河上の個々の言説のいかんにかかわらず、自分は河上を断固擁護するというわけです。河上はマルクス主義者ですから、いかなるばあいにも国法に触れるようなことをするはずがないなどというのは、贔屓の引き倒しとしても、今日の私たちからは奇妙に見えますが、しかしそれは河上の人格への深い信頼と近代的国民国家としての近代日本への強い帰属意識の表明なのでしょう。

また、このエッセーでは河上に焦点を置いていますけれども、併せて京大当局の在り方全体、それからそれにかかわって逮捕された学生のことにも言及して、学生が何か不当なことをしたとすれば、それは学生が悪いというよりも政府の責任ある地位の人たちこそ反省するべきだというように議論が展開されています。

私の考えでは、このような福田の考え方の由来をずっと尋ねていくと、田口卯吉と福田の関係という思いがけないような問題に結びつけることができます。最初に子供のころに田口の『日本開化小史』を福田が熱心に読んでいたということをお話し致しましたが、田口は、普通はアダム・スミス流の自由主義経済論を日本で積極的に展開した、ブルジョア・リベラリズムの思想家と理解されているのではないかと思います。

このような常識的な見方に対して福田は断固として反対して、日本でブルジョアジーがはっきりとした自由主義を主張したことは一度もなかった、日本のブルジョアジーはいつも特権と結び付いて政府派だったといいます。それに対して田口の立場は徹底的な自由ということであり、その思想の本質はすべての特権に反対する平民主義、文明開化主義、自由民権主義だったとされます。田口は旧幕臣の江戸っ子で、終始一貫して政治的な被抑圧者のイデオローグだった、ところが、たまたまそれにふさわしい理論が田口の時代には自由主義経済論だったからアダム・スミス流の自由主義経済論の立場を採ったのであって、その思想の本質は今述べたようなものだった、だから、被抑圧者の立場に立つということからすれば、もっと長生きすれば河上に代わって日本一のマルキストになったかもしれない、とちょっと面白いことも言っています。

つまり、田口の思想の本質は、幕臣であった田口の家系の経歴などを踏まえたいわば「大不平の議論」で、「大不平から出づる大公平の論」というのが田口の思想に対する福田の批評でありました。そして、多分この批評は田口に対する批評であると共に、福田自身の立場を最もよく表すものであります。福田は猛烈な情熱と激しいレトリックを使って権威ある者に対して、生涯を通じて猛然と攻撃したのであって、そういう精神の系譜として田口を読み取っているのだと思います。そして、最後はかなり強引な我田引水ですけれども、そうした立場こそが社会学部に一番ふさわしいことではないかというのが私の結論です。

おわりに

最後に、まとまったことをここで申しあげる知識はないのですが、いろいろな書物を読んでいて、そのなかから社会学部の卒業生の方たちのものを少し拾ってみました。

三浦展さんという方の『下流社会——新たな階層集団の出現』(光文社新書、二〇〇五年)はベストセラーになった書物ですが、この方は社会学部の出身で、恐らく市場調査のようなことを専門にやってこられた方のようです。そして、そこで蓄積された知識と自分の経験を踏まえて、それを日本の社会の中で一般化するとこの書物になった。『下流社会』はネーミングが良かったせいもあって、現在の日本の社会の特徴を表わす象徴的な表現になって、多くの読者を獲得したことは皆さんご存じの通りです。

それから、その次は津田真澂編著『新世代サラリーマンの生活と意見——「団塊の世代」から「新人類」まで』(東洋経済新報社、一九八七年)という書物です。津田先生は去年亡くなられた社会学部の先輩教授ですが、津田先生はいわゆる日本的経営論の代表的な論客として一世を風靡した方であります。この書物は津田先生の還暦にあたってゼミの卒業生たちが集まってつくったものですが、津田理論を勉強して社会に出た人たちにとって、ゼミで勉強したことと現実の社会とはどんなかかわりがあるか、むしろどんなにズレているかが書かれているといえましょう。こうした日本的経営論は、今はもうはやりではありませんが、津田説では、日本においては企業こそが生存共同体であって、そこが欧米などとちがう日本の特徴だ。だからそういう共同体を維持するために社長から一般の従業員までを含めて血のにじむような努力をしなければならない、それが日本の企業の本来の在り方だということです。

津田ゼミは社会学部のエリートゼミでしたから、津田ゼミ出身者はその時期には大変いい所へ就職することができたのですが、そうしたゼミの性格からして労務などへ回されるという傾向があり、企業の現場では大変苦労した人が少なくなかった。それでこの本の大きな趣旨としては、現実はそう簡単でない、ゼミでは「企業は生存共同体」だと教えられたけれども、つらいことや難しいことがいっぱいある、中途退職した人もたくさんいるなどと書いてあります。

そんなわけでこの書物は、どちらかというと津田的日本経営論は日本社会の現実とは違うぞということを述べていることになるのではないかと思います。だがそうだとすると、津田先生はどちらかというと自説とは対立する書物を現実の企業社会をふまえてつくったわけで、そこらあたりが面白いと思います。

最後は、『現代思想』（青土社）という雑誌のことですけれども、この雑誌は、現代の思想問題を論ずる代表的な雑誌として皆さんもご存じの方が多いと思います。この雑誌の編集長の池上善彦君はじつは私のゼミの学生だったのですが、ゼミの学生としては全く不熱心でいいかげんな学生だったのですが、八年間も悠々と留年して一橋大学にいて、さまざまな哲学書や思想書を読んで、そして辛うじて小さな出版社に卒業間際に拾ってもらった。いくつかの同業の職場を移ったあと『現代思想』の編集長となり、もう一〇年以上もその仕事を続けています。多くの人たちに働き掛けてたいへんユニークな雑誌をつくり、その分野では池上君の手腕は高く評価されています。

さて、卒業生の活動から三つの事例を挙げましたけれども、三つの事例とも、社会学部が直接に生みだしたものとは言えないと思います。いずれも社会学部で学んだ人が社会へ出て、それなりにいろいろ苦労して、その中で模索を続けながら自分たちの特長を発揮してみせた事例だと思います。しかしそういうあり方が、先程申しあげた包括的な全体性、批判的な原理性、現代的な問題関心と実践性という社会学部の原初の理念にふさわしいものではないかと思います。

私はまもなく天国へ参りますが、そこで上原先生や高島先生やその他の先輩の先生方にお目にかかっていま申しあげた事例を挙げ、「卒業生はこんなことをやっているんですよ」と言えば、諸先生はたぶん初めは「何か変なことをやっているなあ」と思われるでしょう。でも、私が若干の説明をすればきっと、「ああ、そういうものこそ自分たちが社会学部の出発にあたって構想した理念にふさわしい」とおっしゃるのではないかと思います。これで終わります。（拍手）

◈『一橋社会科学』創刊号、二〇〇七年、所載。

一九七〇年、私は思いがけず一橋大学社会学部に日本思想史担当の助教授として赴任し、一九九八年三月に停年退職した。一橋大学社会学部は、日本の大学としてはやや風変わりなところで、教師も学生も個性的な人が少なくなかった。私は、一橋時代の前半は大学キャンパス内の公務員宿舎に住み、その後はやはりキャンパスのすぐ近いところに住んで、基本的には研究室と自宅を往復するだけの単純な生活をしていた。停年退職後も、いまこの原稿を書いている汚い書斎でほとんどの時間を過ごしているから、一橋在職中とあまり変わらない、単調・孤独で、いくらか狷介な生活様式・生活意識を保持していることになろう。

ところで一橋大学では、二〇〇六年度にホーム・カミング・デーが設けられて、この年には学部・研究科ごとにその学問を振り返る講演会などが開催された。そのような場での講演は、自分にはふさわしくない仕事だとは思ったが、以前からなにほどか関心をもっていた福田徳三に引きつけて、社会学部の学問の特徴を回顧してみたのが、本論文である。

一九　遅塚さんと二宮さん

晩年の遅塚忠躬さんは、生命の最後の焔を掻き立てるようにして、大著『史学概論』(東京大学出版会)を書いたが、そこで主要な標的とされているのは、いわゆる言語論的転回以降の歴史学をめぐる論調であり、とりわけ二宮宏之さんだった。遅塚さんと二宮さんといえば、私のような部外者からすれば、学生時代以来の親友、学識においても人格においても、お互いにもっとも深い信頼と敬愛で結ばれていた間柄のはずだが、しかしそのゆえにこそ遅塚さんは、その歴史理論をとりわけ二宮批判に焦点をおいて構想しなければならなかったのだと思われる。巻末に付けられた「主要参考文献目録」は、この大著にふさわしくないほどに簡略化されたものだが、そのうちの日本語文献については、二宮さんの作品が圧倒的に多く、そのことだけからでも遅塚さんの関心のありようが理解できる。

いうまでもなく、『史学概論』は、歴史学をめぐる最近の論調が「歴史＝物語り論」に大きく傾き、歴史学の「科学性」を危うくしているとする危機意識に基づいて書かれているが、遅塚さんは、こうした方向を切り拓くような位置に二宮さんの活動を見ているので、二宮批判に特別の重要性を与えなければならなかったのであろう。遅塚さんは、カントなど西洋の哲学史を遡ったり、最近の歴史哲学や歴史認識理論の動向を渉猟したりして、用意周到に論を進めているので、無学な私の手に余る行論となっているが、しかしそのことはあえて無視して、私のような門外漢は、ただ、二宮さんが重い病気に苦しみながら書き上げた最晩年の労作「歴史の作法」(『二宮宏之著作集』第一巻)と、『史学概論』とを対置してみればよいのだと思う。

二宮さんは、戦後日本の歴史学は、教育の面でも研究の面でも「客体的歴史への信仰に彩られていた」という、「自分」と「いま」から出発した歴史への問いが、なによりもまず必要だという。国民国家と大学という制度があらかじめ私たちの問いを制約しており、しかもこの制約は研究主体に意識されていない。ヘイドン・ホワイト『メタヒストリー』のばあい、ミシュレやランケのような大局的な歴史記述を対象としているから、その批判の妥当性は理解されやすいが、しかしじつはおなじ批判は、学術雑誌などに掲載される学術論文にもっともよく妥当するのだという。歴史の記憶や理解のための道具のようにみなされやすい年表や歴史地図にも、歴史記述の「ナラティヴ性」が貫かれているのだと、二宮さんは強調している。

これに対して遅塚さんの立場は、歴史事実の認識とその解釈とは別の次元に属し、厳密に区別すべきだということで、その問題は遅塚さんが歴史学の営みを分析的に提示した「作業工程表」の③と④の区別として論じられている。「作業工程表」③とは、史料の記述を批判的に検討して史料の背景にある「事実」を確認することであり、④とは、このようにして認識された諸事実のあいだの関連やそうした関連のなかから捉えられる意味や解釈のことだとされる。これに対して二宮さんの立場は、事実の認識・確定とその意味理解は不可分であり、実証と解釈とは緊密に結びついているということである。だがこのような立場は、遅塚さんからすれば、事実認識の次元の自立性を掘り崩して結局は「歴史＝物語り論」に道を拓くものだということになり、どこかでそうした傾向に「歯止めをかける」のが『史学概論』の使命だということになるのである。

私は、「記述者の解釈が介入する余地のない事実そのもの」の実在性は、遅塚さんの言うように存在すると認めたほうがよさそうに思う。一七八九年七月一四日にパリの民衆がバスティーユ牢獄を襲撃したとか、一九四五年八月一五日正午に「玉音放送」があって、日本はポツダム宣言を受諾して連合国軍に降伏したとかいうようなことが、さまざまな解釈に先立つ確実な事実の事例だといってみてもよいかもしれない。しかしこうした「事実」は、「事実」そのものとして語られるというよりは、かならずある歴史的な文脈のなかで語られるものではなかろうか。そして、そうした語りのなかで新事実が発見されたり、おなじ事実の別の側面が注目されたりすることもあるのだろう。「玉音放送」の記述なしに日本の敗戦について語ることも可能だし、その語り方の多様性については、述べるまでもない。フランス歴史学の成果に詳しい遅塚さんは、たとえば「アリストクラートの陰謀」のような事例では表象に対しても自立した「事実」としての位置を与えているが、また他方で、物価史、人口史、土地所有などの数量化された「事実」に「揺るがない事実」を見ているようだ。しかし、物価史や人口史なども、それ自体が「揺るがない事実」というよりは、さまざまな要因、たとえばマンタリテや習俗や家族のありようその他、さまざまの要因によって規定された社会史的事実として解読されてきたのではなかろうか。遅塚さんは、『史学概論』のべつの箇所では、「命題の提示ないし歴史像の構築」が「歴史学の本来の作業」だとしており、それが「主観的な営み」であるとも述べているが(二六四頁)、もしそうならば、「揺るがない事実」の確定もまたこの「歴史学の本来の作業」と別のことではないような気がする。また遅塚さんは、この「主観的な営み」に内在する価値意識には、立ち入るべきでない、「当の研究者自身にとって何らかの意味で「知るに値する」のであれば、それで十分なのだ」、と『史学概論』の価値前提を明言しており(二四一頁)、いわばリベラルな価値多元論が、そうした論理構築の前提におかれている、と私は理解した。

こうして私は、最近の「歴史=物語り論」に対抗して歴史学における事実認識の次元を守り、歴史認識の科学的前提を確認することが、『史学概論』の立場であり、その基底には公平に他者に開かれた価値多元論があると、この書物を読み、またそれが遅塚さんが私たちに残したかった遺言でもあると思っていた。ところが遅塚さんの死後しばらくして、晩年の遅塚さんを助けた岩本裕子さんから遅塚さんの遺著『フランス革命を生きた「テロリスト」――ルカルパンティエの生涯』(NHK出版)をいただいて、『史学概論』からは窺うことができなかったべつの側面が、遅塚さんが本当にいいたかったことだったらしいと知って驚いた。

この書物は、ルカルパンティエという急進ジャコバン派の活動家の生涯をたどったものだが、遅塚さんはその「はしがき」で、「世界においてはいかなる偉大なものもライデンシャフトなしには成し遂げられなかった」というヘーゲルの言葉を引き、またヴェーバーを借りて、それこそが「知るに値する」ことだとしている。遅塚さんの価値観は明らかに急進ジャコバン派の「テロリスト」の側にあり、不屈の革命家の情熱と活動力を高く評価したうえで、しかしそのゆえにこそ「フランス革命が独裁とテロリズムに帰結したのはなぜか」と問うものである。革命と恐怖や独裁が結びついたフランス革命は、ロシア革命と中国革命の原型であり、さらにそれにつづく戦争と革命の時代の前史である。二宮さんの流儀にならってのべると、遅塚さんの「自分」と「いま」から発せられたもっとも切実な問いは、おそらくこのように要約できるものである。そしてこのように考えると、二人の先学は見かけよりもずっと近くから、ほとんど声を合わせて今日の私たちに呼びかけているように思えてくるのである。

◈『二宮宏之著作集』第五巻月報、岩波書店、二〇一一年、所載。

解説　歴史学の〈方法〉と「戦後知」としての歴史学

成田龍一

はじめに

なにやら、判じ文のような表題をつけたが、安丸良夫は、ある文庫本の「解説」の冒頭に次のように書きつけている。

戦後日本の歴史学は、詳密な実証に縁どられた閉域となりやすかったが、しかしまた固有の素材を活用することで大胆な発信力をもつ可能性にも開かれていた。（網野善彦『宮本常一『忘れられた日本人』を読む』岩波現代文庫版、二〇一三年）

そして、続けて、後者の可能性をきりひらいた研究者として、色川大吉と網野善彦の名前を挙げている。戦後日本の史学史には、当然のように名前が挙げられるふたりであるが、安丸は、ふたりがともに敗戦直後の歴史学界で実践的な歴史学運動を展開し挫折した「挫折派」であることに着目している。

安丸は、色川と網野が「挫折という否定性の経験」により、「さまざまの通念」に「疑い」が生じ、歴史研究を支える問題意識、方法、対象、論理構成と叙述に疑問をもち、その構想をつくりなおし「独自の世界」を切り拓いたとする。歴史家と歴史研究に対するこうした把握は、研究を研究として囲い込むのではなく、研究と人生を重ね合わせ、その深みから、表現行為として研究を見すえる姿勢に他ならない。

歴史学研究は、その人の実存を賭けた表現であり、時代へのもの言いであるという安丸の認識がここにある。人はその存在をかけて現実世界にわたり合い痕跡を残していくが、安丸は歴史家の営みもまたこの文脈で把握し、実存の深みから研究を捉え、研究から歴史家の生のありように接近するのである。

とともに、安丸はしばしば、自分に即しても問題意識と分析対象の設定、考察の方法と現実認識との関係の解析の営みを公開している（本巻—四「回顧と自問」、第6巻—三「『文明化の経験』序論 課題と方法」、第6巻—一「『〈方法〉としての思想史』はしがき」など）。他者に向ける視線を自らにも向け、自己切開をおこない、自己の実存にかかわる領域を明示した。

とくに、ある時期以降の安丸は、好んで自らの初発の問題意識が哲学的な問いにあり、「人生とは何だろう」、「人は何のために生きるのだろうか」などと考えていたことを語っていく（引用は、「回顧と自問」）。「日本思想史の研究とは、私の独りよがりの願望からは、人はどのように生きたらよいのか、人間が生きることにはどのような意味があるのかというような茫漠とした人生論的問いの形を変えたもののはずで、私はもともとそうしたとらえどころのない問いをかかえて学生生活をはじめたのであった」（「『〈方法〉としての思想史』はしがき」）とも述べている。

本来ならば、作品から読み取られるべき事柄であろうがあえて明示し、ひとつの証左として持ち出すことにより、安丸は歴史学の学知のありようをより具体的に提示し、歴史学の推移のようすを説得的に語ろうとしている。

こうした安丸の態度は、その歴史への向き合い方が、歴史家とその作品に対するときと相似をなしているということができよう。人びとが生きた軌跡としての歴史、その痕跡としての史料は、そのまま歴史家とその作品に相応する。

安丸の作品が読むものに感銘をもたらす理由のひとつは、歴史と研究を把握する、かかる姿勢によっていよう。安丸による歴史学—史学史への発言は、したがって単なる研究史ではなく、また領域としての史学史でもなく、歴史家によって生きられた痕跡としての史学史ということになる。ことばを換えれば、歴史学—私—世界の三者を統一した追究を、安丸は実践することとなる(1)。

そうであればこそ、安丸は手放しの無手勝流で歴史家の研究に接近することはせず、個々の論者の方法や認識、対象や叙述に対し、仔細で厳密な考察を実践する。歴史家の作品のなかに込められた営みをさまざまに検証し、意味づけを行っていく。さらに、個々の歴史家の検討を介し、安丸は歴史学の学知としての方法と対象、問題意識と叙述の作法に議論を及ぼし、歴史学のもつ固有性にも言及することになる。

学知としての歴史学が、歴史家の現実世界へのもの言いとして捉えられ、その営みが歴史的に位置づけられていく。安丸個人にとっては、さきの哲学的な問いは、「日本の歴史という現実的なもののなかで人間の生き方について考えたい」という選択——「人間の生き方を社会のなかで考える」(「回顧と自問」)という方向に、(歴史学的に)修正されることでもあった。学知一般ではなく、歴史学——歴史的思考の考察という要素をあわせもつこととなり、ここに安丸の思考が向けられていく。

こうした安丸の営みは、「生きられた史学史」の考察ともいうべきものであるが、戦後日本の知のひとつとして、歴史学を意味づけ位置づける——歴史学を開いていく(岡本充弘)という射程を有している。かかる主題をめぐっての思索の総体が、本巻に収録した作品群の外延をなしている。主として、戦後における歴史家と歴史学を考察の対象とした論稿である。

1 「戦後知」としての歴史学——〈方法〉の問題

1

歴史家・安丸良夫にとってみれば、歴史学は学問知であり、そのなかで戦後日本の歴史学は、戦後日本やそこから見える世界を考察する営みとなり、みずからはその歴史学に携わる一員、戦後日本—世界と格闘する歴史学徒として位置付けられる。このとき念頭に置かれているのは、『中世的世界の形成』に代表される石母田正の歴史学であり、国民的歴史学運動に参画し、挫折した体験を有する中世史家の黒田俊雄や網野善彦の歴史学、あるいは色川大吉らの民衆思想史などである。一九七〇年代後半以降は、さらに社会史研究がそれに加わる。

安丸は「ひとつの時代の特徴をできるだけひろい視野からとらえ、そうした時代像とのかかわりで固有の認識能力を発揮しうる」ことに歴史学の「固有の役割」を見出し、そのための歴史学の「固有の方法的位相」を強調する。

たとえば、「前近代の民衆像」(本巻—一〇)はこのことを述べたひとつだが、つづけて安丸は、「自前の認識方法をほとんど欠く不安定な領域にわが身をさらしてみなければなりません。ふたしかで危険な困難にわが身をさらしてゆけば、新しい道を模索してゆくことにつらなる」(本巻二六二頁)と聴衆である歴史家たちを励ます。いや、挑発をする。戦後思想史が大きく変貌する一九八〇年前後のなかで、これといった発言をみせない歴史家たちが、なんとも保守的にみえたのであろう。

「戦後知の変貌」(本巻—一)は、かかる認識を有する安丸による、戦後歴史学を軸とした戦後思想—「戦後知」

の概観である。「戦後知」とは安丸による造語だというが（林淳「まえがき」、安丸・喜安朗編『戦後知の可能性』山川出版社、二〇一〇年）、「戦争体験を経過した批判知」であり、「全体性」を問うものとして把握されている。そして、「戦後知」の歴史的形態とその軌跡を、歴史学の推移を軸に叙述している。

このとき、「『〈方法〉としての思想史』はしがき」（一九九六年。第6巻—一）は、〈私〉の立場からの戦後知の軌跡の叙述となる。〈私〉を素材として、「戦後知」の推移を綴ってみせる。歴史学を軸とした「戦後知」と、〈私〉の歴史学の方法に照準を当てた推移の筋道とが提供されている。

二つの論は、現象的・方法的、全体的・私的に「戦後知」のありように接近するが、要とされるのは〈方法〉である。ここでいう〈方法〉とは、狭義に切り詰められたものではなく、歴史家がその存在をかけて選びとった認識であり、それを提示するための対象、そして叙述の作法にまで及ぶものとして把握される。安丸が〈方法〉というときには、こうして歴史家が選びとった知の総体に至っている。

この点では、安丸の分析は、歴史家たちの「文体」に着目しているといってもよい。安丸は、文体に着目し歴史家の作品に接近し、その歴史家の思考と叙述を考察し、あわせて歴史学の〈方法〉、すなわち文体を論じていくのである。

いまひとつ、ここでいう〈方法〉がイデオロギーと区別されている点も挙げておきたい。後年、安丸は「日本の近代化についての帝国主義的歴史観」（一九六二年。本巻—六）に言及し、この論文が自己の原点であることを強調しながら「私は、意外なことに論敵だったはずの近代化論から示唆されて、人間の意識ないし主観性の次元からはじめて、近代化の問題を捉えなおそうと思うようになった」と述べている（「回顧と自問」、本巻一一三頁）。

イデオロギーによる裁断がまかり通っていた時期、そのことがより強く現れていた歴史学の場で、イデオロギーとは区別された次元での〈方法〉を、意識していた、と自らの過去を意味づけるのである。

2

安丸の議論を読むとき、論の要約のうまさ、およびその位置づけの的確さが説得力をもたらしている、と感ずるのは私だけではなかろう。要約・文脈の確かさは、歴史家とその作品に対する前述の姿勢、そこに由来する〈方法〉への着目ゆえに他ならない。

「戦後知の変貌」で、安丸は、丸山眞男「超国家主義の論理と心理」を取り上げ、①日本の国家主義が「超」＝ウルトラとか、「極端」＝エクストリームとされ、「近代国家に共通するナショナリズムとは質的に異なったものだとされている」とし、②ヨーロッパの近代国家が、真理や道徳など内的価値に中立的立場をとる「中性国家」を理念とするのに対し、日本ではその価値が「国体」に独占され、私の次元が存在しない。そのため、③個人の倫理性が欠如する日本では、「私的利害が国家的なものの内部へ無制約的に浸透してしまう」と要約する。

丸山「超国家主義の論理と心理」の要点を、みごとに押さえているといえるであろう。そこでは、④西洋／日本、近代／前近代など、「二項対立」の論理により、「歯切れのよい断定と論旨の一貫性・徹底性」があると指摘し、⑤論理構成は、丸山のこれまでの「思想的模索に内在」し、そこから「噴出」したものの見方の「エッセンス」であり、⑥丸山の「戦争・敗戦体験」が、「西洋と日本についてのゆたかな思想史的知識と現実体験」を結びつけたとする。

丸山の内面をくぐり抜け、その「独自の論理構成」の内容と、由来とを描き出し、議論の根幹に接近する。そして、⑦「超国家主義の論理と心理」を、「日本人の精神形態をその全体性において批判」したものであり、「戦争・敗戦体験」なしにはあり得ないと、歴史的な位置づけを与え歴史的な評価を下した。

丸山学派に連なる、神島二郎、橋川文三、藤田省三らの議論も、「同時代のマルクス主義歴史学とは異なった論理構成の歴史像」を提示したという評価のもとで、その「戦争・敗戦体験」の深みから、それぞれの論稿の趣旨が再構成される。たとえば、神島はフィリピン戦線で死地をさまよう体験をし、敗戦直後の日本社会になじむことができなかったことが紹介され、「民俗学的素材に依拠しながら近代天皇制国家を民衆意識に内在して論理化する」と『近代日本の精神構造』の主題が解される（この点は、後述する〝変貌〟と論点が重なってもいる）。

その読みは、いったん論者の体験に還元し、論旨をそのなかで敷衍化し議論を再構成するなかで、当人が見据えたこと、見据えなかったこと、見据えられなかったことを指摘する。語られ表現されている問題意識を支える、より深層の体験に目を向け、その認識の深みから論の構成——問題意識のありよう、対象の設定、論理の展開、叙述の作法が読み解かれる。丸山眞男の思惟様式論をさらに分節化したものといえ、（先に触れたように）「文体」を読み解くともいうべき営みである。

個々の議論をそのように踏まえたうえで、時代としての文脈が提示される（安丸の語を用いれば、「時代性という全体性」（「回顧と自問」）ということになろう）。ここでも、「二項対立的に明快な啓蒙的批判知」とか、「〝近代〟を対置しようとするもの」だが、しかし「広範な民衆の生活経験」を必ずしも「リアル」に取り上げたものではなかった、などと〈方法〉に即した評価を与え、個々の論者たちを考察したうえで束ね、思想史としての文脈を作りあげていく。

このとき、安丸が時間軸を入れ込むことも見逃せない。〝変貌〟への着目である。たとえば、戦後啓蒙は、一九五〇年代半ばに変貌し、さらにその後も変貌がみられるとし、丸山が社会的に目覚ましく活躍した時期は、一九四〇年代末から五〇年代初めであることが強調される。また、丸山学派の〝変貌〟も指摘し、神島二郎、橋川文三、藤田省三らの方法と認識を、丸山と対比しながら論じ、その〝転換〟を見出すのである(2)。

ことはマルクス主義についても同様で、正統派マルクス主義も一九五〇年代に後退し、その後、戦後歴史学は、一方では社会史研究に「席を譲り」、他方で地域に根ざした社会経済史研究と政治史研究として「再構築」されていったとの認識を提示する。

論文「戦後知の変貌」では、一九五〇年代半ばに戦後啓蒙が変貌―転換することを跡づけ、さらに一九七〇年代以降の見通しについても言及する。この時期は、「消費社会化」に対応した「新しい知」として、特殊性や後進性という観点からの日本認識に代わり「普遍的な存在様式」に目を向けた理論が求められているとする。「新しい全体性把握のための理論構築」である。安丸が「普遍の眼で再発見された人類社会の存在様式」を提唱した論者として山口昌男を評価することは、この点に連なる。

安丸は「戦後日本の知的世界に挑戦したトリックスター」である山口昌男の仕事を「構造主義人類学」として考察し、日本に独特なものとされやすい天皇制を「共時的なコスモロジーを介して人類史的な普通の次元」で捉えなおしたと解釈する。もっとも、山口の手法が「近代日本に特有の構築物であるという側面」を捨象してしまった側面にも固執し、安丸は評価を慎重に留保している。

こうした安丸の〈方法〉は、時代性という問題系を浮上させる。個々人の営みを超えてその人を取りまくものとしての時代性である。後述するように、この時代性に着目する点に歴史家固有の役割を任じているが、安丸は、同様に学知にも時代性をみている――たとえば「過酷な戦時体制」を体験した敗戦後の知識人たちは、「個人の良心や主観を超えた構造的な次元」が、「現実の日本社会」に「焦点」を結ぶかたちで問われ、「社会科学ないし社会理論」が説得力を持ったとする。

学知も時代性を持つことの指摘であるとともに、戦後日本は「理念的なもの」の「自立性」―学知が社会を変革し、理想的な方向へと領導していく「可能性」が信じられた「特別の時代」だったとする。ことばを換えれば、時代拘束性ということを安丸は強く意識しているということになる。

こうして私―構造＝世界―学知が、〈方法〉を介して三位一体のものとされ、安丸は戦後思想を対象としてその推移をたどってみせるが、歴史家としての安丸は、その総体およびそれを解析する眼との双方を歴史化する〈方法〉を実践していると言いうる。そうであればこそ、二一世紀初頭における昨今の知の再編成に対し、「通時態」をもう一度組み入れることを提言することとなる。型と推移への着目という観点からすれば、前者に着目する近代政治学と、後者をもっぱらとする戦後歴史学とを視野に収めた議論となるが、双方を支える磁場としての戦後と戦後啓蒙知を歴史化する営みとも言いかえられる。

2　歴史学、その〈方法〉と固有性の探求

1

歴史学の学知としての固有性を探ろうとするとき、安丸自身の模索の過程が、同時代的には書評、時評、あるいは論評として残されている。安丸は、自己の歴史学的方法―認識を日本思想史とし、その立場を「民衆思

想史」として提示する。このとき、安丸が好んで引き合いに出すのが色川大吉である。

色川は、周知のように「民衆(思想)史」を唱え、安丸をはじめ、鹿野政直、ひろたまさきら、近代日本思想史研究の面々をそこに引きいれた。それぞれの民衆史家が証言するように、問題意識も方法も異なった人びとが、対象としての「民衆思想」を自覚することにより、近現代日本史研究のなかに、ひとつの潮流を作りあげることになった。支配イデオロギーからは自立した分析領域として民衆意識を設定し、その民衆意識は、戦後啓蒙が想定したよりもっと錯綜した存在として捉え返すべきものであるとした。民衆史家は、「啓蒙的な知」の相対化にとどまらず、「近代」の時代性をあらためて問うことになる(この点については、私も『歴史学のナラティヴ』校倉書房、二〇一二年、で考察した)。

こうしたとき、安丸にとって色川論は、先の戦後知の検討の個別例として提供されているのではない。安丸は、自ら飛躍を試みるときに、〈方法〉的検討を前面に出し、色川大吉を論じている。「(書評)色川大吉『明治精神史』」(一九六五年。第6巻―一八)は、「通俗道徳」を軸に日本思想史に接近する構想を、書評のかたちを借りながら展開して見せた。

また、「方法規定としての思想史」(本巻―九)は、社会史研究が登場するなかで、あらためて歴史学研究の〈方法〉的検討を行った作品である。さらに、二〇一〇年にかかれた「色川大吉と戦後歴史学」(本巻―三)は、社会史研究がさらなる転態をなしたかどうかが議論されるなかでの、色川論となっている。[3]

いくらか内容に立ち入ってみよう。「方法規定としての思想史」(一九八二年)は、「歴史学の方法としての「民衆思想史」」についての考察である。自らの立場を日本思想史研究のなかの「民衆思想史」と規定したうえで、その方法を開示し、歴史学に方法的な反省―自覚を迫ろうとする。

安丸は、「民衆思想史」を「主体の体験のなかに生きている意味や価値の混沌とした生の姿態をとりだそうとする立場」とし、「手堅い実証主義的な手法と歴史学的な想像力とを巧みに結びつけて、歴史という場における思想主体の体験の意味を内在的に分析するもの」とする。「主体の体験の意味」を追求する「独自な関心のあり方」を指摘するのである。

こうした点からするとき、その提唱者である色川は「旧い理論」を有するかたわら「新しい発見」(三多摩の民権家の複雑な精神動態)をしたものとみなされる。いま少していねいに論ずれば、『新編明治精神史』における議論を批判したうえで、「原『明治精神史』における発見性に固執することで、既成の歴史理論を仔細に検討し、あらたな明晰さと具体性とをもった歴史像を再構築するという道は、開かれていないのだろうか」と議論を提起する。

「明治の新時代にふさわしい人間的な活力や葛藤や自己形成のダイナミズム」をこそ、色川は発見したと安丸は解釈していく。(色川自身が展開した)『新編明治精神史』の方向ではない、あらたな解釈である。注目すべきは、ここにC・ヒル、J・リューデ、E・P・トムソン、L・ハントらの名前を掲げていることである(「回顧と自問」では、より具体的にこの点について自己言及している)。

安丸は、色川『明治精神史』が「歴史展開の大枠はすでに与えられたものとして前提されて」いることへの批判をおこなう。『明治精神史』には「歴史認識の枠組を再検討してゆくにふさわしいゆたかな可能性がひしめいているのに」「歴史認識の枠組の再検討にむけて生かしてゆくというような受けとめ方がなされてこなかったのではないか」という厳しい批判を展開し、自己の認識と方法を述べてみせた。

これに比し、「色川大吉と戦後歴史学」(二〇一〇年)は、「「民衆史」の構想力」という副題が付され、色川の内面的軌跡をたどっていく。色川の営みが、「研究主体の位置取りも含めて戦後歴史学への批判ないし拒絶であり、新しい全体史の構成を目指すものだった」と評価する。

戦後の色川の足跡を紹介し、「政治的社会的実践と撤退」、「演劇運動」への情熱と別離、「戦後の社会運動、とりわけ共産党との決別」――「大きな挫折感を伴う否定性の経験」、「そうした否定性の経験を内面化し、そこに拠点を据えて歴史的世界を捉え返す精神の飛翔」として民衆史研究を意味づける。

歴史学を思想とし、その思想が誕生する背景とその構造を解析する立場から、色川「困民党と自由党」を読みこみ、後続世代が賛辞を送る画期性よりは、色川の議論(発見した史料)からの連続性を強調する。

そしてその後の色川の営みを、「基本的には新しい「すぐれた民衆的個性」の発見とその華麗な叙述」と特徴づける。「世界の全体性」に向き合い、色川は「みずからの特殊な素材と方法」を媒介にして「全体性」に向き合っているとする。

さらにその後、「近現代の民俗研究に大きく傾斜した」時期を経て、色川は「民衆の心意の世界」を対象とし、「歴史性への希求」として結実した「新しい全体史」を描いたとして、「不知火海民衆史―水俣病事件史序説」(一九八三年)や「『昭和史 世相篇』の構想」(一九八五年)を挙げる。とくに、前者を、色川の「ひとつの頂点」とする。社会史研究の時代のなかで、この作品を「もっと異質ななにかで、戦後歴史学の理論的実践的役割をはみ出すようななにか」と評価する。「民衆的近代と呼ぶにふさわしい変革主体を発見してみせるかつての色川の立場」が「民衆の心意の世界をその全体性において捉えようとする主体概念の探求へと変貌」したものであり「社会史研究と呼んでよいような内実」をもつとする。

私などの立場からすれば、この時期の色川作品の評価はかなり異なったものとなるが、安丸の力点は、色川からの「継承と批判」を整理し、「私なりの民衆史へと出発しなおした」という点にあろう。色川への称揚よりは、現時の社会史研究（私の言い方では、後期社会史研究）への批判に安丸の力点があるようにみえる。

2

大づかみな言い方となるが、支配的な歴史認識の切断やそれへの違和感の表明といったことには、歴史家たちはなかなか関心を寄せない。史料の蒐集には時間がかかるため、大枠を揺るがす議論に対しては、歴史家の心性はなかなかに保守的である。その歴史家たちを説得する作法はいかにして可能であるか――この点に安丸は周到であり、〈方法〉に焦点を絞ったうえで、二通りのやり方を採用している。ひとつが、以上の色川論で、色川大吉はそうしたときに対象として設定されている。

歴史家を説得するための、いまひとつの試みは、自らを対象とする議論の提示である。おのずから自己言及の作法――知識人の精神過程になりゆき、「戦後知」の光景を描くこととなるが、認識―方法に即しながらの知的な自己の軌跡の開示である。その営みは、社会史というあらたな知が登場したときにも実践され、〈方法〉に着目しながら、それに向き合うようすが記される。

知に焦点を当てること、戦後をそこから照らし出すことは、自らの生き方にかかわる作業に他ならないが、自らをひとつの例証としながら議論を展開する作法は、抽象的な議論を敬遠する歴史家への向き合い方として選択されている。

このとき、〈方法〉を軸とすることは、オーディエンスを日本史家にとどまらず、知に関心をもつ多くの論者へと議論を開いていく途ともなった。まずは西洋史や東洋史の専攻者に、つづけて人文学、そしてさらには社会科学者に通ずる作法であった。この作法は、同時に、日本史研究にとっては、暗黙の前提となっていることを〈方法〉として明示する営みとなる。

歴史学は個別の分析を行うが、安丸はその叙述のあとに必ず、一般化を行って見せる。このことにより、個別の事象が個別にとどまらない局面を取り出すが、安丸の一般化の作法は、以上の姿勢に通じていると言えよう。

安丸はP・ノラ『記憶の場』に触れながら、「唯一の正史」を拒否し、ノラの営みを「歴史の語り方の多声性」を明らかにしようとする「反省的な歴史記述」とし、「それぞれの歴史記述が無自覚に持ち込んでいる認識論的前提を明るみに出して捉えかえすことを目ざす史学史的方法」とする(本巻—五「歴史意識の黄昏?」)。〈方法〉により立脚点を明らかにする営みは、対内・対外的に意図するところがあり、対話を開くことを可能にする。

このとき、安丸が歴史家として持ち出すのは「全体性」の概念である——「歴史学には全体性という概念が重要だと考えるが、それはいわば史料からは見えにくい次元も含めて歴史の全体性をダイナミックに見るための方法的概念である」(『〈方法〉としての思想史』はしがき」)。史料は必ずや断片的であり、「全体をとらえる構想力・理解力に支えられてはじめて史料が生かされうる」と述べる。

全体を見る眼と立場という、個別・断片をとりこむ大枠を設定して、歴史家の議論の射程を提示し、全体性を考察するという点に歴史家の営みを置くのである。すなわち、歴史家は、歴史家としての「特有の視座構造」をもち「事実」に向き合っており、「史料と「事実」」とを特定の場において、時代性とのかかわりで理解・解釈する立場を選んだものとし、「時代性という特殊な論理次元」を考察する点に、その固有性を求めることとなる。「歴史研究の目的は、結局のところ、個別の対象に即した生彩ある歴史記述を実現することにあるともいえるが、そのばあいでも歴史家の視座構造の大枠は右の意味での時代性をふまえたものだ」と、安丸は歴史学を規定する(同前)(4)。

「事実」―「現実世界の全体性」―「私という個の内面性」という「三つの異質な次元・契機」に規定され、根源的には「私たちの現実意識」から解釈するものとしての歴史学という考え方が、こうした方向からも論じられる。

おわりに

『〈方法〉としての思想史』の「はしがき」で、安丸は、①マルクス主義と丸山眞男の政治学――正統派マルクス主義と近代主義諸理論に学んできたこと、しかし、②一九七〇年代半ばの「構造主義革命」が「戦後進歩主義」の足元をすくったという見解を示す――「どこで私たちは陥穽にはまりこんだのか、なにをどのように論ずれば新しい地平に出られるのだろうか」。

「戦後知の変貌」での認識と平仄をあわせる一方、問いのたて方自体が歴史的射程を含むものとなっているが、戦後歴史学が制度疲労をしており、そこからの脱却を〈方法〉を手がかりに考察するのである。「歴史学界の状況への批判と方法論的再検討への問題提起」を安丸は試み、「一方でマルクス主義的な世界把握の真理性を承認しながら、他方で乾涸びた土台―上部構造論をぬけだして、日本思想史研究に固有の位置と意味とを見出そうとすれば、どのような問題意識と方法を設定すればよいのだろうか」と述べる。

ことは、戦後歴史学からの離陸にかかわっている。そうした安丸の自己認識は、「私は戦後歴史学を母斑のように継承しているとはいえ、その内実においては戦後歴史学とは遠く離れた地点に立ってしまっていると実感する」(「回顧と自問」)というものである。そのうえで、より具体的に、

戦後歴史学は、明治維新は絶対主義権力の成立、近代天皇制は絶対主義国家権力とするような一国単位の発展段階論的歴史像をほとんど自明視して出発し、若いころの私もそうした認識枠組に従っていた。しかし、いつのころからかそうした発展段階論的普遍主義のなかに近代日本を位置づける捉え方は私には縁遠いものとなり、近代天皇制も、いわゆる社会主義国家も、イスラム教を正統イデオロギーとする国家も、資本主義システム内部における国民国家編成のそれぞれの類型として捉える立場に転換した。(「回顧と自問」、本巻一四〇頁)

と述べられていく。

そのうえで、安丸は「表象こそが歴史家がとりあげうる唯一の歴史上の「事実」」と言い、「意味的なもの、いいかえれば人びとの体験の主観的表象を通して、そこに広範な人びとのものである歴史の形成力を発見し、そこに視点を据えて、既成化してゆく歴史像をすこしずつつくり変えてゆくことが、歴史家としての私の認識目標となる」と述べる。とくに民衆思想史研究は、「広範な民衆の生のありよう」を介して歴史像を再構成するとした(「『〈方法〉としての思想史』はしがき」)。

しかし、他方で、安丸は歴史家の作法については、かなりに韜晦気味である——「歴史家の本領は、具体的な対象と取りくむ現場の職人仕事にあり、方法論や歴史哲学について大仰に論ずるのはふさわしくないだろう。」「歴史家の仕事にはかなり複雑な認識理論上の諸問題がふくまれており、鋭敏な方法意識をもつように努力することは、私たちの自己訓練として重要なことだと考える」(同前)。

そして、先のことばは「歴史家の仕事は、史料と「事実」に向きあう職人仕事でありながらも、原理の上では、たえず平板化してゆくこうした現実意識への異議申立である」と練り上げられていく。日常意識が、思いがけないはずの「事実」を「今日的通念」のなかに塗り込め、「歴史というものを抵抗と緊張を欠いた平板な現実意識のなかへ閉じ込めてしまう」ことへの抵抗であるとするのである。史料のなかに「私が見出して私自身が面白いと思った「事実」」から出発し、それを数多く集め、歴史の文脈のなかで「理解し解釈」していくことを言い、「過去の「事実」と対話」することを歴史家の仕事とするのである(同前)。

このこと自体は、歴史家の作法として、私なども日々経験する事柄ではある。また、「歴史研究者としての私の仕事の中心は、百姓一揆、国家神道、自由民権運動などについての史料を用いた具体的な記述にあり、それが歴史研究として説得性をもった記述たりえているか否かが、評価の中心におかれるべきことだと考えている」(「回顧と自問」、本巻一三三頁)と述べることとも対応している。

しかし、〈方法〉に着目してきた安丸が、あえてこのように言うことに対し、どのように向き合ったらよいのであろうか。方法的探究の厳密さと、歴史学の作法の実践との乖離に一瞬たじろぐ。ここには、歴史学における叙述をめぐる問題が横たわっている。

安丸が歴史分析の具体的な対象としてきたのは、もっぱら「近代転換期の諸社会」である。一九三〇年代半ばに生まれた安丸にとり、格闘すべき課題は「近代」であり、近代を歴史的な対象とするためのさまざまな〈方法〉が模索されてきた(5)。「近代」を考察してきた戦後歴史学に対し、いまや「現代」が課題とされるなか、歴史学が苦悶している。これまで認識に重心を置いてきた歴史学に、あらたに叙述の次元も問われ、「なにを」とともに「いかに」論ずるかがあわせて課題となってきている。

安丸が歴史学の世界に入った一九五〇年代初めから、二〇年の時間を経て大学の史学科に入学した私は、歴史学の学び方として、史料・研究史・理論の三者を学習するように言われた。整えられた史料集、講座や論集を軸とする研究史、マルクス主義の理論である。安丸が対峙していた、戦後歴史学の作法であった。それを学びつつ、安丸をはじめとする民衆思想史をあわせ読むというのが、私(たちの世代)にとっての歴史学の学び方であった。

そのいずれもが変容し、それぞれが転態を遂げている。史料の概念は大幅に変わり、研究史の考え方もまた推移していった。かつてのマルクス主義の席巻は、いまや夢のようである。三者の連関以上に、歴史学において必要なものはこの三者でよいのかも問われる。

このとき、戦後歴史学の地平を歴史化する営みがなされる。現時の史学史への多くの関心はそのことの投影であろうが、安丸良夫の歴史学の把握と作法から何を学ぶべきか。〈いま〉と過去への向き合いかた――歴史学の大きな転換期にあたって、そのことが大きな課題となっている。歴史叙述をめぐっての論点は、そうしたなかで浮上してきたひとつであると言えよう。

(1) このことは、反転すれば、客観性に依拠し、〈私〉の次元を前面に出さない歴史学(学知)のありように対し厳しい追及を行うことになる。「前近代の民衆像」では、「研究主体でもある〝私〟の次元への問いが歴史学には乏しい、そこに現代歴史学の欠陥の一つがある」(本巻二四九頁)と手厳しく述べる。また、あわせて、ここに「歴史学の方法的革新への芽」を求めている。

(2) 丸山の体系のなかで思考していた彼らがそれぞれ転換するとし、とくに藤田省三は、一九七〇年代後半に「決定的な転換」があり、「新しい探求」がなされたことを指摘する。

（3）　なお、このほかに、色川『明治精神史』の登場の意義を主体性論と重ねて論じた「日本思想史研究の一動向」（『思想の歴史』6、月報、一九六五年。のち、「『明治精神史』の構想力」と改題して、『〈方法〉としての思想史』に収録）も、見逃せない一篇である。

（4）「だが、いうまでもないことではあるが、こうした方法意識をもっている歴史家としての私のさらに前提に、より根源的には現代に生きる一人の人間としての私がある」。いくつかのありうべき蓋然性のなかから、歴史家という職業を「選んでいるにすぎない」とも、注記をしている。

（5）　後年になり、「近代社会形成期に特有な広範な人びとの主体形成」を読みとるとも述べている（「回顧と自問」）。

■岩波オンデマンドブックス■

安丸良夫集 5
戦後知と歴史学

2013 年 5 月23日　第 1 刷発行
2019 年 9 月10日　オンデマンド版発行

著　者　安丸良夫《やすまるよしお》

発行者　岡 本　厚

発行所　株式会社 岩波書店
〒101-8002 東京都千代田区一ツ橋 2-5-5
電話案内 03-5210-4000
https://www.iwanami.co.jp/

印刷／製本・法令印刷

ISBN 978-4-00-730919-9　Printed in Japan